Alfred Schmidt
Die Wahrheit im Gewande der Lüge

Serie Piper
Band 639

Zu diesem Buch

Erst jüngst ist die Bedeutung der Schopenhauerschen Philosophie für das moderne Bewußtsein neuentdeckt worden. Wichtige Fingerzeige hierzu bot das Spätwerk Horkheimers, auf dessen Spuren sich die exegetisch genaue, kenntnisreiche Studie seines Schülers Alfred Schmidt bewegt, die erstmals Ort und Funktion der Religionen in Schopenhauers Lehre systematisch untersucht. Der Titel des Buches spielt an auf ein Diktum des Philosophen, das die eigentümliche Gebrochenheit seines Verhältnisses zur religiösen Sphäre widerspiegelt: Religion ist wahr, aber – im Gegensatz zur Philosophie, die Wahrheit *sensu proprio* beanspruchen muß – nur im uneigentlichen, gleichnishaften Sinn. Aufklärerische Kritik und Billigung der Religion sind deshalb im Schopenhauerschen System auf vertrackte Weise ineinander verwoben. Indem die Studie detailliert der These Schopenhauers nachgeht, Mythos und Allegorie seien das »eigentliche Element« aller Religion, fällt zugleich neues Licht auf die ethisch-metaphysischen Kerngedanken seines Philosophierens.

Alfred Schmidt, geboren 1931 in Berlin, Studium der Geschichte, der englischen und klassischen Philologie in Frankfurt, daneben und später der Philosophie und Soziologie. Schüler von Max Horkheimer und Theodor W. Adorno. Promotion 1960, seit 1972 Professor für Philosophie und Soziologie an der Universität Frankfurt.
Veröffentlichungen u. a.: Der Begriff der Natur in der Lehre von Marx, 1962/1971; Geschichte und Struktur, 1971; Emanzipatorische Sinnlichkeit, Ludwig Feuerbachs anthropologischer Materialismus, 1973; Zur Idee der Kritischen Theorie, 1974; Die Kritische Theorie als Geschichtsphilosophie, 1976; Drei Studien über Materialismus, 1977; Goethes herrlich leuchtende Natur, 1984.

Alfred Schmidt

Die Wahrheit im Gewande der Lüge

Schopenhauers Religionsphilosophie

Piper
München Zürich

ISBN 3-492-10639-0
November 1986
Originalausgabe

Umschlag: Federico Luci, unter Verwendung einer Bleistiftzeichnung Schopenhauers (Selbstbildnis, um 1855)
Foto Umschlagrückseite: Barbara Klemm, Frankfurt
Gesamtherstellung: Clausen & Bosse, Leck
Printed in Germany

In memoriam Max Horkheimer

Inhalt

Teil III: Der naturalistisch-moralische Doppelcharakter der Schopenhauerschen Willenslehre

Teil IV: Das Verhältnis Schopenhauers zur indischen Geisteswelt

Teil V: Immanente »Religiosität« des Systems: Grundlage für Schopenhauers Urteil über positive Religionen

Vorwort

> Sie schreien über das Melancholische und Trostlose meiner Philosophie; das liegt aber bloß darin, daß ich, statt als Aequivalent ihrer Sünden eine künftige Hölle zu fabeln, gezeigt habe, daß wo Sünde ist, in der Welt, auch schon etwas Höllenartiges sei.
>
> Arthur Schopenhauer

In der kaum noch überschaubaren Literatur, die sich mit Schopenhauers Lebenswerk beschäftigt, treten – *prima facie* erstaunlich – umfassende Studien über sein Verhältnis zur religiösen Sphäre merklich zurück; die in Hübschers verdienstvoller *Schopenhauer-Bibliographie* unter »Religion, Religionsphilosophie, Christentum« angeführten Schriften[1] sind – abgesehen von seltenen Ausnahmen – Gelegenheitsarbeiten, Essays und Dissertationen, die sich auf Einzel- und Nebenaspekte des hier, soweit der Autor sieht, erstmals systematisch untersuchten Gegenstands beschränken. Der Grund dafür liegt wohl eher in Schopenhauers Philosophie selbst als in der Ungunst einer Zeit, der theologisch angehauchte Themen wenig bedeuten. Gerade die unverwechselbare *Allgegenwart* eines ethisch-religiösen »Klimas« im Denken Schopenhauers, die es einerseits erschwert, dessen religiöse Dimension »für sich« darzustellen, andererseits aber noch vom bescheidensten Aufsatz erwähnt werden muß, dürfte bisher verhindert haben, daß die Sache selbst angemessen behandelt wurde.

Der Autor geht aus vom Gesamtwerk des Philosophen einschließlich des handschriftlichen und brieflichen Nachlasses. Er untersucht neben den spezifisch mit Religion befaßten Arbeiten auch die über das Werk verstreuten, einordnend-wertenden Urteile über dogmatische Einzelfragen. Ihn beschäftigen Ort und Funktion der Religionen wie des Religiösen überhaupt im Schopenhauerschen System. Dessen schwer bestimmbare, immanente »Religiosität«, abgehoben von aller positiven (oder historischen) Religion, steht dabei im Mittelpunkt. Der Buchtitel spielt an auf das *Grundmotiv* des Schopenhauerschen Nachdenkens über Religion. Diese kann Wahrheit nur »im Gewande der Lüge« transportieren; sie bedient sich, sagt Schopenhauer, »der Unwahrheit als Vehikels der Wahrheit«[2]. Das bedeutet: Religion bleibt verwiesen auf »Mythos und Allegorie«, die ihr »eigentliche(s) Element«[3] bilden. Ihr fundamentaler, nicht behebbarer Mangel besteht Schopenhauer zufolge darin, daß sie – ihrem irdischen Effekt zuliebe – vorgeben muß, *sensu proprio* wahr zu sein, während sie bestenfalls *sensu allegorico* wahr ist. In ihren Mysterien freilich deutet die Religion ihre »allegorische Natur«[4] an. »Mysterium« ist lediglich »der theologische *terminus technicus* für religiöse Allegorie«[5]. Schopenhauer kennzeichnet es drastisch genug: Es ist »ein offenbar absurdes Dogma, welches jedoch eine hohe, an sich selbst dem gemeinen Verstande ... völlig unfaßliche Wahrheit in sich verbirgt, die nun derselbe in dieser Verhüllung aufnimmt, auf Treu und Glauben, ohne sich von der, auch ihm augenfälligen Absurdität irre machen zu lassen: dadurch nun wird er des Kerns der Sache, soweit es ihm möglich ist, theilhaft«[6].

Schopenhauers Formulierungen zeigen ihn auf der Höhe der Religionskritik seiner Zeit. So lehrt auch Feuerbach im *Wesen des Christentums*, daß »das Bild« die spezifische Differenz der Religion von der Philosophie begründet: »Wer der Religion das Bild nimmt, der nimmt ihr die Sache, hat nur das *Caput mortuum* in Händen. Das Bild ist *als Bild* Sache.«[7] Demgegenüber ist Philosophie orientiert an abstrakten, des Stoffs der Vorstellung entäußerten Begriffen. Daher ihre Pflicht, die Wahrheit ohne Umschweife, rein und ungetrübt auszusprechen. Mythisches Rankenwerk, das zur gesicherten Wahrheit nichts beiträgt, sondern diese nur umkleidet, ist abzustreifen. »Einen von einem Irrthum befreien«, erklärt Schopenhauer, »heißt nicht ihm etwas nehmen, sondern geben: denn die Erkenntniß, daß etwas falsch sei, ist eben eine Wahrheit. Kein Irrthum aber ist unschädlich; sondern jeder wird früher oder später Dem, der ihn hegt, Unheil bereiten.«[8] Glaube und Wissen sind natürliche Feinde; dieses ist aus härterem Stoff als jener; er zerbricht, wenn sie zusammenstoßen.[9]

Andererseits kommt Schopenhauer nicht umhin, der Religion gewisse Verdienste zuzusprechen. Sie befriedigt das metaphysische Bedürfnis des vorwissenschaftlichen Bewußtseins: »Dämonen und Götter jeder Art« sind »Hypostasen, mittelst welcher die Gläubigen jeder Farbe und Sekte sich das *Metaphysische*, das *hinter* der Natur Liegende, ihr Daseyn und Bestand Ertheilende und daher sie Beherrschende faßlich machen«[10]. Zum intellektuellen gesellt sich das moralisch heilsame Moment der Religion. Sie bändigt die Menge und hält sie ab »vom äußersten Unrecht, von Grausamkeiten, von Gewalt- und Schandthaten«[11]. Indem sie an die sittliche Anlage des Menschen appelliert, wird Religion zur »öffentliche(n) Standarte des Rechts und der Tugend«[12]. Angesichts der zahllosen Leiden und Nöte des Daseins erweist sie sich als »Quelle des Trostes und der Beruhigung, die den Menschen auch im Tode nicht verläßt«[13]. Religion, sagt Bloch, hat selten vor Dummheit bewahrt, wohl aber vor Trivialität. Eben dadurch ist sie auch in Schopenhauers Sicht philosophisch gerechtfertigt. Sie erhebt den Menschen über das Hier und Jetzt seiner alltäglichen Existenz. »Die solideste Wohlthat«, betont Schopenhauer, »welche eine aufrichtig geglaubte Religion gewährt, ist die, daß sie die Leere und Schaalheit des Lebens auf eine vortreffliche Weise ausfüllt, indem sie eine ganze zweite unsichtbare Welt neben der wirklichen schenkt, und einen beständigen, interessanten, hoffnungsvollen Umgang mit dem Wesen jener 2ten Welt gewährt.«[14]

Gleichwohl bleibt Schopenhauers Verhältnis zur Religion gebrochen. Ihr Doppelgesicht: »eines der Wahrheit und eines des Trugs«[15] gestattet auch eine diametral entgegengesetzte Einschätzung. In der Geschichte »dient« Religion immer wieder »als Maske der niederträchtigsten Absichten«[16]. Schopenhauer zögert nicht, die englischen Geistlichen der »Volksbetrügerei« im Interesse ihrer »fetten Pfründen«[17] zu bezichtigen. Alle Priester sind Nutznießer des metaphysischen Bedürfnisses der Völker, das wesentlich dem Faktum des Todes entspringt. »Der Anfang der Theologie«, bemerkt Schopenhauer, »ist die *Furcht*: daher es, wenn die Menschen glücklich wären, nie zur Theologie käme.«[18] Diese schon den Alten geläufige Einsicht hat in neuerer Zeit Hume am gründlichsten dargetan. Anders die Philosophie. Ihr Ursprung »ist ein ganz andrer, nämlich ein reines zweckfreies Besinnen, und sogar in einer Welt ohne Leiden und ohne Tod würde es in einem genialen Kopf dazu kommen«[19]. Später hat Schopenhauer hierüber weniger idealistisch gedacht und neben der menschlichen Scharfsinn herausfordernden Rätselhaftigkeit des Daseins dessen – essentielle – Negativität als »stärksten

Anstoß«[20] zur Metaphysik betrachtet. Stets aber stellt er Philosophie als unbefangenes Streben nach Wahrheit über die Religion, die »gar viele und seltene Eigenschaften vereinigen muß: nämlich eine große Faßlichkeit mit einer gewissen Dunkelheit, ja, Undurchdringlichkeit, an den rechten Stellen; sodann muß mit ihren Dogmen eine ... ausreichende Moral verknüpft seyn: vor Allem aber muß sie unerschöpflichen Trost im Leiden und im Tode mit sich bringen«[21].

Alle Religion – davon ist Schopenhauer überzeugt – nimmt sich des metaphysischen Bedürfnisses nur an, um es in verzerrter Form zu befriedigen.[22] Schon hieraus ergibt sich, daß sie nur *sensu allegorico*, nicht *sensu proprio* wahr sein kann. Letzteres bleibt der Philosophie vorbehalten. Nur sie ist wirklich frei von Bilder-Verehrung, dem offenen oder versteckten Merkmal des Theismus: »Ob man sich ein *Idol* macht aus Holz, Stein, Metall, oder es zusammensetzt aus abstrakten Begriffen, ist einerlei: es bleibt *Idolatrie*, sobald man ein persönliches Wesen vor sich hat, dem man opfert, das man anruft, dem man dankt. Es ist auch im Grunde so verschieden nicht, ob man seine Schaafe, oder seine Neigungen opfert.«[23] Schopenhauer lehrt einen strengen Atheismus, von dem freilich, wie Nietzsche richtig beobachtet hat, die Schatten Gottes noch nicht gewichen sind. Die großen Themen der Religion sind für Schopenhauer mit der Einsicht in ihre wissenschaftlich-philosophische Unhaltbarkeit noch nicht erledigt. Daher auch sein Zögern, die Frage, ob er für oder wider die Religion sei, eindeutig zu beantworten. Aufklärerische Kritik und Lob ihrer Lehren sind in Schopenhauers Schriften auf vertrackte Weise ineinander verwoben.[24] Darin drückt sich aus, daß ihm die um die Mitte seines Jahrhunderts unter dilettierenden Naturforschern gängige Parole *»Aut catechismus, aut materialismus«*[25] zu einfach ist. Jenseits kirchlicher Dogmatik und flacher Freidenkerei gibt es eine dritte Möglichkeit, mit Religion umzugehen. Schopenhauer erblickt sie in ihrer *allegorischen* Interpretation, und zwar aus der – moralischen – Perspektive seiner eigenen Metaphysik.

Gleichwohl besteht Schopenhauer auf einer scharfen Trennung von Glauben und Wissen, Religion und Philosophie. Die Versuche des christlichen Zeitalters, »eine Fusion beider zu bewerkstelligen«, indem man – beide denaturierend – »Dogmen und Begriffe« der einen Sphäre in die der anderen übertrug, mußten an ihrer Unredlichkeit scheitern. Insbesondere aber verwirft Schopenhauer die zu seiner Zeit von schwächlichen Vertretern eines »spekulativen Theismus« verfochtene »Religionsphilosophie«, jenen »seltsamen Zwitter oder Kentauren«[26], der – das Eigenrecht kritischen Denkens schmälernd – von vornherein apologetische Zwecke verfolgt. Wenn ungeachtet dessen der Untertitel des Buches »Schopenhauers Religionsphilosophie« lautet, so deshalb, weil er sachlich zutrifft, ohne hinauszulaufen auf jene von Schopenhauer ausdrücklich mißbilligte Vermengung oder äußerliche Kombination der Sphären. In dem Maße, wie das Schopenhauersche Werk den Gegenstandsbereich »Religion« in rein philosophischer Absicht behandelt und dabei eine ihm selbst immanente »Religiosität« zu erkennen gibt, kann es durchaus als »religionsphilosophisch« gelten.[27]

Die geschichtlich anhaltende Wirksamkeit von Religionen sieht Schopenhauer gebunden daran, daß sie auf *Urkunden* beruhen. Der Untergang der griechisch-römischen, auch der germanischen und keltischen Mythologie, denen eine verbindliche Textgrundlage fehlte, verdeutlicht ihm diesen Zusammenhang.[28] Zwei weitere, den eigentlichen Lehrgehalt betreffende »Punkte« nennt Schopenhauer, die »Kraft und Bestand« der Religionen verbürgen: »erstlich die transscendente moralische Bedeutsamkeit unsers Handelns, und zweitens unsere Fortdauer nach dem Tode. Wenn eine Religion für diese beiden Punkte gut gesorgt hat; so ist alles Uebrige Nebensache.«[29] Je nach der Auskunft, die die Religionen hinsichtlich des metaphysischen Sinns der Moral und des Todes erteilen, rechnet Schopenhauer sie zu den *optimistischen*, die »das Daseyn dieser Welt als durch sich selbst gerechtfertigt darstellen«, oder zu den *pessimistischen*, die »es betrachten als etwas, das … eigentlich nicht seyn sollte«[30]. Geht man von diesem »*Fundamentalunterschied* aller Religionen«[31] aus, so stellt sich auch deren – allegorisch verhüllter – Wahrheitsgehalt recht verschieden dar. Judentum und Islam[32] betrachtet Schopenhauer als realistisch und deshalb optimistisch, dagegen Brahmanismus, Buddhismus und Christentum als idealistisch und pessimistisch.[33]

Wenn Schopenhauer der Religionsphilosophie seiner Zeit – zumal der Hegelschen und Schellingschen – vorwirft, sie sei »eine Art Gnosis«, bemüht, »die gegebene Religion zu deuten und das *sensu allegorico* Wahre durch ein *sensu proprio* Wahres auszulegen«[34], so steht er selbst, zumal hinsichtlich des Christentums, diesem Verfahren näher, als er wahrhaben will. Das belegen seine häufigen Versuche, an der Kirchenlehre Seiten aufzuweisen, mit denen seine Philosophie übereinstimmt. Das Christentum empfiehlt sich Schopenhauer dadurch, daß es die brüchige Mythenwelt der Spätantike verdrängt und die Lehren des Judentums durch ein eigenes Dogma »sublimirt und stillschweigend allegorisirt«[35] hat. Es bedeutet moralisch und dogmatisch insofern einen Schritt nach vorn, als es – darin den beiden früheren Religionen überlegen – all jenen, welche außerstande sind, die »Wahrheit unmittelbar zu fassen«, eine »schöne Allegorie« an die Hand gibt, »die als Leitfaden für das praktische Leben und als Anker des Trostes und der Hoffnung vollkommen ausreicht«[36].

Dem allegorischen Wesen des Christentums muß eine allegorische Interpretation entsprechen, die allerdings verpflichtet ist, kritische Maßstäbe anzulegen. »Bei keiner Sache«, unterstreicht Schopenhauer, »hat man so sehr den Kern von der Schaale zu unterscheiden, wie beim Christenthum. Eben weil ich diesen hoch schätze, mache ich mit der Schaale bisweilen wenig Umstände: sie ist jedoch dicker, als man meistens denkt.«[37] Das Bild von Kern und Schale, dessen sich Schopenhauer hier bedient, ist im neunzehnten Jahrhundert in Fällen ähnlich komplizierten Erbantritts auch von anderen Autoren gebraucht worden. So charakterisiert Feuerbach die Philosophie Hegels als »rationelle Mystik«[38], um anzudeuten, daß sie in ihrem eigentlichen Wesen »mystisch«, »logisch« dagegen bloß der äußeren Form nach sei. Umgekehrt sagt Marx in einer berühmten Formulierung von der Hegelschen Dialektik: »Man muß sie umstülpen, um den rationellen Kern in der mystischen Hülle zu entdecken.«[39] Die Beispiele sind insofern lehrreich, als sie zeigen, wie abhängig von der je eigenen Intention eines Interpreten dasjenige ist, was ihm an einer Sache als wesentlich oder aber entbehrlich erscheint. Pointiert Feuerbach einen kompromißlosen Abschied, so ist es Schopenhauer und Marx um – zugleich bewahrende – »Aufhebung« zu tun.

Am Horizont der Schopenhauerschen Philosophie wie der Religionen erscheint die *Mystik* aller Völker und Zeiten. Soweit man bereit ist, sie als wahr anzuerkennen, läßt sie sich definieren als »freien Ausdruck unmittelbarer metaphysischer Erkenntniß, mit Verachtung aller ... sehr starken Einwendungen der Vernunft«[40]. In der christlichen Theologie, fügt Schopenhauer dem hinzu, »bedeutet jedoch Mystik die Lehre von der Vereinigung, oder dem Einsseyn mit Gott: und Pietismus die Lehre von der gänzlichen Sündhaftigkeit unsrer Natur«[41]. Wie Hübscher nachgewiesen hat, ist Schopenhauer zur Mystik des reifen Werks über pietistische Zwischenstufen gelangt.[42] Das widerspricht nur scheinbar den aufklärerischen Anfängen (und Wesenszügen) seines Denkens. Der Pietismus hat die Aufklärung vorbereitet: durch seine Lehre vom inneren Licht, seine Gegnerschaft zur Orthodoxie, seine Tendenz zur Vervollkommnung des Individuums. Gelegentlich hat er sich mit Aufklärung verbündet – »soweit eben«, bemerkt Hübscher, »das Weltabgewandte mit dem Weltoffenen zusammengehen kann«[43]. Später tritt die Gegensätzlichkeit beider Bewegungen deutlicher hervor. Die Aufklärung setzt sich durch, und an seinem Ausgang mündet der Pietismus wieder in den Rationalismus ein.

Im Dreißigjährigen Krieg als Spätform der Mystik entstanden, teilt der Pietismus deren Grundlage: die christliche Lehre von der Weltüberwindung. Diese Welt ist verdammt, wertlos, dem Untergang verfallen – ein »Jammertal«. Letztere, für das pietistische Welterleben typische Wendung wird in Schopenhauers Grundvokabular eingehen. »Die dem Menschen angemessene *Stimmung*«, heißt es in einer Notiz des Jahres 1829, »ist eine *gedrückte*, wie die Pietisten sie zeigen. Denn er befindet sich in einer Welt voll Jammer, aus der kein andrer Ausweg führt, als die unendlich schwere Verleugnung seines ganzen Wesens, die Weltüberwindung.«[44]

Bei aller Nähe seiner Philosophie zur Mystik legt Schopenhauer Wert darauf, ihre Differenz nicht zu verwischen. »Der Mystiker«, sagt er, »geht aus von seiner innern individuellen Erfahrung, in welcher er sich erkennt als Centrum der Welt und das ewige alleinige Wesen. Allein mittheilbar ist hievon nichts, als eben Behauptungen, die man auf Wort glauben soll: Ueberzeugen kann er nicht: Ich dagegen gehe aus von der bloßen Erscheinung, die Allen gemeinsam ist, die Reflexion über welche sich also vollkommen mittheilen läßt: und da nur von solchen Erfahrungen die Rede ist, die allen gemein sind, so ist Ueberzeugung möglich. – Allein dagegen nimmt meine Philosophie grade auf ihrem höchsten Gipfel einen *negativen* Karakter an: sie spricht nur von dem was verneint, aufgegeben werden soll: was dafür aber gewonnen und ergriffen wird [,] muß sie als ein Nichts bezeichnen und als Trost hinzufügen daß es nur ein relatives Nichts sei, kein absolutes: während der Mystiker hier eben ganz positiv verfährt. Daher ist die Mystik eine vortreffliche Ergänzung meiner Philosophie ...«[45] Hierzu paßt Schopenhauers Hinweis, er halte die *Theologia mystica* des Dionysius Areopagita für die »einzig wahre«. Sie »(besteht) bloß in der Auseinandersetzung ..., daß von Gott sich alle Prädikate verneinen, aber keines bejahen läßt, weil er über allem Sein und aller Erkenntniß hinausliegt«[46]. Freilich handelt es sich hier um eine völlig inhaltslose Theologie: »Sie sagt und lehrt eingeständlich nichts: und besteht bloß in der Erklärung, daß sie Dies wohl wisse und Dem nicht anders seyn könne.«[47]

Erst in den letzten Manuskripten zeichnet sich – auf einem Gipfel der Betrachtung – die Tendenz Schopenhauers ab, alle sonst von ihm sorgfältig beachteten Unterschiede, wo nicht einzuebnen, so doch zu relativieren. So lesen wir in einer 1858 entstandenen Aufzeichnung: »Buddha, Eckhard und ich lehren im Wesentlichen das Selbe, Eckhard in den Fesseln seiner christlichen Mythologie. Im *Buddhaismus* liegen die selben Gedanken, unverkümmert durch solche Mythologie, daher einfach und klar, soweit eine Religion klar seyn kann. Bei mir ist die volle Klarheit.«[48] Ein stolzes Wort, das – wie der Philosoph am besten wußte – offenbleibende Fragen nicht aus-, sondern einschließt. Der freie Gedanke des einzelnen steht in seinem Werk gegen einen Dogmatismus, der beide bekämpft: den Philosophen, der die – wie immer gefährdete – Wahrheit höher stellt als traditionelle Glaubenslehren, und den ketzerischen Erwecker, der ihnen einen neuen Sinn abzugewinnen sucht. Indem Schopenhauer für beide eintritt, zieht er sich den doppelten Verdacht zu, ein glaubensloser Spötter und ein wirklichkeitsfremder Mystiker zu sein.

Frankfurt am Main, im Juni 1986 *Alfred Schmidt*

Anmerkungen zum Vorwort

1 Arthur Hübscher, *Schopenhauer-Bibliographie*, Stuttgart / Bad Cannstatt 1981, S. 206–211; heranzuziehen ist ferner die unter den Rubriken »Mystik« (S. 165), »Indien« (S. 166–170), »Pessimismus« (S. 211–218) und »Judentum« (S. 228) genannte Sekundärliteratur.

2 Schopenhauer, *Sämtliche Werke*, herausgegeben von Arthur Hübscher, Band 6, Wiesbaden 1947, S. 353.

3 Ibid., S. 355.

4 Ibid., S. 354.

5 Ibid.

6 Ibid.

7 Feuerbach, *Das Wesen des Christentums*, herausgegeben von Werner Schuffenhauer, Band I, Berlin 1956, S. 4 (Hervorhebungen von Feuerbach).

8 Schopenhauer, *Sämtliche Werke*, Band 6, l. c., S. 364.

9 Ibid., cf. S. 383.

10 Schopenhauer, *Sämtliche Werke*, herausgegeben von Arthur Hübscher, Band 4, Wiesbaden 1950, S. 115 (Hervorhebungen von Schopenhauer).

11 Schopenhauer, *Sämtliche Werke*, Band 6, l. c., S. 350.

12 Ibid.

13 Ibid., S. 356.

14 Schopenhauer, *Der handschriftliche Nachlaß*, I. Band, herausgegeben von Arthur Hübscher, Frankfurt am Main 1966, S. 370.

15 Schopenhauer, *Sämtliche Werke*, Band 6, l. c., S. 357.

16 Schopenhauer, *Der handschriftliche Nachlaß*, IV. Band, Erster Teil, herausgegeben von Arthur Hübscher, Frankfurt am Main 1974, S. 148.

17 Ibid., S. 297.

18 Schopenhauer, *Der handschriftliche Nachlaß*, III. Band, herausgegeben von Arthur Hübscher, Frankfurt am Main 1970, S. 191 (Hervorhebungen von Schopenhauer).

19 Ibid.

20 Schopenhauer, *Sämtliche Werke*, Band 3, herausgegeben von Arthur Hübscher, Wiesbaden 1949, S. 176.

21 Schopenhauer, *Sämtliche Werke*, Band 6, l. c., S. 358.

22 Cf. dazu Schopenhauer, *Der handschriftliche Nachlaß*, IV. Band, Erster Teil, l. c., S. 152f.

23 Schopenhauer, *Sämtliche Werke*, Band 6, l. c., S. 401 f. (Hervorhebungen von Schopenhauer).

24 Was die Kritik der Religion anbelangt, so kann sie sich bei Schopenhauer zum bittersten Sarkasmus steigern. Cf. dazu das *Gebet eines Skeptikers*: »Gott, – wenn du bist, – errette aus dem Grabe / Meine Seele, – wenn ich eine habe« (in: *Der handschriftliche Nachlaß*, III. Band, l. c., S. 190); oder das *Gespräch von Anno 33*: »A. Wissen Sie schon das Neueste? / B. Nein, was ist passirt? / A. Die Welt ist erlöst! / B. Was Sie sagen! / A. Ja, der liebe Gott hat Menschengestalt angenommen und sich in Jerusalem hinrichten lassen: dadurch ist nun die Welt erlöst und der Teufel geprellt. / B. Ei, das ist ja ganz scharmant« (in: *Der handschriftliche Nachlaß*, IV. Band, Zweiter Teil, herausgegeben von Arthur Hübscher, Frankfurt am Main 1975, S. 21).

25 Schopenhauer, *Sämtliche Werke*, Band 4, l. c., S. XI.

26 Schopenhauer, *Sämtliche Werke*, Band 3, l. c., S. 185; cf. hierzu auch den *Handschriftlichen Nachlaß*, III. Band, l. c., S. 13.

27 Früh schon ist in der Literatur auf die spezifisch religionsphilosophische Seite des Schopenhauerschen Werks hingewiesen worden. So heißt es bei Théodore Ruyssen: »Aussi Schopenhauer a-t-il volontiers parlé des problèmes religieux et l'on peut trouver, dans le plus athéiste des systèmes, une véritable et fort intéressante philosophie de la religion« (in: *Schopenhauer*, Paris 1911, S. 191).

28 Cf. hierzu den *Handschriftlichen Nachlaß*, IV. Band, Erster Teil, l. c., S. 201.

29 Schopenhauer, *Sämtliche Werke*, Band 5, l. c., S. 129.

30 Schopenhauer, *Sämtliche Werke*, Band 3, l. c., S. 187f.

31 Ibid., S. 187 (Hervorhebung von Schopenhauer).

32 Angesichts der weltpolitischen Rolle des Islam in der Gegenwart nimmt es sich befremdlich aus, daß Schopenhauer ihm lediglich flüchtige Blicke schenkt. Wir finden in ihm »die traurigste und ärmlichste Gestalt des Theismus« (ibid., S. 178), eine Variante des Judentums. Seine Moral mag dürftig sein; da aber die moralische Wirkung der Religionen insgesamt sehr gering ist, können wir nicht behaupten, daß seine Anhänger moralisch schlechter seien als die zu einer erhabenen Moral verpflichteten Christen (cf. dazu *Sämtliche Werke*, Band 4, l. c., S. 234). Schopenhauer hebt ferner den streng *unitarischen* Charakter des Islam hervor, den er darauf zurückführt, daß Mohammed in seiner Jugend von dem Arianer Sergius im arianischen Christentum unterrichtet wurde (cf. dazu den *Handschriftlichen Nachlaß*, IV. Band, Erster Teil, l. c., S. 22). Am positivsten beurteilt Schopenhauer die islamische Mystik: den *Sufismus*. Er ist eine »sehr schöne Erscheinung, welche durchaus Indischen Geistes und Ursprungs ist« (in: *Sämtliche Werke*, Band 3, l. c., S. 695).

33 Einen gewissen Nachteil der christlichen gegenüber der von den asiatischen Religionen gelehrten Askese erblickt Schopenhauer darin, daß es ihr an einem scharf umrissenen Motiv gebricht. Sie »hat kein anderes, als die Nachahmung Christi: dieser hat aber gar keine eigentliche Askese geübt (er empfiehlt jedoch die freiwillige Armuth, Matth. 10,9); und sodann ist bloße Nachahmung eines Andern, wer er auch sei, kein unmittelbares, an sich selbst ausreichendes, den Sinn und Zweck der Sache erklärendes Motiv« (in: *Der handschriftliche Nachlaß*, IV. Band, Zweiter Teil, l. c., S. 27).

34 Schopenhauer, *Sämtliche Werke*, Band 3, l. c., S. 185.

35 Schopenhauer, *Sämtliche Werke*, Band 6, l. c., S. 385. – Freilich erstreckt diese »Allegorisierung« sich auch auf antike Mythen, die um den Begriff des *Schicksals* als einer höheren, dem Ganzen der Dinge innewohnenden Notwendigkeit kreisen. »Die Vorsehung«, sagt Schopenhauer, »ist das christianisirte

Schicksal, also das in die auf das Beste der Welt gerichtete Absicht eines Gottes verwandelte« (ibid., S. 466).

36 Ibid., S. 385.

37 Schopenhauer, *Sämtliche Werke*, Band 3, l. c., S. 718. – Cf. zu »Kern« und »Schale« in Schopenhauers Interpretation der Religionen den Aufsatz Hübschers *Vom Pietismus zur Mystik*, in: *L. Schopenhauer-Jahrbuch* (1969), S. 15f.

38 Feuerbach, *Zur Kritik der Hegelschen Philosophie*, herausgegeben von Wolfgang Harich, Berlin 1955, S. 57.

39 Marx, *Das Kapital*, Band I, Berlin 1955, S. 18.

40 Schopenhauer, *Der handschriftliche Nachlaß*, III. Band, l. c., S. 345.

41 Ibid.

42 Hübscher, *Vom Pietismus zur Mystik*, l. c., S. 1–32.

43 Ibid., S. 1.

44 Schopenhauer, *Der handschriftliche Nachlaß*, III. Band, l. c., S. 604 (Hervorhebungen von Schopenhauer).

45 Ibid., S. 345 (Hervorhebung von Schopenhauer).

46 Ibid., S. 344.

47 Ibid.

48 Schopenhauer, *Der handschriftliche Nachlaß*, IV. Band, Zweiter Teil, l. c., S. 29 (Hervorhebung von Schopenhauer).

Teil I: Religionsphilosophisch relevante Voraussetzungen der Schopenhauerschen Philosophie

Schopenhauer versteht unter Religionsphilosophie – sich kritisch schon von dem Begriff distanzierend – jedes philosophische System, dessen Urheber darauf bedacht ist, seine Resultate in Einklang zu bringen mit der Glaubenslehre einer positiven Religion. Wenn im folgenden dargetan werden soll, daß religionsphilosophische Erwägungen einen wichtigen (obgleich kaum gebührend beachteten) Aspekt des Denkgebäudes von Schopenhauer bilden, so kann damit, folgen wir seinem Selbstverständnis, keine eilfertige Adaptation des Philosophierens an vorgegebene Dogmen gemeint sein. Jede Vermengung, gar Fusion, des unabhängigen, begründenden Denkens mit Autorität und übernatürlicher Offenbarung ist Schopenhauer verhaßt. Eine philosophische Religion oder eine religiöse Philosophie – er denkt dabei an Hegel, mehr noch an Schelling – sind für ihn gleichermaßen unannehmbar. Schopenhauers Äußerungen zur Religion[1] stehen unmittelbar ge- oder erlebter Religiosität ebenso distanziert gegenüber wie aller (bloßen Glauben in unausgewiesene Begriffe übersetzenden) Theologie, deren stets apologetische Absicht er verwirft. Mystik dagegen läßt er gelten, soweit sie – im Sinn negativer Theologie – »den Punkt« erreicht, »wo alle Erkenntniß nothwendig aufhört; daher derselbe für das Denken nur durch Negationen ausgedrückt werden kann, für die sinnliche Anschauung aber durch symbolische Zeichen«[2]. Mystik ist für Schopenhauer »Einkehr« des Menschen »in den Grund des eigenen Selbst«[3], das »Bewußtseyn der Identität seines eigenen Wesens mit dem aller Dinge«[4].

Frei und unbefangen denkt Schopenhauer nach über den Ursprung, das Wesen und die kulturhistorische Rolle der Religion. Mit den Positionen der westeuropäischen Aufklärung zeigt er sich dabei ebenso vertraut wie mit neueren historisch-bibelkritischen Ergebnissen. Die asiatischen, jüdisch-orthodoxen und christlichen Überlieferungen sind ihm gegenwärtig. Allerdings gewinnt der religionsphilosophische Aspekt des Schopenhauerschen Systems seinen Stellenwert nur im Zusammenhang der es tragenden Begriffe. Auf sie ist deshalb zunächst – obzwar nur kurz – einzugehen. Schopenhauers Hauptwerk enthält viererlei: eine Erkenntnislehre, eine Metaphysik (als Naturphilosophie oder Kosmologie), eine Ästhetik und eine Ethik. Inwiefern die *Welt als Wille und Vorstellung* auch religionsphilosophisch betrachtet werden kann, ist hier zu erörtern. Schopenhauer ist vor allem Metaphysiker. Im Gegensatz jedoch zu den Vertretern der nachkantischen Spekulation geht er nicht von höchsten Begriffen wie Sein, Wesen, Substanz, Unendliches, Idee oder Absolutes aus; Begriffen läßt sich nie mehr entnehmen als aus der ihnen zugrunde liegenden Anschauung. Sämtliche wirklich tragfähigen, diskutablen Begriffe – auch und gerade solche der Metaphysik – beruhen nach Schopenhauer auf empirischer Anschauung. Diese ist Urerkenntnis, Quelle und alleiniges Regulativ unseres Wissens. Gemeint damit ist nicht nur die äußere, sinnlich vermittelte Erfahrung, sondern vor allem die innere, die den Schlüssel zum Verständnis der äußeren liefert. Geht aber, wovon Schopenhauer überzeugt ist, auch die Metaphysik aus empirischen Quellen hervor, so büßt sie den Anspruch auf apodiktische Gewißheit ein und wird Interpretation des Ganzen der anschaulich gegebenen Welt.

Wie nun kann ein der Erfahrung entstammendes Wissen metaphysisch sein, das heißt über seine Basis hinausführen? Von Kant, seinem neben Platon wichtigsten Gewährsmann, hat Schopenhauer gelernt, »daß die Erfahrung überhaupt aus zwei Elementen, nämlich den Erkenntnißformen und dem Wesen an sich der Dinge, erwächst, und daß sogar beide sich darin gegen einander abgränzen lassen; nämlich als das *a priori* uns Bewußte und das *a posteriori* Hinzugekommene; so läßt sich wenigstens im Allgemeinen angeben, was in der gegebenen Erfahrung, welche zunächst bloße *Erscheinung* ist, der durch den Intellekt bedingten *Form* dieser Erscheinung angehört, und was, nach dessen Abziehung, dem *Dinge an sich* übrig bleibt. Und wenn gleich Keiner, durch die Hülle der Anschauungsformen hindurch, das Ding an sich erkennen kann; so trägt andererseits doch Jeder dieses in sich, ja, ist es selbst: daher muß es ihm im Selbstbewußtseyn, wenn auch noch bedingterweise, doch irgendwie zugänglich seyn. Die Brücke also, auf welcher die Metaphysik über die Erfahrung hinausgelangt, ist ... eben jene Zerlegung der Erfahrung in Erscheinung und Ding an sich ... Denn sie enthält die

Nachweisung eines von der Erscheinung verschiedenen Kernes derselben. Dieser kann zwar nie ... als *ens extramundanum*, für sich betrachtet werden, sondern wird immer nur in seinen ... Beziehungen zur Erscheinung selbst erkannt. Allein die ... Auslegung dieser, in Bezug auf jenen ihren inneren Kern, kann uns Aufschlüsse über sie ertheilen, welche sonst nicht ins Bewußtseyn kommen. In diesem Sinne also geht die Metaphysik über ... die Natur ... hinaus, zu dem in oder hinter ihr Verborgenen ..., es jedoch immer nur als das in ihr Erscheinende, nicht aber unabhängig von aller Erscheinung betrachtend: sie bleibt daher immanent und wird nicht transscendent.«[5]

So nachdrücklich Schopenhauer sich hier auf Kant beruft – es ist klar, daß er, bei allem terminologischen Gleichklang, den Kritizismus revidiert. Wohl bedient er sich gegenüber der vor- wie der nachkantischen Metaphysik der Argumentation des Autors der *Kritik der reinen Vernunft*: Apriorische Prinzipien der Erkenntnis haben Gültigkeit nur für die Erfahrung, können diese mithin »nicht überfliegen«[6]. Aber Schopenhauer geht insofern über Kant hinaus, als er die Möglichkeit einer aposteriorischen Metaphysik erwägt. »Das Ganze der Erfahrung«, sagt er, »gleicht einer Geheimschrift, und die Philosophie der Entzifferung derselben, deren Richtigkeit sich durch den überall hervortretenden Zusammenhang bewährt. Wenn dieses Ganze nur tief genug gefaßt ... wird; so muß es aus sich selbst *gedeutet, ausgelegt* werden können«[7]. Da er das Wesen des Weltganzen stets nur in seiner Bezüglichkeit zur erscheinenden Welt thematisiert, weiß Schopenhauer sich auf Kantischem Boden: Seine Metaphysik beachtet die kritizistisch nachgewiesenen Grenzen menschlicher Erkenntnis. Sie ist keine »Wissenschaft aus bloßen Begriffen«, sondern insofern eine »Erfahrungswissenschaft«, als sie nicht »einzelne Erfahrungen, sondern das Ganze und Allgemeine als Erfahrung«[8] zu verstehen bemüht ist. Schopenhauer hält an Kants Lehre fest, daß die von uns erfahrene Welt »bloße Erscheinung« ist, fügt dem aber hinzu, »daß sie gerade als Erscheinung die Manifestation Desjenigen ist, was erscheint«, und nennt es das Ding an sich. »Dieses muß ... seinen Charakter in der Erfahrungswelt ausdrücken«, muß aus dessen »Stoff, nicht aus der bloßen Form der Erfahrung«[9] erschließbar sein. Das »Metaphysische« ist deshalb für Schopenhauer nichts Nebuloses, sondern die »wahre Auslegung« des »Sinnes und Gehaltes«[10] der physischen Welt selber.

Metaphysik im Schopenhauerschen Sinn ist ein Wissen, geschöpft aus der wirklichen Empirie und dem Aufschluß, den das reflektierende Selbstbewußtsein über sie liefert. Philosophie hat die Welt zu dechiffrieren. Eine Geheimschrift ist entschlüsselt, wenn man auf eine festgelegte Gruppe von Buchstaben gestoßen ist, deren Abfolge und Verknüpfung ein Alphabet ergibt, das es gestattet, die Chiffren in verständliche Wörter und Sätze zu übersetzen. Ähnlich steht es um die philosophische Dechiffrierung der Welt ohne irgendeine Zutat von außen. »Sie muß«, betont Schopenhauer, »ein gleichmäßiges Licht über alle Erscheinungen ... verbreiten und auch die heterogensten in Uebereinstimmung bringen, so daß auch zwischen den kontrastirendsten der Widerspruch gelöst wird. Diese Bewährung aus sich selbst ist das Kennzeichen ihrer Aechtheit.«[11] Schopenhauer erblickt einen Vorzug seiner Lehre darin, daß er alle ihre Wahrheiten unabhängig voneinander durch die Betrachtung der realen Welt entdeckt und im nachhinein festgestellt hat, daß sie miteinander verträglich sind. Arm und langweilig fallen Philosophien aus, deren Sätze auseinander und letztlich aus *einem* obersten Satz ableitbar sein sollen. Wer die Welt aus letzten Gründen, aus einem Urwesen, Absolutum oder dergleichen glaubt hervorzaubern zu können, treibt ein närrisches Spiel. Schopenhauer hebt immer wieder hervor, seine Metaphysik sei »in Gegenwart der angeschauten Wirklichkeit durchdacht worden«[12] und hüte sich, dieser abstrakte Begriffe vorzuordnen. Philosophie ist eine »vollständige Wiederholung, gleichsam Abspiegelung«[13] der Welt im erkennenden Bewußtsein. Das vollendete System, wie es Schopenhauer vorschwebt, ist ein artistisches Ganzes, das – im höheren Sinn naiv – völlige Objektivität der Darstellung erreicht. Herausgehoben aus dem rastlosen Strom, der die Einzelwissenschaft trägt, ist Philosophie wesentlich Weltweisheit: ein ruhiger Blick aufs Ganze.

»Im unendlichen Raum zahllose leuchtende Kugeln, um jede von welchen etwan ein Dutzend kleinerer, beleuchteter sich wälzt, die inwendig heiß, mit erstarrter, kalter Rinde überzogen sind, auf der ein Schimmelüberzug lebende und erkennende Wesen erzeugt hat: – dies ist die empirische Wahrheit, das Reale, die Welt.«[14] Mit diesen berühmten Worten leitet Schopenhauer den zweiten Band seines Hauptwerks ein, dessen Titel nicht dem Gang der Untersuchung folgt, sondern deren Ergebnis ausspricht. Zunächst nämlich unterwirft Schopenhauer die als ein schlechthin Gegebenes, Reales sich darstellende Welt einer erkenntniskritischen Betrachtung. Diese ergibt, daß wir, entgegen dem hartnäckigen Schein, keine Sonne und keine Erde kennen, sondern stets nur ein Auge, das eine Sonne sieht, und eine Hand, die feste Körper fühlt. Die empirische Wissenschaft, das praktische Leben können die gegenständliche, uns umgebende Welt als eine vom erkennenden Subjekt unabhängig existierende Wirklichkeit ansehen. Für den Philosophen dagegen ist dieser naive Realismus unberechtigt; für ihn besteht die einzige verläßliche Grundtatsache darin, daß Welt, was immer ihr Wesen sei, für das individuelle Bewußtsein immer nur als dessen Vorstellung gegeben ist. Völlig unhaltbar ist deshalb die Annahme, die Objekte draußen gelangten über Sinnesdaten in unseren Kopf, wo sie – abbildhaft – noch einmal entstünden, so daß wir die nämlichen Objekte doppelt hätten: einmal an sich und einmal so, wie sie in uns durch Erkenntnis entstehen. Schopenhauer bestreitet entschieden, daß Subjektives und Objektives ein Kontinuum bilden; »das unmittelbar Bewußte ist abgegränzt durch die Haut, oder vielmehr durch die äußersten Enden der vom Cerebralsystem ausgehenden Nerven. Darüber hinaus liegt eine Welt, von der wir keine andere Kunde haben als durch Bilder in unserem Kopfe«[15]. Begreifbar wird das (mit ihrer Gegebenheitsweise für uns gesetzte) Dasein einer fest umrissenen Welt nur so, daß wir den Prozeß erfassen, durch den sie als »Gehirnphänomen«[16] zustande kommt. Schopenhauer fragt: »Was ist *Erkenntniß*?« Seine Antwort lautet: »Sie ist zunächst und wesentlich *Vorstellung*. – Was ist *Vorstellung*? – Ein komplizierter *physiologischer* Vorgang im Gehirne eines Thieres, dessen Resultat das Bewußtseyn eines Bildes eben daselbst ist.«[17]

Objektives als letzter Erklärungsgrund, wie es der Materialismus dogmatisch ansetzt, ist gar nicht möglich; alles räumlich Ausgedehnte, Wirkende und Materielle »ist ein nur höchst mittelbar ... Gegebenes, demnach nur relativ Vorhandenes: denn es ist durchgegangen durch die Maschinerie und Fabrikation des Gehirns und also eingegangen in deren Formen, Zeit, Raum und Kausalität, vermöge welcher allererst es sich darstellt als ausgedehnt im Raum und wirkend in der Zeit«[18]. So handfest diese Formulierungen klingen – sie enthalten, was Schopenhauer die »idealistische Grundansicht«[19] seiner Philosophie nennt. Nicht die seienden Dinge, sondern Empfindungen sind das unhinterschreitbare Primäre; wir können sie nicht als Wirkungen einer transsubjektiven Ursache betrachten. Da alles Empfinden innerhalb unseres Organismus stattfindet, kann es nichts darüber mitteilen, was jenseits der Haut läge, also außerhalb der Subjektivität. Objekte sind jeweils solche »für mich«. Sie entspringen einem Erkenntnisprozeß. Unser an Hirnfunktionen gebundener Intellekt fabriziert, schematisiert aus dem Rohstoff der Empfindungen die leuchtende, tönende, widerständige, Gesetzen gehorchende Welt. Wir erkennen sie lediglich als »Erscheinung«, das heißt unter den subjekteigenen Formen von Raum, Zeit und Kausalität. Die Welt ist, mit anderen Worten, kein Absolutum. Zu dieser Einsicht, unterstreicht Schopenhauer, ist bereits die uralte Weisheit Indiens gelangt: »Es ist die *Maja*, der Schleier des Truges, welcher die Augen der Sterblichen umhüllt und sie eine Welt sehn läßt, von der man weder sagen kann, daß sie sei, noch auch, daß sie nicht sei: denn sie gleicht dem Traume, gleicht dem Sonnenglanz auf dem Sande, welchen der Wanderer von ferne für ein Wasser hält, oder auch dem hingeworfenen Strick, den er für eine Schlange ansieht.«[20]

Im zweiten Buch seines Hauptwerks wechselt Schopenhauer den Standpunkt, indem er von der Gegebenheitsweise des Vorgestellten vordringt zu dessen Wesen. Was, so fragt er, ist die Welt an sich, das heißt unabhängig davon, daß sie Vorstellung eines erkennenden Subjekts ist? Das angeschaute Objekt, soviel ist sicher, kann sich keinesfalls darin erschöpfen, Angeschautes, Bewußtseinsinhalt, ein Ideales zu sein. Die erscheinende Welt würde sonst, gibt Schopenhauer selbst zu bedenken, »zum bloßen subjektiven Phantasma«[21]. Sie ist aber etwas höchst Reales, sosehr dieses sich nur in den idealen Formen von Raum, Zeit und Kausalität darbieten kann. Auch wir sind als Körper Gegenstand der Erkenntnis und damit ihren Formen unterworfen. Solche – diskursive – Erkenntnis muß sich jedoch auf die Außenseite der Dinge beschränken. Wohl gibt Naturwissenschaft eine sichere Regel an, nach der die Erscheinungen in Raum und Zeit eintreten. Aber über das innere Wesen dieser Erscheinungen, über die *eine* in den Naturgesetzen sich ausdrückende *Naturkraft* erhalten wir keinerlei Aufschluß. Am Leitfaden der nur für die Welt als Vorstellung geltenden Kausalität, das heißt von außen, ist es unmöglich, zum An-sich der Dinge vorzustoßen. Dieses muß von der Weise, wie sie für uns sind, völlig verschieden sein. Schopenhauer hebt, sich auf Kant berufend, »die gänzliche Diversität des Idealen und Realen«[22] hervor. Anderswo betont er, die »Beziehung« eines Vorstellungs-Bildes »auf etwas von dem Thiere, in dessen Gehirn es dasteht, gänzlich Verschiedenes« könne »nur eine sehr mittelbare seyn«[23]. Intellektuell jedenfalls ist sie nicht erfaßbar, was denn auch Kants Lehre von der Unerkennbarkeit des Dinges an sich ausspricht.

Es muß jedoch, sagt Schopenhauer, nicht bei diesem negativen Bescheid bleiben; es steht uns nämlich ein Weg offen, das Wesen der Dinge von innen zu erschließen. Wie durch Verrat werden wir schlagartig ins Innere der Festung versetzt, die von außen zu erstürmen uns nicht vergönnt ist. Worauf zielt Schopenhauer ab? – Wir stehen der objektiven Welt nicht bloß als reines, leibfreies Subjekt der Erkenntnis gegenüber, sondern gehören ihr mit Haut und Haaren an: als Individuen. Sosehr nun individuelles Erkennen »der bedingende Träger der ganzen Welt als Vorstellung ist«, so unerläßlich ist es zugleich festzuhalten, daß ebendieses Erkennen »vermittelt (ist) durch einen Leib, dessen Affektionen ... dem Verstande der Ausgangspunkt der Anschauung jener Welt sind«[24]. Dem rein erkennenden Subjekt ist dieser Leib »eine Vorstellung wie jede andere, ein Objekt unter Objekten: die Bewegungen, die Aktionen desselben sind ihm insoweit nicht anders, als wie die Veränderungen aller andern anschaulichen Objekte bekannt«[25]. Was sie darüber hinaus bedeuten, daß sie naturgesetzlich bedingt sind, bleibe ihm fremd und unverständlich. »Diesem ... aber ist nicht so: vielmehr ist dem als Individuum erscheinenden Subjekt des Erkennens das Wort des Räthsels gegeben: und dieses Wort heißt *Wille*. Dieses, und dieses allein, giebt ihm den Schlüssel zu seiner eigenen Erscheinung, offenbart ihm die Bedeutung, zeigt ihm das innere Getriebe seines Wesens, seines Thuns, seiner Bewegungen. Dem Subjekt des Erkennens, welches durch seine Identität mit dem Leibe als Individuum auftritt, ist dieser Leib auf zwei ganz verschiedene Weisen gegeben: ein Mal als Vorstellung in verständiger Anschauung, als Objekt unter Objekten, und den Gesetzen dieser unterworfen; sodann aber auch ... auf eine ganz andere Weise, nämlich als jenes Jedem unmittelbar Bekannte, welches das Wort *Wille* bezeichnet.«[26]

Der Mensch – darauf läuft Schopenhauers metaphysischer Grundgedanke zunächst methodisch hinaus – kann seiner selbst *un-*

mittelbar als wollendes Wesen innewerden. Sein Wollen bietet ihm die einzigartige Möglichkeit, ein äußerlich, innerhalb der Sphäre des Vorstellens auftretendes Ereignis zugleich von innen zu verstehen. Die als Bewegungen (oder Aktionen) seines Leibes erscheinenden Willensakte sind mit ersteren nicht kausal verknüpft, »sondern ... Eines und das Selbe, nur auf zwei gänzlich verschiedene Weisen gegeben: ein Mal ganz unmittelbar und ein Mal in der Anschauung für den Verstand«[27]. Der agierende Leib ist mithin »nichts Anderes, als der objektivirte, d. h. in die Anschauung getretene Akt des Willens«[28]. Jede Einwirkung auf den Leib erreicht deshalb zugleich den Willen: »sie heißt ... Schmerz, wenn sie dem Willen zuwider; Wohlbehagen, Wollust, wenn sie ihm gemäß ist«[29].

Obwohl die Erkenntnis, die wir von unserem Willen haben, eine schlechthin unmittelbare ist, läßt sie sich von der unseres Leibes nicht trennen. Erkennbar ist der Wille nämlich nicht als Totalität und Einheit, sondern nur »in seinen einzelnen Akten, also in der Zeit, welche die Form der Erscheinung« unseres »Leibes, wie jedes Objekts ist: daher ist der Leib Bedingung der Erkenntniß« des »Willens«[30]. Schopenhauer nennt die Einsicht, daß Leib und Wille identisch sind, die philosophische Wahrheit *par excellence*: »was ich als anschauliche Vorstellung meinen Leib nenne, nenne ich, sofern ich desselben auf eine ganz verschiedene, keiner anderen zu vergleichende Weise mir bewußt bin, meinen Willen«[31]. Diese doppelte Erkenntnis, die wir vom Wesen und Wirken unseres Willens haben, erlaubt Schopenhauer zufolge einen zweiten, weitreichenden Schritt. Wir können sie nämlich »als ... Schlüssel zum Wesen jeder Erscheinung in der Natur gebrauchen und alle Objekte, die nicht unser eigener Leib, daher nicht auf doppelte Weise, sondern allein als Vorstellung unserem Bewußtseyn gegeben sind, eben nach Analogie jenes Leibes beurtheilen und daher annehmen, daß, wie sie einerseits, ganz so wie er, Vorstellung und darin mit ihm gleichartig sind, auch andererseits, wenn man ihr Daseyn als Vorstellung bei Seite setzt, das dann noch übrig Bleibende, seinem innern Wesen nach, das selbe seyn muß, als was wir an uns *Wille* nennen«[32]. Indem also der Mensch seiner unmittelbar als eines wollenden Wesens inne wird, erschließt sich ihm der metaphysische Sachverhalt, daß sein Wille Teil jener Ur- oder Naturkraft (*natura naturans*) ist, die das Innerste alles Seienden ausmacht. Welche andere Art von Realität, fragt Schopenhauer, sollten wir der außermenschlichen Körperwelt beilegen? Außer dem Willen und der Vorstellung ist uns nichts bekannt oder denkbar. Soll die Körperwelt noch etwas mehr sein als bloß unsere Vorstellung, so kommen wir nicht umhin, ihr »an sich und ihrem innersten Wesen nach« zuzusprechen, »was wir in uns selbst unmittelbar als Willen finden«[33].

Das Ding an sich, das Kant als Unbekanntes, Unerkennbares stehen läßt, wird von Schopenhauer als Wille bestimmt, der sich im Stufengang der erscheinenden Natur mit zunehmender Deutlichkeit widerspiegelt und sich doch von jener unterscheidet: Er ist ebenso einheitlich wie in polare Gegensätze entzweit, unerschöpflich und unveränderlich, außerhalb von Raum und Zeit, grund- und zwecklos. Er stellt sich dar in den allgemeinsten, allgegenwärtigen Naturkräften: in der Schwere, im Magnetismus, in der Elektrizität, im mineralischen, pflanzlichen und animalischen Reich, schließlich im Menschen, dessen Intellekt, sekundär und gewöhnlich ihm dienstbar, immerhin auszusprechen vermag, »was es sei, das er will, daß es nämlich nichts Anders sei, als diese Welt, das Leben, gerade so wie es dasteht«[34]. Der Wille ist blinder, unaufhaltsamer Drang, unersättliche Seinsgier – Wille zum Leben.

Die Zuversicht, daß Natur – mit Goethe zu reden – zuletzt sich doch ergründe, teilt Schopenhauer mit den Vertretern der nachkantischen, sonst von ihm souverän verachteten Spekulation. Auch er behauptet (in zunächst befremdlichem Gegensatz zu seiner phänomenalistischen Erkenntnislehre[35]) die Erkennbarkeit des Dinges an sich. Dessen Wesen soll dem Inhalt der erscheinenden Welt, nicht den apriorischen Formen ihrer Erkenntnis, – deutend – entnommen werden. Derart gilt der lapidare Satz in Hegels *Wissenschaft der Logik*: »Das Wesen muß erscheinen«[36] auch für Schopenhauer. Allerdings darf diese (gesamtidealistisch bedingte) Nähe nicht über die Unvereinbarkeit hinwegtäuschen, daß es für Schopenhauer von der erscheinenden zur wesenhaft bestimmten Welt keinen spekulativen, in der Einheit dialektischer Methode begründeten »Übergang« gibt. Wohl ist die Welt als Wille ohne die als Vorstellung undenkbar und umgekehrt. Beide sind insofern identisch, als der Wille den eigentlichen »Stoff« des Vorgestellten bildet. Erkannt jedoch werden diese Aspekte der einen Welt auf grundverschiedene Weisen. Streng diskursiver Erkenntnis der vorgestellten Welt steht ein »intuitives und alogisches Erkennen«[37] des sie durchherrschenden Willens unvermittelt gegenüber. Das Rätsel der Außenwelt entschleiert sich Schopenhauer durch Rekurs auf die – irrational interpretierte – Innenwelt. Das Gesetz der Kausalität, dem die Außenwelt gehorcht, ist uns in der Motivation, der unser emotionales Leben untersteht, weit unmittelbarer gegeben. Metaphysik, betont Schopenhauer, kann daher »das Vorhandene deuten und erklären, das Wesen der Welt, welches *in concreto* d. h. als Gefühl Jedem verständlich sich ausspricht, zur deutlichen abstrakten Erkenntniß der Vernunft bringen«[38].

Schopenhauers Hauptwerk stellt die Kunst über die Erkenntnis, die Sittlichkeit über die Natur. Seine Endabsicht ist *ethisch*. Hieraus ergeben sich die religionsphilosophischen Aspekte der Schopenhauerschen Philosophie. Ihre Grunderfahrung ist die über unser Dasein verbreitete »Dunkelheit«, die keineswegs bloß auf die Unzulänglichkeit unseres Erkenntnisvermögens zurückzuführen ist. Schopenhauer nennt sie »absolut und ursprünglich«; erklären läßt sie sich daraus, »daß das innre und ursprüngliche Wesen der Welt nicht *Erkenntniß* ist, sondern allein *Wille*, ein Erkenntnißloses. Die Erkenntniß überhaupt ist sekundären Ursprungs, ist ein Accidentelles und Aeußeres. Darum ist nicht jene Finsterniß ein zufällig beschatteter Fleck mitten in der Region des Lichts; sondern die Erkenntniß ist ein Licht mitten in der grenzenlosen ursprünglichen Finsterniß, in welcher sie sich verliert. Daher wird diese Finsterniß desto fühlbarer, je größer das Licht ist, weil es an desto mehr Punkten die Gränze der Finsterniß berührt: ich will sagen, je intelligenter ein Mensch ist, desto mehr empfindet er, welche Dunkelheit ihn umfängt und wird eben dadurch philosophisch angeregt.«[39]

Man hat in Schopenhauers Willenslehre die irrationalistische Version des objektiven Idealismus erblickt. Dafür scheint zu sprechen, daß er den rastlosen Willen zum Leben gelegentlich als »unendlichen Naturgeist«[40] bezeichnet. Vergessen wir jedoch nicht, wie wenig der Wille, Schopenhauers Weltkern, mit den Schlüsselbegriffen idealistischer, das heißt sinnstiftender Metaphysik und Religion gemein hat. Wohl versichert er im Jahre 1818, sein Werk enthalte eine mit der eigentlich christlichen genau übereinstimmende Moral. Aber schon damals ist ihm bewußt, daß seine Philosophie insgesamt »mit den Dogmen der Jüdisch-Christlichen Glaubenslehre in einem zwar nirgends ausgesprochenen, aber sich stillschweigend unleugbar ergebenden Widerspruch«[41] steht. Außerdem bekämpft Schopenhauer, wie bereits ausgeführt, den griechischem Denken entstammenden »Grundirrthum«, es sei »in allen Naturwesen etwas der Erkenntniß und dem Intellekt des Menschen Analoges nachzuweisen«[42]; er hingegen habe gezeigt, daß der Wille als »Kern aller Wesen ... erst in der animalischen Natur mit einem Intellekt ausgerüstet auftritt«[43]. Nach »Jahrtausenden des Philosophirens«, erklärt Schopenhauer selbstbewußt, bringe er erstmals »die naturgemäße Beschaffenheit der Sache zum völlig deutlichen Bewußtseyn«[44]: Wollen ist keine Funktion des Intellekts, sondern, umgekehrt, dieser nur dessen Werkzeug. Sagen wir uns also los von der ebenso alten wie abwegigen »Grundansicht«, das »Ganze der Dinge« sei »von einem *Intellekt* ausgegangen ...; wonach es, als aus der Erkenntniß entsprungen, auch der Erkenntniß ganz zugänglich, ergründlich und durch sie erschöpfbar seyn müßte«[45]. Ebendies ist nicht der Fall; zwischen dem Idealen, der erkannten Welt, und dem absolut Realen, dem finsteren, nie völlig aufhellbaren Willensreich, tut sich eine »tiefe Kluft«[46] auf. Sie ist durch identitätsphilosophische Machtsprüche – Schopenhauer denkt hier an Schellings »intellektuale Anschauung« – nicht zu überbrücken.

Hat kein Intellekt die Natur hervorgebracht, sondern diese im Stufengang ihrer Objektivationen den Intellekt, ist das Wesen der Natur »ein blinder Drang, ein völlig grundloser, unmotivirter Trieb«[47], so folgt hieraus eine radikale Absage an den Schöpfungsgedanken des christlichen Theismus. Schopenhauer hat denn auch redlicherweise auf den atheistischen Grundzug seiner Philosophie hingewiesen. Die Spielarten des – stets optimistischen – Pantheismus, die dem sinnlosen Treiben des Willens höhere Würde verleihen, sind für Schopenhauer eben deshalb absurd; sie laufen bestenfalls darauf hinaus, Gott »auf eine anständige Art zu beseitigen«[48]. Wirklich ernst nimmt Schopenhauer nur den theistischen, von der Welt getrennt vorgestellten Gott, der freilich seit Kopernikus zu einem heiklen Thema geworden ist. Der traditionelle Theismus, betont Schopenhauer, »setzt nothwendig voraus, daß man die Welt einteile in *Himmel* und *Erde*: auf *dieser* laufen die Menschen herum; in jenem sitzt der Gott, der sie regiert. Nimmt nun die Astronomie den Himmel weg; so hat sie den Gott *mit* weggenommen: sie hat nämlich die Welt so ausgedehnt, daß für den Gott kein Raum übrig bleibt. Aber ein persönliches Wesen, wie jeder Gott unumgänglich ist, das keinen *Ort* hätte, sondern überall und nirgends wäre, läßt sich bloß sagen, nicht imaginiren, und darum nicht glauben.«[49]

Fragwürdig ist der Mythos eines Hervorgangs der Welt aus Gott nicht nur angesichts naturwissenschaftlicher Ergebnisse – er ist für Schopenhauer vor allem moralisch verwerflich. Die negative Beschaffenheit der Welt belehrt uns unentwegt darüber, daß sie sich nicht »aus sich selbst rechtfertigen« läßt; wir finden »keine Endursache ihres Daseyns in ihr selbst«, können »nicht nachweisen, daß sie ... zu ihrem eigenen Vorteil dasei«[50]. Zum theoretischen Problem, erklärt Schopenhauer, wird die Welt dadurch, daß sie etwas ist, »das, *praktisch* ausgedrückt, nicht seyn sollte«[51]. Letztlich bleibt sie, menschlichem Scharfsinn trotzend, ein »unauflösliches Problem«; denn »selbst die vollkommenste Philosophie (wird) stets noch ein unerklärtes Element enthalten ..., gleich einem unauflöslichen ... Rest, welchen das irrationale Verhältniß zweier Größen stets übrig läßt«[52]. Kein Wunder, sagt Schopenhauer, daß die »unter steter Sorge, Angst und Noth« leidenden Menschen immer wieder versuchen, ihrem Dasein höheren Sinn beizulegen; sie verfallen notwendig darauf, die Welt aus einem ihr vorgeordneten, »von *Erkenntniß* geleiteten Willen«[53] zu erklären, womit einhergeht, daß sie – das *malum metaphysicum* beschönigend – einem ruchlosen Optimismus huldigen. Dieser ist, zumal in den Religionen, »ein Grundirrthum, der aller Wahrheit den Weg vertritt«[54].

Schopenhauer folgt der aufklärerischen Religionskritik (Helvétius, Diderot) darin, daß auch er den unausrottbaren Anthropomorphismus aller theologischen Lehren hervorhebt: »Die Versuche, den Theismus vom Anthropomorphismus zu reinigen, greifen, indem sie nur an der Schaale zu arbeiten wähnen, geradezu sein innerstes Wesen an: durch ihr Bemühen, seinen Gegenstand abstrakt zu fassen, sublimiren sie ihn zu einer undeutlichen Nebelgestalt, deren Umriß, unter dem Streben die menschliche Figur zu vermeiden, allmälig ganz verfließt; wodurch denn der kindliche Grundgedanke selbst endlich zu nichts verflüchtigt wird.«[55] Die Theologie entspringt keiner intellektuellen Einsicht, sondern dem Herzen, dem Willen des Menschen. Dieser hat, schwer bedrängt, »das Bedürfniß, allmächtigen, folglich übernatürlichen Beistand anzurufen: weil also gebetet werden soll, wird ein Gott hypostasirt; nicht umgekehrt. Daher ist das Theoretische der Theologie aller Völker sehr verschieden, an Zahl und Beschaffenheit der Götter: aber daß sie helfen können und es thun, wenn man ihnen dient und sie anbetet, – Dies haben sie alle gemein; weil es der Punkt ist, darauf es ankommt.«[56] Überlegungen, deren Nähe zu Feuerbachs Schrift *Das Wesen des Christentums* unbestreitbar ist. Wie Feuerbach ist sich auch Schopenhauer darüber im klaren, daß die Attribute Gottes vergegenständlichte Herzenswünsche des Menschen sind. Gleichwohl hält er Feuerbachs Ausgangsthese für unzutreffend, Theologie sei Anthropologie.[57] Das »Anthropologische« nämlich, auf das Schopenhauer Theologisches zurückführt: der im Menschen treibende Wille ist nur *eine* Ausdrucksform des vielgestaltigen, die Natur insgesamt durchpulsenden Willens. Dieser bleibt letztlich opak, undurchdringlich. Deshalb ist selbst die zum Atheismus gesteigerte Religionskritik außerstande, das »metaphysische Bedürfniß«[58] des Menschen zum Schweigen zu bringen. Schopenhauer zufolge gründet es darin, daß der Mensch »in beständiger Sorge und Furcht zu leben hat«[59]. Hinzu tritt »das Wissen um den Tod, und neben diesem die Betrachtung des Leidens und der Noth des Lebens, was den stärksten Anstoß ... zu metaphysischen Auslegungen der Welt giebt. Wenn unser Leben endlos und schmerzlos wäre, würde es vielleicht doch Keinem einfallen zu fragen, warum die Welt dasei und gerade diese Beschaffenheit habe; sondern eben auch sich Alles von selbst verstehn.«[60]

Anders als die bisherige Metaphysik, die dazu tendiert, das Ganze, die große Einheit, das absolut Erste, ideologisch zu verklären, hütet sich Schopenhauer vor der Glorifikation des Willens als des Quellgrunds und Wesenskerns aller Dinge. Er ist kein weiser und gütiger Lenker des Universums, eher ein böser, uns umtreibender Dämon. Das Mächtige, sich Durchsetzende ist für Schopenhauer keineswegs zugleich das Wahre und sittlich Gute. Daher seine »Lehre von der Verneinung des Willens zum Leben«[61], die das Zentrum seiner Moralphilosophie bildet. Sie beruht auf Schopenhauers Grundannahme, daß seine Metaphysik das genuine Interesse auch des religiösen Glaubens insofern wahrnimmt, als ihr die Aufgabe innewohnt, die Welt zu *überwinden*. Sie zielt ab auf »einen Zustand des *willenslosen* Erkennens ..., in welchem wir dasind, ohne zu *wollen*«[62]. Das hohe Ideal solcher »Willenslosigkeit«[63] liefert den leitenden Gesichtspunkt für den Gang und die Resultate der Schopenhauerschen Untersuchungen. Daß die Überwindung der Welt durch radikale Umkehr erfolgen könne, ist (wenigstens in gewissem Grade) ein Schopenhauer und der Religion gemeinsames Motiv. In dem Maße freilich, wie Schopenhauer die Gegenstände des Glaubens ins Metaphysische überführt, werden sie – aus orthodoxer Sicht zumindest – entwertet. Denn das Loskommen von der Welt ist für Schopenhauer kein Hinübergelangen zum höchsten Gut oder Wert, sondern wie im – atheistischen – Buddhismus lediglich ein Loskommen von dem als *wertlos* Durchschauten. Die Unvollkommenheit der Welt bildet hier nicht, wie für den Glauben, die Unterlage für das Postulat eines überweltlichen Reiches, worin die Einzelseele gerettet wird, sondern nur das Kennzeichen dafür, daß weder in noch außer, geschweige denn über der Welt ein Prinzip der Vollkommenheit anzutreffen ist.[64]

Der menschliche Intellekt ist wie der tierische physisch und dem Willen von Hause aus dienstbar. Er kann sich jedoch im Unterschied zum tierischen – obgleich nur ausnahmsweise – vom Weltgrund losreißen. Davon handeln die beiden letzten Bücher des Schopenhauerschen Hauptwerks, die den ästhetischen und schließlich ethischen Weg ins Freie weisen. – Von der Welt unter der Herrschaft des unersättlichen Willens zum Leben geht Schopenhauer zunächst über zur Welt des Schönen. Deren metaphysische Betrachtung, betont er, geschieht »nicht so *ex nunc*, weil es uns eben beifällt, daß es auch ein Schönes und Künste giebt«, sondern sie »ist ein nothwendiger Theil des Ganzen der Philosophie, ist ein Mittelglied zwischen der ... Metaphysik der Natur und der folgenden Metaphysik der Sitten«[65]. Diese wird von Schopenhauers Ästhetik insofern vorbereitet, als er im Schönen eine »ganz besondere Erkenntnißart« erblickt, die »Aufschlüsse über das Ganze unserer Weltbetrachtung«[66] liefert. Es gibt einige wenige Menschen, denen es vergönnt ist, sich dem Bann des Willens – zeitweilig – zu entziehen: *geniale Künstler*. Während Wissenschaft darauf bedacht ist, »dem Satz vom Grund in seinen verschiedenen Gestaltungen« nachzugehen, wobei »ihr Thema ... die Erscheinung, deren Gesetze, Zusammenhang und daraus entstehende Verhältnisse« bleibt, gibt es eine höhere »Erkenntnißart«, die »jenes außer und unabhängig von aller Relation bestehende ... Wesentliche der Welt« betrachtet, »das keinem Wechsel Unterworfene und daher für alle Zeit mit gleicher Wahrheit Erkannte, mit einem Wort, die *Ideen*, welche die unmittelbare und adäquate Objektität des Dinges an sich, des Willens, sind«[67]. Es ist die Kunst. Im Werk des Genius, der alles Individuelle abstreift, wird das betrachtete Objekt vom Einzelding zur Platonischen Idee und er selbst zum »reinen Subjekt des Erkennens«[68]. Kunst, sagt Schopenhauer, »wiederholt die durch reine Kontemplation aufgefaßten ewigen Ideen, das ... Bleibende aller Erscheinungen der Welt, und je nachdem der Stoff ist, in welchem sie wiederholt, ist sie bildende Kunst, Poesie oder Musik«[69]. Genialität ist die überaus seltene Fähigkeit, sich anschauend im Gegenstand zu verlieren und dabei die Erkenntnis der Botmäßigkeit des Willens zu entziehen, das heißt seiner empirischen »Persönlichkeit sich auf eine Zeit völlig zu entäußern, um als *rein erkennendes Subjekt*, klares Weltauge, übrig zu bleiben: und dieses nicht auf Augenblicke; sondern so anhaltend und mit soviel Besonnenheit, als nöthig ist, um das Aufgefaßte durch überlegte Kunst zu wiederholen«[70].

Die Objekte der Kunst nehmen bei Schopenhauer insofern eine merkwürdige Mittelstellung ein, als sie sich zwischen Erscheinung und Ding an sich befinden; sie stellen dieses als erscheinendes Wesen (oder wesentliche Erscheinung) dar unter ideeierender Abstraktion vom Satz des Grundes. Der Künstler wird »zum willensreinen Subjekt, zum hellen Spiegel des Wesens der Welt«[71]. Letzteres – der Wille – objektiviert sich in allen Künsten »nur mittelbar, nämlich mittelst der Ideen«[72]. Eine große Ausnahme hebt Schopenhauer, der erzromantische Denker, immer wieder hervor: die *Musik*. Sie setzt sich, als Kunst des elementaren Affekts an sich, ebenso über die Ideen wie über die erscheinende Welt hinweg und drückt, im Gegensatz zu den anderen Künsten, deren Wesen unverhüllt aus. »Die Musik«, betont Schopenhauer, der hier die für das neunzehnte Jahrhundert (Wagner) folgenreichste These seiner Ästhetik ausspricht, »ist ... eine so *unmittelbare* Objektivation und Abbild des ganzen *Willens*, wie die Welt selbst es ist, ja wie die Ideen es sind, deren vervielfältigte Erscheinung die Welt der einzelnen Dinge ausmacht. Die Musik ist also keineswegs, gleich den andern Künsten, das Abbild der Ideen; sondern *Abbild des Willens selbst*, dessen Objektivität auch die Ideen sind: deshalb eben ist die Wirkung der Musik so sehr viel ... eindringlicher, als die der andern Künste: denn diese reden nur vom Schatten, sie aber vom Wesen«[73].

Kunst, sagt Schopenhauer, ist »überall am Ziel«[74], dem rastlosen Weltlauf entzogen. Sie spendet Trost und erhebt das Gemüt, indem sie die allgegenwärtigen Übel des Daseins ins Zeitlos-Typische, kontemplativ Genießbare transponiert. Der Wille ist »ein stetes Leiden und theils jämmerlich, theils schrecklich; dasselbe hingegen als Vorstellung allein, rein angeschaut, oder durch die Kunst wiederholt, frei von Quaal, (gewährt) ein bedeutsames Schauspiel«[75]. Der Künstler hält sich an die »rein erkennbare Seite der Welt«[76] und reproduziert sie getreu mit seinen Mitteln, die von der Architektur bis zur Musik reichen, der höchsten aller Künste. Ihn fasziniert es, jenes Schauspiel der Objektivation des Willens »zu betrachten und darstellend zu wiederholen«[77]. Darin liegt für Schopenhauer die Größe wie die Grenze der Kunst. Dem Künstler, sagt er, wird die tiefe Erkenntnis des Wesens der Welt zum »Zweck an sich: er bleibt bei ihr stehn. Daher wird sie ihm nicht, wie ... dem zur Resignation gelangten Heiligen ..., Quietiv des Willens, erlöst ihn nicht auf immer, sondern nur auf Augenblicke vom Leben«[78].

Deutlicher noch als seine Metaphysik des Schönen führt Schopenhauers Ethik ins Zentrum religionsphilosophischer Fragen. Ihr wenden wir uns jetzt genauer zu. Das vierte Buch der *Welt als Wille und Vorstellung* geht davon aus, daß die reine, allein im Menschen erfolgende Selbsterkenntnis des Willens jenen der – moralischen – Grundentscheidung nicht enthebt, ob er ihn bejahen oder verneinen soll. Der Wille, wie er im durchschnittlichen Wollen und Leben der Menschen sich manifestiert, ist pure Affirmation. Er bejaht sich selbst. Das tut er jedoch Schopenhauer zufolge auch dann, wenn er seiner als des Kerns der Dinge ansichtig geworden ist. Diese Erkenntnis »hemmt ... sein Wollen keineswegs; sondern eben dieses so erkannte Leben wird auch als solches von ihm gewollt, wie bis dahin ohne Erkenntniß, als blinder Drang, so jetzt mit Erkenntniß, bewußt und besonnen«[79]. Nach wie vor setzt sich das schlechthin »Antimoralische« durch: der »*Egoismus*« oder »Drang zum Daseyn und Wohlseyn«, den Schopenhauer als »Haupt- und Grundtriebfeder«[80] im Menschen (wie im Tier) bezeichnet. Ihr gehorcht das Verhalten der meisten. Demgegenüber verweist Schopenhauer nachdrücklich auf den freilich seltener beobachtbaren Fall, daß jemand »hilft und giebt, leistet und entsagt, ohne in seinem Herzen eine weitere Absicht zu haben, als daß dem Andern, dessen Noth er sieht, geholfen werde«[81]. Nur solchen Handlungen kommt nach Schopenhauer moralischer Wert zu. Ihr »Kriterium« erblickt er in der »Abwesenheit aller egoistischen Motivation«[82]. Wenn ich uneigennützig »Wohl und Wehe« eines anderen unmittelbar zum eigenen Motiv erhebe, so setzt das voraus, »daß ich auf irgend eine Weise mit ihm *identificirt* sei, d. h. daß jener gänzliche *Unterschied* zwischen mir und jedem Andern, auf welchem gerade mein Egoismus beruht, wenigstens in einem gewissen Grade aufgehoben sei«[83]. Da ich nicht in der Haut des anderen stecke, kann ich mich nur vermittels der Erkenntnis (Vorstellung), die ich von ihm habe, so weit mit ihm identifizieren, daß mein Verhalten »jenen Unterschied als aufgehoben ankündigt«[84]. Ebendieser Vorgang, unterstreicht Schopenhauer, ist keineswegs ausgedacht, sondern spielt sich ab im alltäglich beobachtbaren Mitleid, das »allein ... die wirkliche Basis aller *freien* Gerechtigkeit und aller ächten Menschenliebe«[85] bildet. Dieses »ethische«, in der menschlichen Natur wurzelnde »Grundphänomen« ist »nicht selbst wieder ein Problem der *Ethik* ..., wohl aber, wie alles Bestehende *als solches*, der *Metaphysik*«[86].

Von Mitleid, Menschenfreundlichkeit und Güte bestimmte Handlungen zeugen von der metaphysischen Möglichkeit, den Willen zum Leben zu verneinen, dessen Interesse stets partikulär ist. In ihnen setzt sich die Einsicht durch, daß alles Lebendige seinem innersten Wesen nach *identisch* ist; denn das anderen auferlegte und das selbsterlebte Leid, das Böse und Üble treffen, so Schopenhauer, »immer nur jenes eine und selbe Wesen ...; wenn gleich die Erscheinungen, in welchen das Eine und das Andere sich darstellt, als ganz verschiedene Individuen dastehn und sogar durch ferne Zeiten und Räume getrennt sind«[87]. Wer durchschaut hat, daß die Scheidewand zwischen ihm selbst und allem anderen trügerisch ist, wer einsieht, daß die Verschiedenheit zwischen dem Verursacher und dem Erdulder des Leidens nur *Phänomen* ist, nicht das Ding an sich: der in beiden lebende Wille, wird danach trachten, diesen gegen sich selbst zu kehren. Verneinung des erkannten Willens bedeutet, daß die einzelnen Erscheinungen aufhören, als – egoistische – »Motive des Wollens« zu wirken; statt dessen wird »die ganze, durch Auffassung der *Ideen* erwachsene Erkenntniß des Wesens der Welt, die den Willen spiegelt, zum *Quietiv* des Willens«, der »frei sich selbst aufhebt«[88].

Unterliegen die Erscheinungen durchweg der Kausalität, so ist der Wille laut Schopenhauer insofern *frei*, als er der Gehalt alles Erscheinenden ist sowie das von diesem unterschiedene Ding an sich. Der Begriff der Freiheit ist also eigentlich negativ bestimmt, sofern »sein Inhalt bloß die Verneinung ... des dem Satz vom Grund gemäßen Verhältnisses der Folge zu ihrem Grunde ist«[89]. Hierin sieht Schopenhauer eine Möglichkeit, der großen, vieldiskutierten Frage nach dem »Einheitspunkt«[90] von Freiheit und Notwendigkeit näherzutreten. Das nämliche Ding, als Erscheinung oder Objekt notwendig, ist *an sich* Wille, auf ewig frei. So ist auch der Mensch Teil der Natur. Sein empirischer Charakter, aus dem die Motive seines Handelns fließen, ist festgelegt. Aber es offenbart sich in ihm, sagt Schopenhauer mit Kant, »sein intelligibler Charakter, der Wille an sich, dessen determinirte Erscheinung er ist«[91]. Nun ist der Mensch, darüber belehrt uns die Metaphysik des Schönen, die »vollkommenste Erscheinung des Willens, welche, um zu bestehn, ... von einem so hohen Grade von Erkenntniß beleuchtet werden mußte, daß in dieser ... eine völlig adäquate Wiederholung des Wesens der Welt ... möglich ward«[92]. Im Menschen kann, anders gesagt, der Wille zur deutlichen und erschöpfenden Erkenntnis seines eigenen, in der Welt sich abspiegelnden Wesens gelangen. Das belegt die Tatsache der Kunst. Der Nerv nun der Schopenhauerschen Ethik beruht auf der schwierigen, höchst spekulativen Überlegung, »daß durch die selbe Erkenntniß, indem der Wille sie auf sich selbst bezieht, eine Aufhebung und Selbstverneinung desselben« im Menschen »möglich ist: so daß die Freiheit, welche sonst, als nur dem Ding an sich zukommend, nie in der Erscheinung sich zeigen kann, in solchem Fall auch in dieser hervortritt und, indem sie das der Erscheinung zum Grunde liegende Wesen aufhebt, während diese selbst« – der Mensch – »in der Zeit noch fortdauert, einen Widerspruch der Erscheinung mit sich selbst hervorbringt und gerade dadurch die Phänomene der Heiligkeit und Selbstverleugnung darstellt«[93].

Alles Leben ist Leiden. In diesem Satz faßt Schopenhauer den metaphysischen Pessimismus seiner Philosophie prägnant zusammen. Zum Mitleid, der schlechthin grundlegenden Tugend, gesellt sich, die Umkehr des Willens oft schlagartig herbeiführend, der entsetzte, von jeglichem geschichtsphilosophischen Optimismus kurierende Blick auf das namenlose Grauen einer Welt, der Dantes Schilderung der Hölle den Stoff entnehmen konnte. Unbestechlich inspiziert

Schopenhauer das »unermeßliche Gebär- und Schlacht- und Todeshaus des Daseins«[94]. Bereits auf den vormenschlichen Stufen des Naturprozesses herrscht ein unbarmherziger Kampf ums nackte Existieren, fortwährendes, zielloses Streben. Dauernde Befriedigung der Bedürfnisse, bleibendes Glück sind schon dem Tier versagt. Den Menschen kann »furchtbare Leere und Langeweile« befallen; sein Leben, sagt Schopenhauer an einer berühmten Stelle des Hauptwerks, »schwingt ..., gleich einem Pendel, hin und her, zwischen dem Schmerz und der Langenweile, welche ... dessen letzte Bestandtheile sind«[95]. Sosehr der Mensch danach trachtet, Gefahren und Widrigkeiten sorgsam zu umschiffen, so sehr steuert er eben dadurch dem Tode zu: dem Ziel der mühseligen Reise »und für ihn schlimmer als alle Klippen, denen er auswich«[96]. Jeder individuelle Lebensweg »ist nur ein kurzer Traum ... des beharrlichen Willens ..., ist nur ein flüchtiges Gebilde mehr, das er ... eine ... kleine Weile bestehn läßt, dann auslöscht ... Dennoch, und hier liegt die bedenkliche Seite des Lebens, muß jedes dieser flüchtigen Gebilde ... vom ganzen Willen zum Leben ... mit einem lange gefürchteten, endlich eintretenden bittern Tode bezahlt werden. Darum macht uns der Anblick eines Leichnams so plötzlich ernst.«[97]

Verweisen wir noch auf eine unabdingbare Voraussetzung der Schopenhauerschen Moralphilosophie. Sie betrifft das Verhältnis der Physik (im weitesten Sinn) zur Metaphysik. Wann immer Naturerkenntnis naiv-realistisch verabsolutiert wird, geht damit die – jede Ethik entbehrlich machende – Ansicht einher, der »Naturlauf« sei die »absolute und alleinige Weltordnung«[98]. Schopenhauer verwirft die naturalistischen und materialistischen Systeme nicht nur wegen ihrer erkenntnistheoretischen Mängel, sondern auch deshalb, weil sie ungeeignet sind, Moral zu begründen. »Der Materialismus«, schreibt Schopenhauer, »ist *wesentlich* unmoralisch, d. h. bietet nicht das kleinste Fundament für Moral; es sei denn für egoistische, auf Reciprocität gehende.«[99] Feuerbach spricht Schopenhauer das Verdienst zu, den »asketischen Charakter des Christenthums richtig erklärt« zu haben; er folgt jedoch Feuerbach nicht, wenn er »darin den Fehler dieser Religion« erblickt: »das Asketische« ist »grade das Wahre an ihr«[100]. Feuerbachs eudämonistische Devise kann nur lauten: »*post mortem nulla voluptas, edite, bibite*«[101]. Eine absolute Physik verabschiedet mit der Metaphysik auch die –

keineswegs an den Theismus gebundene – Ethik. Denn unter Metaphysik versteht Schopenhauer die »Erkenntniß, daß die Ordnung der Natur nicht die einzige und absolute Ordnung der Dinge sei. Daher kann man als das nothwendige *Credo* aller Gerechten und Guten dieses aufstellen: ›Ich glaube an eine Metaphysik‹.«[102]

Indem Schopenhauers Philosophie (in der Nachfolge Berkeleys und Kants) die erscheinende Welt relativiert, zu etwas »Traumartigem« herabsetzt[103], eröffnet sie die Möglichkeit einer metaphysisch begründeten Ethik, die sich dem Naturlauf entgegenstellt. Seit Sokrates, sagt Schopenhauer, sind die Philosophen darauf aus gewesen, die »das Phänomen der Welt«, mithin deren »Beschaffenheit«, hervorbringende »Kraft« mit einer »Moralität der Gesinnung« zu verbinden, um so eine »*moralische* Weltordnung als Grundlage der *physischen* nachzuweisen«[104]. Wurde der Theismus dieser Aufgabe, obgleich auf nicht mehr haltbare Weise, wenigstens gerecht, so verfehlte der Pantheismus des Spinoza sie dadurch, daß er die Welt zur Theophanie verklärte und auf Ethik im strengen Sinn verzichtete. Seiner eigenen Lehre nun hält Schopenhauer hinsichtlich jener Aufgabe zugute, dargetan zu haben, »daß die in der Natur treibende ... Kraft identisch ist mit dem *Willen* in uns«[105]. Damit aber werde »die *moralische* Weltordnung« unmittelbar mit »der das Phänomen der Welt hervorbringenden Kraft«[106] verknüpft. Der einheitlichen Beschaffenheit des Willens muß seine vielfältige, welthafte Erscheinung genau entsprechen. Ebendarin drückt sich aus, was Schopenhauer die »ewige«, dem der Individuation enthobenen Blick sich offenbarende »Gerechtigkeit« der Welt nennt: Strafe und Vergehen sind vor ihr *identisch.*[107] »Mit dem strengsten Rechte«, betont Schopenhauer, der hier die tiefsten Wurzeln seiner Ethik darlegt, »trägt ... jedes Wesen das Daseyn überhaupt, sodann das Daseyn seiner Art und seiner eigenthümlichen Individualität, ganz wie sie ist ..., in einer Welt so wie sie ist, vom Zufall und vom Irrthum beherrscht, zeitlich, vergänglich, stets leidend: und in allem was ihm widerfährt, ja nur widerfahren kann, geschieht ihm immer Recht. Denn sein ist der Wille: und wie der Wille ist, so ist die Welt.«[108] Der Nichtswürdigkeit des Menschengeschlechts insgesamt entspricht sein Schicksal: »die Welt selbst ist das Weltgericht«[109]. Jammer und Schuld halten einander die Waage. Schopenhauer mutet auch (und gerade) dem Leidenden zu, dessen innezuwerden, »daß alles Böse ... aus jenem Willen fließt, der auch *sein* Wesen ausmacht, auch in *ihm* erscheint und er durch diese Erscheinung und ihre Bejahung alle Leiden auf sich genommen hat, die aus solchem Willen hervorgehn und sie mit Recht erduldet, so lange er dieser Wille ist«[110]. – Derart gewinnt bei Schopenhauer die Welt, eben weil er bestreitet, daß ein transzendenter Urheber sie geschaffen hat, eine eminent moralische Bedeutung.

Der Mensch, lehrt Schopenhauer, ist ein *animal metaphysicum*. Er begehrt Aufschluß über seine »räthselhafte Existenz, an der nichts klar ist, als ihr Elend und ihre Nichtigkeit«[111]. Die den Gottheiten aller Völker und Zeiten errichteten Kultgebäude »zeugen vom metaphysischen Bedürfniß des Menschen, welches, stark und unvertilgbar, dem physischen auf dem Fuße folgt«[112]. Freilich, fügt Schopenhauer dem ironisch hinzu, begnügt er sich oft genug mit abgeschmackten Märchen und Fabeln, wenn sie nur geeignet sind, sein Dasein auszulegen und seine Moral zu stützen. Seit Anbeginn sind die Priester, stellt Schopenhauer mit einigem Ingrimm fest, als »Monopolisten und Generalpächter« des metaphysischen Bedürfnisses aufgetreten; sie begründeten auf ihm »ihren Unterhalt«[113] und Einfluß, indem sie den Menschen ihre Dogmen in frühester Kindheit beibrachten. Eine weitere, obgleich kleinere Gruppe von Leuten zieht ebenfalls Vorteil aus dem metaphysischen Bedürfnis der Menschen: bei den Griechen heißen sie Sophisten, in neuerer Zeit Philosophieprofessoren. Letzteren ist Schopenhauer, wohl auch aus persönlichen Gründen, besonders gram. Wer nicht *für* die Philosophie lebt, sondern *von* ihr, muß sich den Verdacht des Unernstes und der Abhängigkeit von äußeren, zumal politischen Instanzen gefallen lassen.[114]

Metaphysik ist bestrebt, »Aufschluß zu ertheilen über ... Das, was hinter der Natur steckt und sie möglich macht«[115]. Angesichts der Schwierigkeit und Tragweite dieser Aufgabe sowie der intellektuellen Verschiedenheit der Menschen ist es für Schopenhauer klar, daß nicht »*eine* Metaphysik für Alle ausreichen kann«; weshalb wir überall in der Geschichte »zwei verschiedene Arten derselben antreffen, welche sich dadurch unterscheiden, daß die eine ihre Beglaubigung *in sich*, die andere sie *außer sich* hat«[116]. Erfordern metaphysische Systeme der ersten Art »Nachdenken, Bildung, Muße und Urtheil«, sind sie nur wenigen zugänglich, entstehen und erhalten sie sich allein unter zivilisatorisch fortgeschrittenen Verhältnissen, so sind Systeme der zweiten Art zugeschnitten auf die Bedürfnisse der vielen, denen es an Denkkraft gebricht und die es deshalb vorziehen zu glauben; Autoritäten zählen für sie mehr als Argumente. Der Geistesaristokrat Schopenhauer bezeichnet jene Systeme als »Volksmetaphysik«[117]. Bekannter sind sie als »Religionen ... und finden sich bei allen Völkern, mit Ausnahme der allerrohesten«[118]. Sie berufen sich auf übernatürliche Offenbarung, die sich durch »Zeichen und Wunder«[119] bekundet. Demgegenüber kennt Schopenhauer ursprünglich »keine andere Offenbarung als die Gedanken der Weisen«[120]. Wenden diese sich von vornherein an Erwachsene, so haftet es religiösen Dogmen unausrottbar an, daß man sie, möglichst früh, Kindern beibringt. Soweit Religionen argumentieren, sagt Schopenhauer, sprechen sie »Drohungen mit ewigen, auch wohl mit zeitlichen Uebeln aus, gerichtet gegen die Ungläubigen, ja schon gegen die bloßen Zweifler: als *ultima ratio theologorum* finden wir, bei manchen Völkern, den Scheiterhaufen, oder dem Aehnliches«[121]. Skeptisch steht Schopenhauer Versuchen gegenüber, Religion philosophisch zu unterbauen, was stets darauf hinausläuft, den entscheidenden Unterschied von »Ueberzeugungslehre« und »Glaubenslehre«[122] einzuebnen. Philosophie kann niemals Theologie werden oder in deren Dienst treten; ist sie doch »wesentlich *Weltweisheit*: ihr Problem ist die Welt: mit dieser allein hat sie es zu thun«[123].

Ausgangspunkt der Schopenhauerschen Betrachtungen des Wesens der Religion ist die Autonomie des Philosophierens. Der unleugbare, faktische Einfluß, den geheiligte Traditionen und äußere Autoritäten auf den Gang der Geschichte ausgeübt haben, hat zurückzutreten, wenn es sich um die Frage der Wahrheit handelt. Auch Gemütsbedürfnisse, die den bloßen Wunsch zum Vater des Gedankens machen, müssen hier schweigen. Läßt Philosophie sich auf äußere Rücksichten ein, so entsteht ein ärgerliches Zerrbild ihres angestammten Bestrebens. Schopenhauer ist Religionsphilosoph, indem er hinsichtlich des Objekts »Religion« streng, aber unvoreingenommen vorgeht, auf letzte Klarheit bedacht ist und darauf abzielt, einzelwissenschaftliche Ergebnisse durch universelle Gesichtspunkte zu verknüpfen.[124]

Religion beruht nach Schopenhauer auf dem Bedürfnis schon des einfachen Menschen nach einer – seiner »Fassungskraft« angemessenen – »Auslegung des Lebens«[125]. »Die verschiedenen Religionen«, sagt er, »sind … nur verschiedene Schemata, in welchen das Volk die ihm an sich selbst unfaßbare Wahrheit ergreift und sich vergegenwärtigt, mit welchen sie ihm jedoch unzertrennlich verwächst.«[126] Die Volksmetaphysik, sagt Schopenhauer, ist vergleichbar mit der Volkspoesie oder der Volksweisheit, die sich in Sprichwörtern niederschlägt. Die Menschen bedürfen einer Art General-Rechenschaft über Welt und Leben sowie moralischer, aus ihr abgeleiteter Richtlinien. Da sie in ihrer Mehrzahl völlig außerstande sind, sich selbständig zu orientieren, ist Schopenhauer zufolge die Rolle religiöser Überlieferungen durchaus positiv einzuschätzen. »Die Religion«, sagt er, »ist das einzige Mittel, dem rohen Sinn und ungelenken Verstande der in niedriges Treiben und materielle Arbeit tief eingesenkten Menge die hohe Bedeutung des Lebens anzukündigen und fühlbar zu machen.«[127] Sie ersetzt so die (vielleicht nie zu erreichende) rein philosophische Wahrheit. Daß »hinter dem Physischen irgendwie ein Metaphysisches stecken müsse, ein Unwandelbares, welches dem beständigen Wandel zur Grundlage dient«[128], ahnt auch der einfache Mensch; die weltliche und geistliche Autorität, »allein durch Zeit und Umstände begründet«[129], bestärkt ihn darin. Sie wendet sich ferner »an Furcht und Hoffnung der in steter Noth lebenden Sterblichen: sie schafft ihnen demnach Götter und Dämonen, die sie anrufen, … besänftigen, … gewinnen können«; sie appelliert an ihr »moralisches Bewußtseyn, dem sie Bestätigung und Anhalt von außen verleiht«[130]. Derart »gewährt die Religion … eine unerschöpfliche Quelle des Trostes und der Beruhigung, welche den Menschen auch im Tode nicht verläßt, vielmehr gerade dann ihre ganze Wirksamkeit entfaltet. Sonach gleicht die Religion Dem, der einen Blinden bei der Hand faßt und leitet, da er nicht selbst sehn kann und es ja nur darauf ankommt, daß er sein Ziel erreiche, nicht, daß er Alles sehe.«[131]

Das freilich ist nur die halbe Wahrheit. Schopenhauers bekannter Dialog zwischen Demopheles und Philalethes im zweiten Band der *Parerga und Paralipomena* belehrt über die letztliche Ambivalenz seines Verhältnisses zur Religion. Den soeben daraus zitierten, eher affirmativen Urteilen stehen solche gegenüber, mit denen der Schüler einer radikalen Aufklärung dem übervorsichtigen Bürger widerspricht, der – nicht nur, aber auch – öffentlicher Ruhe und Ordnung zuliebe darauf bedacht ist, daß dem Volk die Religion erhalten bleibe. Zornig erinnert Schopenhauer daran, daß die Religionen auch wenig erbauliche Seiten im Buch der Geschichte beschrieben haben. »Ziemt es Dem«, so fragt er, »Toleranz, ja, zarte Schonung zu predigen, der die Intoleranz und Schonungslosigkeit selbst ist? Ich rufe Ketzergerichte und Inquisitionen, Religionskriege und Kreuzzüge, Sokrates' Becher und Bruno's und Vanini's Scheiterhaufen zum Zeugen an!«[132] Ähnlich scharf fällt Schopenhauers Urteil über die geistige, bis ins siebzehnte Jahrhundert fortwirkende Herrschaft der Kirche aus. Diese hat, durch »falsche Grundvorstellungen«, jegliche »Einsicht in das wahre Wesen und Wirken der Natur ... wie mit einem Brette vernagelt. Denn während des ganzen Christlichen Zeitraums liegt der Theismus wie ein drückender Alp auf allen ... philosophischen Bestrebungen und hemmt, oder verkümmert, jeden Fortschritt. Gott, Teufel, Engel und Dämonen verdecken den Gelehrten jener Zeiten die ganze Natur: keine Untersuchung wird zu Ende geführt, keiner Sache auf den Grund gegangen; sondern Alles, was über den augenfälligsten Kausalnexus hinausgeht, durch jene Persönlichkeiten alsbald zur Ruhe gebracht«[133]. Auch die (anderswo von Schopenhauer anerkannte) pragmatisch-nützliche Seite der Religion wird hier umstandslos geleugnet: »Es ist *falsch*, daß Staat, Recht und Gesetz nicht ohne Beihülfe der Religion und ihrer Glaubensartikel aufrecht erhalten werden können, und daß Justiz und Polizei, um die gesetzliche Ordnung durchzusetzen, der Religion, als ihres nothwendigen Komplementes bedürfen ... Von der Unsterblichkeit der Seele und einem Leben nach dem Tode hatten die Alten gar keine feste, deutliche, am wenigsten dogmatisch fixirte Begriffe, sondern ganz ... unbestimmte und problematische Vorstellungen, Jeder in seiner Weise: und eben so verschieden ... waren ... die Vorstellungen von den Göttern. Also *Religion*, in unserm Sinne des Wortes, hatten die Alten ... nicht. Hat nun aber deswegen bei ihnen Anarchie und Gesetzlosigkeit geherrscht? ist nicht vielmehr Gesetz und bürgerliche Ordnung so sehr ihr Werk, daß es noch die Grundlage der unserigen ausmacht?«[134]

Soviel zu Schopenhauers zugleich positiver und negativer Einschätzung der Religion, wobei letztere sich mehr auf ihre kultur- und sozialgeschichtliche Wirksamkeit bezieht, erstere auf ihren spezifischen Gehalt als Volksmetaphysik. Auch sie ist für Schopenhauer, obwohl scharf abgegrenzt gegen die *philosophische* Metaphysik, in sich kein schlechthin eindeutiges Gebilde; denn einerseits betont Schopenhauer, daß sie – darin der Philosophie verwandt – »auf *theoretischem* Gebiet ihren Schwerpunkt hat«, also ein »*intellektuelles* Ziel verfolgt«, andererseits fallen ihr als *Volks*metaphysik Aufgaben zu, die mit »der rein *philosophischen* Erforschung des Wirklichen *nicht zusammenfallen*«[135]. Den sich hier scheinbar ergebenden Widerspruch löst Schopenhauers Erwägung, daß Religionen stets »nur eine mittelbare, nicht eine unmittelbare Wahrheit haben (können): diese von ihnen verlangen, ist, wie wenn man die im Buchdruckerrahmen aufgesetzten Lettern lesen wollte, statt ihres Abdrucks«[136]. Religion erschöpft sich für Schopenhauer nicht in Priestertrug und Ideologie; ihr – unleugbarer – Wert bemißt sich nach »dem größern oder geringern Gehalt an Wahrheit, den sie, unter dem Schleier der Allegorie, in sich trägt«; er hängt ferner »von der größern oder geringern Deutlichkeit« ab, »mit welcher derselbe durch diesen Schleier sichtbar wird, also von der Durchsichtigkeit des letztern«[137]. Am vollkommensten unter diesem Aspekt sind Schopenhauer zufolge die ältesten Religionen, weshalb er immer wieder hervorhebt, daß der Buddhismus sich noch am ehesten mit den Ergebnissen seiner pessimistischen Philosophie vereinbaren läßt.

Spricht Schopenhauer hier vom – mehr oder weniger – dichten »Schleier der Allegorie«, der den Wahrheitsgehalt der Religion verhüllt, so stellt er anderswo die Allegorie als bild- und gleichnishafte Rede insofern über den *mythischen* Bestand des Religiösen, als sie geeignet ist, diesen zu erhellen. Infolge der »Urverwandtschaft aller Wesen« der erscheinenden Welt, die auf ihrer »Einheit im Dinge an sich« beruht, wird es nach Schopenhauer erklärlich, daß »man nicht nur die heterogensten Dinge an einander erläutern oder veranschaulichen kann, sondern auch treffende Allegorien selbst in Darstellungen findet, bei denen sie« – wie in Goethes Märchen von der grünen Schlange – »nicht beabsichtigt waren«[138]. Das durch die Dinge hindurchgehende Grundmuster bewirkt, »daß das Historische allegorisch das Allegorische historisch werden kann«[139]. Die griechische Mythologie nun besitzt für Schopenhauers Religionsphilosophie insofern Modellcharakter, als sie reichlich Stoff bietet zu »allegorischen Auslegungen«; sie lädt dazu ein, »indem sie Schemata zur Veranschaulichung fast jedes Grundgedankens liefert, ja, gewissermaßen die Urtypen aller Dinge und Verhältnisse enthält, welche ... immer und überall durchscheinen; ist sie ja doch eigentlich aus dem spielenden Triebe der Griechen, Alles zu personificiren, entstanden. Daher wurden schon ... vom Hesiodus selbst ... jene Mythen allegorisch aufgefaßt.«[140]

So wird sich, sagt Schopenhauer, für jedes kosmologische, metaphysische und – worauf es hier ankommt – religiöse System »eine in der Mythologie vorhandene Allegorie finden lassen. Ueberhaupt haben wir« – dies die philosophisch entscheidende These – »die meisten Mythen als den Ausdruck mehr bloß geahndeter als deutlich gedachter Wahrheiten anzusehn.«[141] Schopenhauer erinnern die Frühgriechen an den jungen Goethe: Sie konnten ihre Gedanken nur in »Bildern und Gleichnissen«[142] ausdrücken. Dagegen erscheint ihm »das von Creuzer, mit unendlicher Breite und marternder Weitschweifigkeit ausgeführte, ernste und penible Auslegen der Mythologie, als des Depositoriums absichtlich darin niedergelegter physischer und metaphysischer Wahrheiten«[143], als schlechthin abwegig. Der unwirschen Äußerung Schopenhauers über Creuzers historisch-philologische Vorgehensweise ist zu entnehmen, daß sein Interesse am Mythos nicht das der Wissenschaft seiner Zeit ist; er sieht in ihm einen Schlüssel zum philosophischen Verständnis der Religion. Allegorisch deutbar ist der Mythos für Schopenhauer in dem Maße, wie er Allegorisches enthält, ja mit diesem identisch ist.

Während die an Denken und Überzeugung sich wendende Philosophie verpflichtet ist, in allem, was sie vorträgt, »*sensu stricto et proprio* wahr zu seyn«[144], wäre es unbillig, von der Religion dasselbe zu verlangen. Ihre Mythen, Dogmen und Kulte sind daraufhin zu untersuchen, was an ihnen Kern und was Schale ist. Ein Supranaturalismus, der das Christentum in seiner unmittelbaren Erscheinungsform für *sensu proprio* wahr erklärt, ist in Schopenhauers Augen ebenso fragwürdig wie ein theologischer Rationalismus, der es »zur platten Verständlichkeit herabziehn möchte«[145] und etwas übrigbehält, das weder *sensu proprio* noch *sensu allegorico* wahr ist. In beiden Fällen wird die Eigenart des Christentums wie der Religion überhaupt verkannt: daß Mythos und Allegorie ihr wesentliches »Element«[146] bilden, keine ihnen äußerliche, entbehrliche Zutat.

Eine im buchstäblichen Sinn »wahre« Religion kann und wird es nicht geben. Gleichwohl enthält jedes religiöse Gebilde, allegorisch verkleidet, metaphysisch-ethische Einsichten. Allerdings hat ausschließlich Philosophie darüber zu befinden, *ob und wo* solche Einsichten jeweils vorliegen. Indem sie die Erscheinungen des religiösen Lebens interpretiert, weist sie diesen ihren philosophischen Rang zu.[147] Wuchernde Phantastik, selbst offenkundige Ungereimtheiten stören Schopenhauer so wenig, daß er sie als »wesentliches Ingrediens einer vollkommenen Religion« ansieht, zeugen sie doch von ihrer »*allegorischen* Natur«, die es vermag, dem »gemeinen Sinn und rohen Verstande *fühlbar* zu machen, was ihm unbegreiflich wäre, nämlich daß die Religion im Grunde von einer ganz andern, von einer Ordnung der *Dinge an sich* handelt, vor welcher die Gesetze dieser Erscheinungswelt, denen gemäß sie sprechen muß, verschwinden, und daß daher nicht bloß die widersinnigen Dogmen, sondern auch die begreiflichen, eigentlich nur Allegorien und Akkomodationen zur menschlichen Fassungskraft sind«[148]. Schopenhauer nennt die Theologen Tertullian, Augustinus und Luther als Repräsentanten einer solchen – die Mysterien des Christentums bewahrenden – Denkweise. Seine Annahme, daß selbst die einleuchtenden Aspekte der Religion noch allegorisch auszulegen seien, richtet sich vorab gegen die seit dem Deismus verbreitete Vorstellung, Moral bleibe unbeschädigt zurück, wenn man sich der »mysteriösen« Seite der Religion entledige (oder sie auf sich beruhen lasse). Bei Schopenhauer dagegen entspringt die Ethik unmittelbar der Metaphysik als dem aufgelösten Rätsel der Welt.

Aus dem allegorischen Charakter der Religionen folgt ihre Unbeweisbarkeit; kritischer Prüfung von vornherein entzogen, verlangen sie Glauben: »eine freiwillige Annahme, daß es sich so verhalte«[149]. Die sittliche, von Glauben geleitete Praxis »führt« – davon ist Schopenhauer überzeugt – »eben dahin ..., wohin die Wahrheit *sensu proprio* auch führen würde«; deshalb »verheißt die Religion Denen, welche glauben, mit Recht die ewige Säligkeit«[150]. Deutlich wird, wie sehr die der breiten Masse dienenden Religionen geeignet sind, »die Stelle einer objektiv wahren Metaphysik vollkommen« zu »vertreten, indem sie, so gut wie diese nur irgend könnte, den Menschen über sich selbst und das zeitliche Daseyn hinausheben: hierin zeigt sich ... ihre Unentbehrlichkeit«[151]. Freilich ist damit die Frage nach der Berechtigung der Religion keineswegs erledigt; sie läßt sich nicht mit einem bündigen Ja oder Nein beantworten. Darüber belehrt Schopenhauers scharfsinniger, im Stil Humes formulierter Dialog zwischen Demopheles, der die religiösen Bedürfnisse des Volkes berücksichtigt, und Philalethes, dem es nur um die reine, ungetrübte Wahrheit geht. Aber auch sonst stößt man in Schopenhauers Werk allenthalben auf zwiespältige Urteile über die Religion, auf eine ihrem Wesen offenbar immanente Antithetik. Für und Wider behaupten hier gleiches, in der Zweideutigkeit des Objekts selbst begründetes Recht: Religion ist wahr und trügerisch zugleich. Sämtliche Glaubenslehren, sagt Schopenhauer, sind »mythische Einkleidungen der dem rohen Menschensinn unzugänglichen Wahrheit«[152]. Problematisch nun ist für ihn – zunächst – nicht dieser Sachverhalt selbst, sondern der Umstand, »daß die Religionen ihre allegorische Natur nie eingestehn dürfen, sondern sich als *sensu proprio* wahr zu behaupten haben. Dadurch thun sie einen Eingriff in das Gebiet der eigentlichen Metaphysik, und rufen den Antagonismus dieser hervor, der daher zu allen Zeiten, in denen sie nicht an die Kette gelegt worden, sich äußert.«[153] Jede Religion ist genötigt, sich »der Unwahrheit als des Vehikels der Wahrheit zu bedienen«; sie trägt »Wahrheit im Gewande der Lüge«[154] vor, ohne sich ehrlich und vorbehaltlos zu ihrem bloß allegorischen Wesen bekennen zu dürfen. Was bestenfalls ein »mythisch-allegorischer Abglanz«[155] der Wahrheit ist, gebärdet sich, öffentlichem Respekt zuliebe, als wäre es die Wahrheit selbst. Hierin erblickt Schopenhauer das eigentliche, unaufhebbare Skandalon der Religion, den Grund dafür, daß sie mit dem vorurteilsfreien Streben nach Erkenntnis immer wieder in Konflikt geraten ist.

Schopenhauer plädiert für eine klare Scheidung der Sphären. Die spekulativen Versuche seiner Zeit, unter dem Titel »Religionsphilosophie« die »gegebene Religion zu deuten und das *sensu allegorico* Wahre durch ein *sensu proprio* Wahres auszulegen«[156], werden von ihm verworfen. Besitzt man nämlich schon die Wahrheit *sensu proprio*, dann erscheint es wenig sinnvoll, sie in den Dienst des bloß *sensu allegorico* Wahren zu stellen. Vollends mißlich wäre es, wollte man der Religion die philosophische Metaphysik, das heißt Wahrheit *sensu proprio*, »durch Auslegung und Umdeutung«[157] erst entnehmen. So vorzugehen wäre nur dann ratsam, wenn feststünde, »daß die Wahrheit, gleich ... unedlen Metallen, nur im vererzten, nicht im gediegenen Zustand vorkommen könne, daher man sie nur durch Reduktion aus der Vererzung gewinnen könnte«[158].

So emphatisch Schopenhauer immer wieder betont, es könne im Verhältnis von Religion und Philosophie (oder Wissenschaft) kein versöhnliches Sowohl-Als-auch geben, sondern stets nur ein Entweder-Oder, so sehr fällt auf, daß er auf die hier vorsichtig angeschnittene Frage nach der Möglichkeit einer unverfälscht philosophischen, von trübenden Zusätzen freien Wahrheit mehrfach zurückgekommen ist. Sie hat ihn offenbar tief beunruhigt; zur Wahrheit nämlich steht Religion nicht in einfachem Gegensatz; denn sie lehrt selbst die Wahrheit. Diese ist vielleicht, sagt Schopenhauer im schon angeführten Dialog *Ueber Religion*, »gewissen ... gasförmigen Stoffen« vergleichbar, »welche man ... an eine feste, palpable Basis binden muß, weil sie sonst sich verflüchtigen«[159]. Falls aber – selbst das wird von Schopenhauer erwogen – »die reine und abstrakte, von allem Mythischen freie Wahrheit, uns Allen, auch den Philosophen, auf immer unerreichbar bleiben sollte«, so wären wir genötigt einzusehen, daß Wahrheit einem chemischen Element gleicht, das »nur an andere Stoffe gebunden auftreten kann«[160]. Schopenhauer fragt, ob nicht der Gedanke einer anders als mythisch und allegorisch aussprechbaren Wahrheit letztlich wahnhaft ist, weil diese, wie das Wasser, eines Gefäßes bedarf, um transportabel zu sein; »die Philosophen aber, welche darauf bestehn, sie unversetzt zu besitzen, glichen Dem, der das Gefäß zerschlüge, um das Wasser für sich allein zu haben. Vielleicht verhält es sich wirklich so.«[161]

Diese resignativen Betrachtungen erinnern an Schopenhauers Definition dessen, was er unter »Metaphysik« versteht. Dieser ist es nach Kants grundlegender Kritik des rationalistischen Dogmatismus verwehrt, als »Wissenschaft aus bloßen Begriffen« oder als »System von Folgerungen aus Sätzen *a priori*«[162] aufzutreten. Sie ist nur noch »ein Wissen, geschöpft aus der Anschauung der äußern, wirklichen Welt und dem Aufschluß, welchen über diese die intimste Thatsache des Selbstbewußtseyns liefert, niedergelegt in deutliche Begriffe«[163]. Deshalb betont Schopenhauer, daß seine Metaphysik »bloße Deutung und Auslegung ... der Erfahrung«[164] ist; denn sie spricht vom Ding an sich, dem Willen, nie anders als in seiner Bezüglichkeit zur erscheinenden Welt. Nicht nur in der Religion also, die – mythisch und allegorisch redend – der »Menschheit im Großen« die Wahrheit »zugänglich und verdaulich«[165] macht, sondern auch in der Philosophie ist »das Metaphysische ... das in die Erscheinung ... Gekleidete und in ihre Formen Verhüllte«[166]. Hier wie dort sind Ungewißheit und Zweifel nicht auszuschließen.

Metaphysik hat nach Schopenhauer die Empirie nicht zu »überfliegen«, sondern »von Grund aus zu verstehn«[167], indem sie, Goethisch, vom Herzen des Menschen her den Kern der Natur ertastet. Die »Lösung des Räthsels der Welt« ist Schopenhauer zufolge möglich, »wiewohl ... nur innerhalb gewisser Schranken, die von unserer endlichen Natur unzertrennlich sind, mithin so, daß wir zum richtigen Verständniß der Welt selbst gelangen, ohne jedoch eine abgeschlossene und alle ferneren Probleme aufhebende Erklärung ihres Daseyns zu erreichen«[168]. Schopenhauer sieht seinen metaphysischen Entwurf – ein gerade in seiner Brüchigkeit bedeutendes Dokument der Moderne – »in der Mitte zwischen der Allwissenheitslehre der frühern Dogmatik und der Verzweiflung der Kantischen Kritik«[169].

Selbst die freiem Nachdenken entspringende Metaphysik bildet für Schopenhauer insofern ein *ständiges Problem*, als auch der dechiffrierten Welt stets etwas Dunkles, Opakes anhaften wird (womit nur Phantasie sich beschäftigen kann) und schon der Traum uns die »Tiefe unsers eigenen, unergründlichen Wesens«[170] offenbart. Blikken wir unter diesem Aspekt auf das Verhältnis von Philosophie und Religion zurück, so bleibt deren qualitative Differenz zwar grundsätzlich erhalten, aber sie *relativiert* sich. – Wohl ist aller Götterglaube, »das Kind unserer Bedürftigkeit«[171], zurückzuführen auf den Willen, nicht auf Erkenntnis. Laßt den Menschen, sagt Schopenhauer, »ohne Noth, Wünsche und Bedürfnisse seyn, etwan ein bloß intellektuelles, willenloses Wesen; so braucht er keinen Gott und macht auch keinen«[172]. Sicher enthalten die positiven Religionen Fabeleien und abergläubisches Beiwerk. Den geistigen und gesellschaftlichen Fortschritt haben sie häufiger behindert als gefördert. Schopenhauer faßt den historischen Verlauf des Widerstreits von Glauben und Wissen während der Neuzeit folgendermaßen zusammen: »Religionen sind wie ... Leuchtwürmer: sie bedürfen der Dunkelheit um zu leuchten. Ein gewisser Grad allgemeiner Unwissenheit ... ist das Element, in welchem allein sie leben können. Sobald hingegen Astronomie, Naturwissenschaft, Geologie, Geschichte, Länder- und Völkerkunde ihr Licht allgemein verbreiten und endlich gar die Philosophie zum Worte kommen lassen; da muß jeder auf Wunder und Offenbarung gestützte Glaube untergehn; worauf dann die Philosophie seinen Platz einnimmt. In Europa brach, gegen das Ende des 15ten Jahrhunderts, ... jener Tag der Erkenntniß und Wissenschaft an, seine Sonne stieg immer höher, in dem so ergiebigen 16ten und 17ten Jahrhundert, und zerstreute die Nebel des Mittelalters. In gleichem Maaße mußte allmälig die Kirche und der Glaube sinken; daher im 18ten Jahrhundert Englische und Französische Philosophen sich schon direkt gegen dieselben erheben konnten, bis endlich, ... *Kant* kam, der dem religiösen Glauben die bisherige Stütze der Philosophie entzog und die *ancilla theologiae* emancipirte ... In Folge davon sehn wir im 19ten Jahrhundert das Christentum sehr geschwächt dastehn, vom ernstlichen Glauben fast ganz verlassen, ja, schon um seine eigene Existenz kämpfend; während besorgliche Fürsten ihm durch künstliche Reizmittel aufzuhelfen suchen, wie der Arzt dem Sterbenden durch Moschus.«[173]

Relativiert wird die qualitative Differenz von Religion und Philosophie durch die hier bereits angedeuteten Grenzen, innerhalb derer sich Schopenhauers Metaphysik als nachkantisches Unternehmen bewegt. So berechtigt seine Demarkationslinie zwischen dem Bereich des Glaubens und dem philosophischer Einsicht ist – Schopenhauer weiß, daß die Verpflichtung zur Wahrheit *sensu proprio* noch nicht verbürgt, daß sein »System« (wie er sich in der Terminologie der ihm sonst eher verdächtigen Fichte, Schelling und Hegel ausdrückt) diese auch schlackenlos und vollständig erreicht. Ist der mythisch-allegorische Aspekt der Religion verwiesen auf die erscheinende Welt und die ihr gemäße Sprache, so gilt das ebenso von der Metaphysik, deren Aussagen über den Willen als Ding an sich nicht ablösbar sind davon, daß er in eben jener (materiellen) Welt zur »Sichtbarkeit«[174] gelangt. Es ist deshalb kaum auszuschließen, daß auch die auf Wahrheit *sensu proprio* abzielende Philosophie Elemente eines nur *sensu allegorico* Wahren transportiert. Angesichts der letzten, den Tod betreffenden Fragen – diese Einsicht spricht Schopenhauer selbst aus – wird die Denkweise des Philosophen schwer unterscheidbar von der der ungeschulten Menge.

»Mittelpunkt und ... Herz« des Christentums erblickt Schopenhauer in der »Lehre vom Sündenfall, von der Erbsünde, von der Heillosigkeit unsers natürlichen Zustandes und der Verderbtheit des natürlichen Menschen, verbunden mit der Vertretung und Versöhnung durch den Erlöser, deren man habhaft wird durch den Glauben an ihn.«[175] Dadurch aber, betont Schopenhauer, erweist sich das Christentum als »Pessimismus, ist also dem Optimismus des Judenthums, wie auch des ächten Kindes desselben, des Islams, gerade entgegengesetzt, hingegen mit dem Brahmanismus und Buddhaismus verwandt«.[176] Was die Religionen grundsätzlich voneinander unterscheidet, beruht keineswegs darauf, ob sie monotheistisch, polytheistisch, pantheistisch oder gar atheistisch sind; für Schopenhauer zählt allein ihre optimistische oder pessimistische Bewertung der Welt, das heißt die (für das spätere neunzehnte Jahrhundert metaphysisch entscheidende) Frage, ob sie deren »Daseyn ... als durch sich selbst gerechtfertigt darstellen, mithin es loben und preisen, oder aber es betrachten als etwas, das nur als Folge unserer Schuld begriffen werden kann und daher eigentlich nicht seyn sollte, indem sie erkennen, daß Schmerz und Tod nicht liegen können in der ewigen, ursprünglichen, unabänderlichen Ordnung der Dinge, in Dem, was in jedem Betracht seyn sollte«[177].

Das »eigentliche und wohlverstandene Christenthum«[178] sieht Schopenhauer verkörpert im Augustinismus und in der reformatorischen Theologie Luthers und Melanchthons. Verwässert dagegen wird die authentische Lehre durch die Pelagianer und ihre rationalistischen Nachfahren in neuerer Zeit, die aus den biblischen Berichten hinauszuexegesiren« bestrebt sind, was ihrer optimistischen, die Erbsünde leugnenden Weltansicht widerspricht. Sie sind nüchterne, biedere Leute, sagt Schopenhauer, die jedoch »vom tiefen Sinne des neutestamentlichen Mythos keine Ahndung haben«[179]. Sie wollen – wohlgemerkt: als Theologen – »die nackte, trockene Wahrheit, im Historischen, wie im Dogmatischen«[180]. Wohl präsentieren ihre supranaturalistischen, nicht selten pfäffischen Gegner »im Grunde eine Mythologie: aber dieselbe ist das Vehikel wichtiger tiefer Wahrheiten«[181]. Die unverschleierte Wahrheit ist indessen, was beide Parteien übersehen, allein Sache der Philosophie. Die Religion dagegen »hat nur eine Wahrheit, wie sie dem Volke angemessen ist, eine indirekte, eine symbolische, allegorische Wahrheit«[182]. Zwar gilt: »Das Christenthum ist eine Allegorie, die einen wahren Gedanken abbildet; aber nicht ist die Allegorie *an sich selbst* das Wahre.«[183] Dies wird fälschlich von den Supranaturalisten wie von den Rationalisten angenommen. Behaupten jene die Allegorie als

»an sich wahr«, so wollen diese sie »umdeuteln und modeln, bis sie ... an sich wahr seyn könne«[184]. Beide Parteien behalten gegeneinander recht. Die Rationalisten bilden sich ein, den Maßstab der Vernunft anzulegen, während sie, befangen in den Voraussetzungen des aufklärerischen Theismus und Optimismus, nur Rousseaus *Profession de foi du vicaire savoyard* wiederholen. Vom christlichen Dogma lassen sie – Kants Kritik mißachtend – gelten, was sie *sensu proprio* für wahr halten: den Theismus und die Unsterblichkeit der Seele. Geht bei den Rationalisten die »ganze Essenz des Christenthums« verloren, unterliegen sie, verspätete Voltairianer, einer Selbsttäuschung, so versuchen die Supranaturalisten »meistens absichtlich andere zu täuschen«[185].

Die Unredlichkeit fundamentalistischer Verteidiger des Christentums und der aufgeklärte Eifer jener, die es – ihm hermeneutisch scheinbar beispringend – vollends aushöhlen, sind in Schopenhauers Sicht einander wert, reflektiert sich doch in beiden Positionen (samt ihren buntscheckigen Varianten) eine weltgeschichtlich seit längerem vorbereitete Krise des religiösen Bewußtseins überhaupt. Den theologischen Kämpfen, die um die Mitte des neunzehnten Jahrhunderts, zumal in Deutschland, erledigte Debatten des Zeitalters der Aufklärung neubeleben, haftet insofern etwas Unwirkliches, Akademisches an, als sich das Streitobjekt selbst, die christliche Religion, in unübersehbarem Verfall befindet. »Physik und Metaphysik«, so umreißt Schopenhauer die Situation, »sind die natürlichen Feinde der Religion, und daher diese die Feindin jener, welche allzeit strebt sie zu unterdrücken, wie jene sie zu unterminiren ... Religionen sind Kinder der Unwissenheit, die ihre Mutter nicht lange überleben ... Und mit einer Handvoll Obskuranten ist da nichts auszurichten: man sieht diese heut zu Tage an, wie Leute, die das Licht auslöschen wollen, um zu stehlen ... Die sich täglich vermehrenden und ... verbreitenden Kenntnisse ... erweitern den Horizont eines Jeden ... so sehr, daß er endlich eine Größe erlangen muß, gegen welche die Mythen, welche das Skelett des Christenthums ausmachen, dermaaßen einschrumpfen, daß der Glaube nicht mehr daran haften kann. Die Menschheit wächst die Religion aus, wie ein Kinderkleid; und da ist kein Halten: es platzt ... In ihren Todesnöthen sieht man die Religion sich an die Moral anklammern, für deren Mutter sie sich ausgeben möchte: – aber mit Nichten! Aechte Moral und Moralität ist von keiner Religion abhängig; wiewohl jede sie sanktionirt und ihr dadurch eine Stütze gewährt.«[186] Es verrät einen scharfen Blick für gesellschaftliche Zusammenhänge, wenn Schopenhauer dem hinzufügt, das zuerst aus den »mittlern Ständen« vertriebene Christentum flüchte sich in »die niedrigsten«, wo es »als Konventikelwesen« auftrete, und in »die höchsten«, wo es – materiellen Interessen dienend – nurmehr »Sache der Politik«[187] sei.

Um die Zukunft der Religion wie speziell des Christentums, dessen baldiges Ende er voraussieht, steht es also nach Schopenhauers Urteil nicht zum besten. Gleichwohl bildet sein Werk – so Horkheimers treffende Formulierung – den »letzten großen philosophischen Versuch, den Kern des Christentums zu retten«[188]. Auf dessen ursprünglich »asketische Tendenz«[189] weist Schopenhauer stets mit Nachdruck hin. Während das antike Denken, Platons Lehre ausgenommen, die *vita beata* als Ziel aller Tugend hinstellt, vertritt das Christentum eine »ernste und allein richtige Ansicht des Lebens«, indem es die – zunächst nur moralischen – Tugenden der Feindesliebe, der Demut, der Entsagung, des Glaubens und der Hoffnung nicht nur predigt, sondern insofern auch metaphysisch unterbaut, als es lehrt, daß die Welt im argen liegt und wir der Erlösung von ihr bedürfen, die nur durch Verzicht auf irdische Güter und gänzliche Selbstverleugnung zu erreichen ist. Allen »protestantisch-rationalistischen Verdrehungen zum Trotz«, versichert Schopenhauer, ist »der asketische Geist ... die Seele des Neuen Testaments. Dieser aber ist eben die Verneinung des Willens zum Leben«, und der »Uebergang vom Alten Testament zum Neuen Testament, von der Herrschaft des Gesetzes zur Herrschaft des Glaubens, von der Rechtfertigung durch Werke zur Erlösung durch den Mittler, von der Herrschaft der Sünde und des Todes zum ewigen Leben in Christo, bedeutet, *sensu proprio*, den Uebergang von den bloß moralischen Tugenden zur Verneinung des Willens zum Leben.«[190]

Wie das Neue Testament zum Alten, so verhält sich nach Schopenhauers Selbstverständnis seine Ethik zu den bisherigen Ethiken der europäischen Philosophie. Diese argumentieren im Geist des Alten Testaments »mit ihrem absoluten (d. h. des Grundes wie des Zieles entbehrenden) Sittengesetz und allen ihren moralischen Geboten und Verboten, zu denen im Stillen der befehlende Jehova hinzugedacht wird; so verschieden auch die Formen und die Darstellungen der Sache bei ihnen ausfallen«[191]. Demgegenüber, erklärt Schopenhauer, hat seine Ethik »Grund, Zweck und Ziel: sie weist zuvörderst theoretisch den metaphysischen Grund der Gerechtigkeit und Menschenliebe nach und zeigt dann auch das Ziel, zu welchem diese, wenn vollkommen geleistet, am Ende hinführen müssen. Zugleich gesteht sie die Verwerflichkeit der Welt aufrichtig ein und weist auf die Verneinung des Willens, als den Weg zur Erlösung aus ihr, hin. Sie ist sonach wirklich im Geiste des Neuen Testaments, während die andern sämmtlich in dem des Alten sind und demgemäß auch theoretisch auf ... nackten, despotischen Theismus ... hinauslaufen. In diesem Sinne könnte man meine Lehre die eigentliche Christliche Philosophie nennen; – so paradox Dies Denen scheinen mag, die nicht auf den Kern der Sache gehn, sondern bei der Schaale stehn bleiben«[192].

Die »Tendenz« des Christentums, wird Schopenhauer nicht müde zu betonen, »ist ethisch, im allerhöchsten, bis dahin in Europa nicht gekannten Sinne des Wortes«[193]. Insgesamt gilt für ihn, daß der »Geist und die ethische Tendenz ... das Wesentliche einer Religion« ausmachen, »nicht die Mythen, in welche sie solche kleidet«[194]. Daß jene »Tendenz« auf die Verneinung des Willens zum Leben hinausläuft (und nicht auf eine bloße Sittenlehre), bedarf nach dem hier Entwickelten keiner Frage. »Das Thema des Quietismus und Asketismus« ist Schopenhauer zufolge »mit dem aller Metaphysik und Ethik, dem Stoffe nach, identisch«[195]. Damit freilich verträgt sich schlecht, wenn Schopenhauer anderswo die Möglichkeit ventiliert, daß in allen Religionen das Metaphysische falsch und deshalb entbehrlich, das – sie verbindende – Moralische dagegen wahr und schätzenswert ist.[196] Solche Unstimmigkeiten zeugen von der (immer wieder an die Oberfläche tretenden) Verlegenheit eines Schülers der Aufklärung[197], der zugleich als – letztlich romantischer – Metaphysiker auftritt.[198] Mit den großen Autoren des achtzehnten Jahrhunderts billigt Schopenhauer die Trennung des sittlichen Kerns der Religion von mysteriösem Beiwerk (das doch nur geeignet ist, Theologen-Gezänk zu entfachen), selbst die Reduktion des (im religiösen Sinn) Metaphysischen aufs Moralische, ohne jedoch bereit und imstande zu sein, Moral mit Kant auf reiner praktischer Vernunft zu begründen oder, mit Voltaire und Lessing, Anhänger einer deistischen Natur- und Vernunftreligion zu werden. Wie sehr Schopenhauer verachtet, was er die Plattheiten des theologischen Rationalismus nennt, konnten wir mehrfach feststellen. Ihm liegt daran, das Ethische in der metaphysischen Einsicht zu begründen, daß alles Übel und Böse »im Kern der Welt selbst«[199] angelegt ist, weshalb auch Augustinus das Heil mit ihrem Ende gleichsetzt[200].

Da aber die meisten Menschen handfesten Bedürfnissen folgen und ihnen das sittlich Erstrebenswerte nur »als Bild und Gleichniß« mitteilbar ist, halten sie sich an die allegorische »Wahrheit der Religionen«[201]. Diese Wahrheit nun – darin bekundet sich abermals das aufklärerische Erbe in Schopenhauer – könnte man auch im Sinn der Kantischen »Moraltheologie« als »Hypothesen zu praktischem Zwecke« bezeichnen, als »Leitsterne für das Handeln und die subjektive Beruhigung beim Denken«[202]. Anderswo sagt Schopenhauer – wiederum die Religion charakterisierend –, die große Wahrheit der Identität alles Lebendigen (*tat twam asi*) werde »in der Form des Mythos« als ein für das Handeln hinreichendes »Regulativ« ausgesprochen; auch könne »jener Mythos, in Kants Sprache, ein Postulat der praktischen Vernunft genannt werden«[203]. Ferner erinnert Schopenhauer an Fichtes Jenenser »Atheismusstreit« und zeigt sich erstaunt darüber, daß man Fichte den Satz ankreidete, Gott sei »die moralische Weltordnung selbst«[204], der sich doch vom Diktum des Evangelisten Johannes, Gott sei die Liebe, kaum unterscheidet. – Auf diese (eher marginalen) Formulierungen ist deshalb hinzuweisen, weil sie belegen, daß Schopenhauers Lehrgebäude, bei aller angestrebten Geschlossenheit, Bestandteile aufweist – hier solche der aufklärerischen Moral –, die mit seiner quietistischen Grundlage nicht (oder nur locker) verbunden sind.

Schopenhauer schätzt das Wort »Atheismus« nicht; es enthält die »Erschleichung«, daß es von vornherein den auf Offenbarung sich berufenden Theismus »als sich von selbst verstehend annimmt«[205]. Philosophie dagegen ist der Versuch, »die letzte dem Menschen erreichbare Einsicht in die Natur der Dinge, in sein eigenes Wesen und das der Welt«[206] unabhängig von äußeren Autoritäten zu formulieren. Ihre Würde, sagt Schopenhauer, hat sie darin, »daß sie ... in ihre Data nur Das aufnimmt, was sich in der anschaulich gegebenen Außenwelt, in den unsern Intellekt konstituirenden Formen zur Auffassung derselben und in dem Allen gemeinsamen Bewußtseyn des eigenen Selbst sicher nachweisen läßt. Dieserhalb muß sie Kosmologie bleiben und kann nicht Theologie werden. Ihr Thema muß sich auf die Welt beschränken: *was* diese *sei*, im tiefsten Innern *sei*, allseitig auszusprechen, ist Alles, was sie redlicherweise leisten kann.«[207] Schopenhauer ist, mit anderen Worten, bewußter Atheist. Seine Metaphysik ist denunziatorisch; sie hütet sich – darin mit der Tradition brechend –, das mächtigste, allerrealste Sein mit dem schlechthin Guten gleichzusetzen. Die Schopenhauersche Version des Atheismus richtet sich daher vorab gegen den alttestamentlichen, den Willen zum Leben bejahenden Theismus sowie gegen Kathederphilosophen, die (im Nachtrab Fichtes, Schellings und Hegels) bemüht sind, die scholastischen, seit der *Kritik der reinen Vernunft* indiskutablen Gottesbeweise neuzubeleben.[208] Diskreditiert – darüber ist Schopenhauer sich im klaren – hat den Atheismus die Tatsache, daß er bis auf Kant mit dem Materialismus einherging, das heißt mit einer »absoluten Physik ohne Metaphysik«[209]. Bei den »monotheistischen Völkern«, unterstreicht Schopenhauer, ist »Gottlosigkeit ... das Synonym von Abwesenheit aller Moralität geworden«[210]. Da die ethische Seite der jeweiligen Glaubenslehre mit ihrem mythischen Dogma eng verknüpft ist, entsteht der falsche Schein, als erkläre sie sich aus letzterem; obwohl die »ethische Bedeutung der Handlungen« sich nicht, wie der Mythos, nach dem Satz vom Grunde richtet, halten die Gläubigen die »ethische Bedeutung des Handelns und ihren Mythos für ganz unzertrennlich, ja schlechthin Eins« und betrachten »jeden Angriff auf den Mythos« als »Angriff auf Recht und Tugend«[211].

Unbeschadet ihres offenkundigen Atheismus bewegt sich die Schopenhauersche Philosophie in einer eigentümlichen Atmosphäre, die von Gegnern wie Anhängern immer wieder als mystisch-religiös bezeichnet worden ist. So bemängelt Lukács an Schopenhauers Atheismus, er stelle keine wirkliche »Destruktion von Religion und Religiosität«[212] dar; zum Materialismus habe er »nicht nur keinerlei Beziehung«, sondern beinhalte »den schärfsten Kampf gegen diesen, die Ablenkung der ... antireligiösen Strömungen vom materialistischen Atheismus, deren Umleitung in die Richtung auf eine Religiosität ohne Gott, in die Richtung eines religiösen Atheismus«[213]. Die ideologische Rolle der willensmetaphysischen Absage an die amtskirchlichen Lehren bestehe darin, »eine neue – atheistische – Religion« als Ersatz für jene zu schaffen, die »ihren alten religiösen Glauben verloren haben«[214]. – Seillières (1912 deutsch erschienene) Schrift erinnert an die zahlreichen Berührungspunkte der »ekstatischen Moral« Schopenhauers mit dem Christentum und christlicher Mystik, die er allerdings als kirchlicher Kontrolle entzogene »Anleihen«[215] interpretiert. Seillière, der Schopenhauer ebenfalls kritisch gegenübersteht, sieht ihn an »der Schwelle der endgültigen Religion«; die charakteristischste Seite seines Geistes zeige »ihn als christlichen Mystiker ..., der nur die Fesseln des Dogmas gesprengt und die Bürde der kirchlichen Zucht abgeworfen hat«[216]. – Der junge Nietzsche schließlich, heimisch im Dunstkreis Wagners und seines Lehrmeisters Schopenhauer, erklärt, ihm behage an beiden »die ethische Luft, der faustische Duft, Kreuz, Tod und Gruft«[217].

Neben dem existentiellen Ernst, mit dem Schopenhauer an metaphysische, bloßem Szientismus entzogene Themen herantritt, dürfte der Umstand, daß er letzte Fragen lieber in der Schwebe hält, als sie in falscher Eindeutigkeit zu beantworten, zu der vom Klima seines Philosophierens ausgehenden Faszination beigetragen haben. Schopenhauer bleibt in Tuchfühlung mit Religion, ohne die Ebene des philosophischen Diskurses zu verlassen. Obwohl seine Lehre – so Hasse – im »Gedanken einer völligen Neuorientierung unseres wertenden Verhaltens auf Grund geklärter und vertiefter Einsicht in die Zusammenhänge des Seins«[218] gipfelt, hat er – vorsichtiger als manche seiner Interpreten – sich geweigert, dieses Verhalten »Religion« zu nennen. Und doch wird man die im Vierten Buch der *Welt als Wille und Vorstellung* beschriebene Bewußtseinsstufe des vollendeten Weisen oder Heiligen als spezifisch religiös bezeichnen müssen. Schopenhauer entwickelt hier, gemäß seiner Lehre vom Ursprung der Erkenntnis aus dem Willen, den sie, ihm dienstbar, »eben dadurch in seiner Bejahung abspiegelt, während das wahre Heil in seiner Verneinung liegt«, den Gedanken, daß »alle Religionen, auf ihrem Gipfelpunkte, in Mystik und Mysterien, d. h. in Dunkel und Verhüllung auslaufen, welche eigentlich bloß ... den Punkt andeuten, wo alle Erkenntniß nothwendig aufhört; daher derselbe für das Denken nur durch Negationen ausgedrückt werden kann, für die sinnliche Anschauung aber durch symbolische Zeichen, in den Tempeln durch Dunkelheit und Schweigen bezeichnet wird ... Mystik, im weitesten Sinne, ist jede Anleitung zum unmittelbaren Innewerden Dessen, wohin weder Anschauung noch Begriff, also überhaupt keine Erkenntniß reicht.«[219] Wenn wir dessen eingedenk bleiben, betont Schopenhauer, daß Erkenntnis ein Sekundäres ist, bloß entstanden, um den individuierten, das heißt animalischen Zwecken des Willens zu dienen, wird verständlich, daß die Mystiker sämtlicher Religionen »zuletzt bei einer Art *Ekstase* anlangen, in der ... jede *Erkenntniß*, mit ... ihrer Grundform Objekt und Subjekt, gänzlich aufhört, und erst in diesem jenseit aller Erkenntniß Liegenden ihr höchstes Ziel erreicht zu haben versichern, indem sie da angelangt sind, wo es ... keine Art von Erkenntniß mehr giebt, eben weil es keinen Willen mehr giebt, welchem zu dienen die alleinige Bestimmung der Erkenntniß ist«[220].

In dem Maße also, wie seine eigene Moralphilosophie in Mystik einmündet, wird diese von Schopenhauer anerkannt, selbst über den Lehrgehalt des Neuen Testaments gestellt; was dort »uns wie durch Schleier und Nebel sichtbar wird, tritt uns in den Werken der Mystiker« – gemeint sind hier Meister Eckhart und der Verfasser der *Theologia deutsch* – »ohne Hülle, in voller Klarheit und Deutlichkeit entgegen«[221]. Das hebt jedoch den – für Schopenhauer entscheidenden – Gegensatz von Mystik und Philosophie nicht auf. Der Mystiker befindet sich in der mißlichen Lage, nur versichern zu können, was er persönlich erfahren hat. Der Philosoph dagegen geht aus von intersubjektiv Vorgegebenem: »von der objektiven ... Erscheinung, und von den Thatsachen des Selbstbewußtseyns«[222]. Darüber nachdenkend, kann er überzeugen. Mit einem Seitenblick auf Schelling warnt Schopenhauer den Philosophen geradezu davor, sich als Mystiker zu gebärden »und etwan, mittelst Behauptung intellektualer Anschauungen, oder vorgeblicher unmittelbarer Vernunftvernehmungen, positive Erkenntniß von Dem vorspiegeln zu wollen, was, aller Erkenntniß ewig unzugänglich, höchstens durch eine Negation bezeichnet werden kann«[223].

Da Philosophie es allein mit der Welt zu tun hat, kann sie, ihren Gipfel erreichend, nur einen »*negativen* Charakter« annehmen, das heißt »von Dem reden, was verneint, aufgegeben wird: was dafür aber gewonnen, ergriffen wird, ist sie genöthigt ... als Nichts zu bezeichnen, und kann bloß den Trost hinzufügen, daß es nur ein relatives, kein absolutes Nichts sei. Denn, wenn etwas nichts ist von allen

Dem, was wir kennen; so ist es allerdings für uns überhaupt nichts. Dennoch folgt hieraus noch nicht, daß es absolut nichts sei, daß es ... in jedem möglichen Sinne nichts seyn müsse; sondern nur, daß wir auf eine völlig negative Erkenntniß desselben beschränkt sind; welches sehr wohl an der Beschränkung unsers Standpunkts liegen kann.«[224]

Am Horizont der nur zur »negativen Erkenntniß«[225] führenden Philosophie erscheint, als positive Möglichkeit, die Mystik. Ihr Weg ist Schopenhauer verwehrt. Doch empfiehlt er ihre Werke als Ergänzung des kargen Bescheids, den Philosophie erteilt. Er erinnert an die Schriften der Inder, Plotins, des Scotus Eriugena, Jakob Böhmes, des Angelus Silesius, schließlich der islamischen Gnostiker (Sufi). Gemeinsam ist ihnen ein latenter »Anthropologismus«, den Feuerbach und Bloch vollenden werden. Setzt nämlich der Theismus, wie Schopenhauer ihn interpretiert, den »Urquell des Daseyns außer uns, als ein Objekt«, so »zieht ihn« alle Mystik, »auf den verschiedenen Stufen ihrer Weihe, allmälig wieder ein, in uns, als das Subjekt, und der Adept erkennt zuletzt, mit Verwunderung und Freude, daß er es selbst ist«[226]. So spricht Meister Eckhart von der Gottesgeburt in der Seele, so äußert sich die islamische Mystik »als ein Schwelgen in dem Bewußtseyn, daß man selbst der Kern der Welt und die Quelle des Daseyns ist, zu der Alles zurückkehrt«[227]. Wohl geht hiermit stets ein Element der Askese einher. Ins Zentrum jedoch rückt diese erst in der hinduistischen und christlichen Mystik, so daß – worauf Schopenhauer nachdrücklich verweist – »jenes pantheistische Bewußtseyn, welches aller Mystik wesentlich ist, hier erst sekundär, in Folge des Aufgebens alles Wollens als Vereinigung mit Gott eintritt«[228].

Mit der Eigenart der Schopenhauerschen Philosophie, das Ethische auf einer materialen Metaphysik zu begründen, hängt zusammen, daß die Grenze zwischen ihr und der Mystik sich als durchlässiger erweist, als dies Schopenhauers auf Trennung der Sphären bedachte Äußerungen vermuten lassen. Er selbst sieht sich genötigt zuzugeben, daß »Quietismus, d. i. Aufgeben alles Wollens, Askesis, d. i. absichtliche Ertödtung des Eigenwillens, und Mysticismus, d. i. Bewußtseyn der Identität seines eigenen Wesens mit dem aller Dinge, oder dem Kern der Welt, ... in genauester Verbindung (stehn); so daß wer sich zu einem derselben bekennt allmälig auch zur Annahme der andern, selbst gegen seinen Vorsatz, geleitet wird«[229]. – Ethik und (mit Mystik zusammenfallende) Metaphysik gehen wechselweise ineinander über. Bemerkenswert dabei ist, daß Schopenhauer, wie aus dem *Handschriftlichen Nachlaß* ersichtlich, noch 1832 den Gedanken erwogen hat, für sein höchstes Ziel, die Weltverneinung, den *Gottesbegriff* zu verwenden, wovon er freilich – wegen dessen traditionell affirmativen Sinns – wieder abkommen mußte. Die erstaunliche Stelle lautet: »Wollte man, aus Anhänglichkeit an einen alten Ausdruck, ... das, was wir nur als *Willen zum Leben* kennen, in der diesem entgegengesetzten Zustand, wo es ... sich gewendet hat (*Nirwana*), uns jedoch völlig unbekannt ist (indem unsre Erkenntniß es nur bis zu dieser Wendung begleitet) – wollte man, sage ich, dies uns ganz Unbekannte statt x oder y ... *Gott* nennen und also, in der Kürze sagen: Gott ist das, was wir sind, wenn wir die Welt nicht sind; – nun so hätte man das Wort gerettet, aber nicht seinen ursprünglichen Sinn, und hätte nun einen von der Welt recht verschiedenen Gott, sofern er ihr absoluter Gegensatz, die grade Verneinung derselben wäre.«[230]

Andererseits gerät Schopenhauer – schon terminologisch – ungewollt in die Nähe der ihm verdächtigen Theologie, wenn er die »Grundlosigkeit« des Willens gleichsetzt mit dem, was die Scholastiker »*Aseität* Gottes«[231] nennen oder das »Daseyn der Welt, welche man für ein *Werk Gottes* hielt, (erklärt) aus der Allmacht des Willens«[232]. Dieser ist zwar das in allen Teilen der Welt *ganz* sich darstellende Metaphysikum, die letzte Wirklichkeit, zu der Philosophie vorstoßen kann. Aber ihm gebührt keine religiöse Verehrung. Deshalb beruht auch die (in der Literatur mitunter behauptete) Affinität der Schopenhauerschen Naturlehre zum Pantheismus auf einer oberflächlichen Analogie. Was ihn betrifft, sagt Schopenhauer, so ist seine Idee der All-Einheit richtig, nicht jedoch die mit ihr einhergehende Vergöttlichung der Welt; denn Gott ist wesentlich der Gegensatz der Welt, und so wenig Einer sein eigener Sohn ... seyn kann; so wenig kann ein Gott seine eigene Welt seyn. Zudem liegt im Begriff eines Gottes, daß er ein vollkommenes und glückseliges Wesen sei: daher solcher Begriff nicht paßt auf das, was in allen Tigern, Hyänen, Krokodilen, Schlangen und Kröten, ja, was noch ärger ist, in allen Menschen lebt; wohl aber der des Willens zum Leben.«[233]

Was die Welt veranlaßt hat, bleibt bei Schopenhauer – als transzendente Frage – unerörtert. Ihm ist daran gelegen, sie in ihrer vorliegenden Faktizität zu erklären. Sie ist Erscheinung, »und wir kennen unmittelbar aus uns selbst das darin Erscheinende«: ihr Wesen »und haben diesem Schlüssel gemäß den ganzen Zusammenhang der ... Erscheinungen erkannt und dem entsprechend befunden. Aber verlassen wir die Welt um nach Gründen für dieselbe zu fragen; so haben wir auch den ganzen Boden verlassen, auf dem allein nicht nur Verknüpfung nach Grund und Folge sondern Erkenntniß überhaupt möglich ist; den Boden der Vorstellung. Das Wesen an sich, jenseit der Welt, und folglich jenseit des Willens, steht keinem Forschen offen; weil die Erkenntniß überhaupt selbst nur Phänomen ist, daher nur in der Welt ist, wie die Welt nur in der Erkenntniß: das innere Wesen der Welt ist kein Erkennendes.«[234] Die Frage, was ich wäre, wenn ich nicht Wille zum Leben wäre, ist daher prinzipiell unbeantwortbar. Schopenhauers Philosophie maßt sich nicht an, alles erklären zu können; sie beharrt beim »Thatsächlichen des Wesens der Welt« und beschränkt sich darauf, »es nachzuweisen in seinem inneren Zusammenhang mit sich selbst«[235].

Daß ein persönliches Wesen, wie der Theismus lehrt, die Welt hervorgebracht habe, läßt sich glauben, nicht aber *denken*.[236] Schellings Berliner Vorlesungen (1841/46) beurteilt Schopenhauer mit schneidender Schärfe. Dem deutschen Publikum werde eine »Inspirationsphilosophie« vorgegaukelt, »die vom Absolutum oder absoluten Ideen oder wie die Fakse sonst heißen soll, also von erträumten Realitäten«[237], ausgeht. Ihm, Fichte und Hegel eifere die »wohlbesoldete Kathederphilosophie« nach, darauf bedacht, »den lieben Gott, nebst seinem Thun und Lassen, *a priori* zu konstruiren«[238]. Vorstellungen wie die, daß die logische Idee sich frei in die Natur entlasse oder die Welt einem »vorweltlich« gedachten Begriff (oder Absoluten) entspringe, werden von Schopenhauer schroff abgelehnt. Er läßt das Woher der Welt ebenso unerklärt, wie er darauf verzichtet, die entscheidende (gerade von seiner metaphysisch begründeten Ethik aufgeworfene) Frage zu beantworten, »wie das, was wir als *Willen zum Leben* kennen, je auf den Irrweg, dieses zu werden, gerathen sei und die Ruhe des unendlich vorzuziehenden seeligen Nichts verlassen habe«[239].

Manche Äußerung Schopenhauers spricht dafür, daß er selbst es als unbefriedigend empfunden hat, die blanke Faktizität der Welt hinnehmen zu müssen, ohne sich – philosophisch – Rechenschaft darüber ablegen zu können, *wie* deren Kern: der Wille zum metaphysisch-moralisch Bösen geworden ist. Sobald Erkenntnis den Schleier der Maja zerreißt, das heißt die Vielheit der Dinge als Trug durchschaut, dem die bloß erscheinende Welt unterliegt, tritt der sie tragende, an sich gute Wille als einheitlich und unteilbar, als in völligem Einklang und Gleichgewicht mit sich selbst hervor. Nun aber hat dieser Wille, wie Seillière Schopenhauers Urschwierigkeit formuliert, »durch eine unerklärliche ... Laune, ... einen *Sündenfall* sich in der uns umgebenden sinnlichen Erscheinungswelt unendlich zersplittert und sich feindlich gegen sich selbst gekehrt. Der Kampf, das Leid, das Böse, die auf dieser Erde herrschen, sind Folgeerscheinungen dieses Sündenfalles, der sich mit dem der Genesis fast deckt, nur daß es bei Schopenhauer ... nicht der Mensch ist, der ihn beging.«[240]

Diese Übereinstimmung ist Schopenhauer selbstverständlich nicht entgangen; immer wieder bekundet er seine Wertschätzung des biblischen Mythos vom Sündenfall. »Nichts ist gewisser«, heißt es in den *Parerga und Paralipomena*, »als daß, allgemein ausgesprochen, die schwere *Sünde der Welt* es ist, welche das viele und große *Leiden der Welt* herbeiführt; wobei hier nicht der physisch empirische, sondern der metaphysische Zusammenhang gemeint ist. Dieser Ansicht gemäß ist es allein die Geschichte vom Sündenfall, die mich mit dem Alten Testament aussöhnt: sogar ist sie in meinen Augen die einzige metaphysische, wenn auch im Gewande der Allegorie auftretende Wahrheit in demselben. Denn nichts Anderem sieht unser Daseyn so völlig ähnlich, wie der Folge eines Fehltritts und eines strafbaren Gelüstens.«[241]

Die Welt, namentlich die des Menschen, drückt weniger, wie oft gesagt worden ist, Unvollkommenheit aus »als vielmehr *Verzerrung*, im Moralischen, im Intellektuellen, im Physischen, in Allem«[242]. Sie zeugt von der Selbstentzweiung: vom Schlecht-, Böse- und Grausam-Werden des ursprünglich unterschiedslos – einen, im metaphysischen Sinn guten Willens. »So sehn wir«, schreibt Schopenhauer, »in der Natur überall Streit, Kampf und Wechsel des Siegs: und eben darin ...(erkennen) wir ... die dem Willen wesentliche Entzweiung mit sich selbst ... Jede Stufe der Objektivation des Willens macht der andern die Materie, den Raum, die Zeit streitig. Beständig muß die beharrende Materie die Form wechseln, indem, am Leitfaden der Kausalität, mechanische, physische, chemische, organische Erscheinungen sich gierig zum Hervortreten drängen, sich die Materie entreißen, da jede ihre Idee offenbaren will. Dieser Streit läßt sich durch die gesammte Natur verfolgen: ja sie besteht wieder nur durch ihn: eben weil er selbst nur durch die Sichtbarkeit der dem Willen wesentlichen Entzweiung mit sich selbst ist.«[243]

Angesichts dieser unentrinnbaren, von Schopenhauer drastisch geschilderten Naturdialektik mußte in der Literatur früh das Problem auftauchen, ob und, gegebenenfalls, wie die Schopenhauersche Ethik mit ihrer metaphysischen Grundlage sich vereinbaren lasse. Ist der Wille zum Leben wirklich, wie Schopenhauer selbst versichert, »ein Metaphysisches« und deshalb »in jeder Hinsicht der Gränzstein, über den wir nie hinauskönnen«[244], so fragt es sich, wie seine Selbstverneinung auch nur denkbar sein soll. Schopenhauers Auskunft, Verneinung des Willens zum Leben bestehe darin, durch Erkenntnis das Wollen zu beenden, ist dunkel genug; sie bedeute, daß die »erkannten Erscheinungen« aufhören, »als *Motive* des Wollens zu wirken; sondern die ganze ... Erkenntniß des Wesens der Welt, die den Willen spiegelt«, werde »zum *Quietiv* des Willens«[245], so daß dieser frei sich selbst aufhebe. Dazu bedürfte es allerdings, gesetzt wir folgen hier Schopenhauer, eines Intellekts, der höher rangieren müßte als jene ärmliche, schematisierende Hirnfunktion, die der Wille als Sklaven, als seine Laterne hervorbringt. Schon Kuno Fischer hat die vielfältige Rolle hervorgehoben, die der Intellekt – entgegen seiner pejorativen Definition – im Schopenhauerschen System *tatsächlich* spielt: »Er wird vom anschauenden Tier zum Denker, zum Sprachbildner, zum vernünftigen Intellekt, zum Metaphysiker und Philosophen, zum Genie und Künstler, der das Wesen der Welt in ihren reinsten und ewigen Formen erkennt und abbildet, endlich vom Genie zum Heiligen und Erlöser.«[246] Der Sklave soll also den allmächtigen, ewig unruhigen Despoten nicht nur erkennen und, im ästhetischen Genuß, zum Schweigen bringen, er soll schließlich gar seine Verneinung und Mortifikation bewirken. Halbwegs einsichtig zu machen wären solche Leistungen des Intellekts erst, wenn sich zeigen ließe, daß schon dessen alogische Basis, der Wille, »Vernunft« enthält, sich im Blind-Dranghaften nicht erschöpft. Schopenhauers Weltprinzip, als Reaktion auf Hegels Idealismus verständlich, läßt sich jedoch – das belegt der Inhalt seines Systems – nicht derart dogmatisch durchführen, daß Intelligenz ihm schlechterdings fremd bleibt. Das Stufenreich des sich in der Natur manifestierenden Willens straft als streng gegliedertes (obzwar zeitlos gedachtes) Fortschreiten vom Niederen zum Höheren die von Schopenhauer selbst genährte Ansicht Lügen, es handle sich hier um baren Irrationalismus.[247] Ein völlig vernunftloser Wille brächte ein Chaos, keine geordnete, zielstrebige Welt hervor. Deren objektive Vorhandenheit als Abfolge von Willensstufen jeweils gesteigerter Komplexität ist, wie Blochs Interpretation gezeigt hat, unabhängig vom Erkenntnis-Apparat des Subjekts.[248] Ohne die Annahme einer Strukturiertheit auch der Welt als Wille ist es unmöglich, den Sprung vom dunklen Drang bloßer Naturkräfte zum Genie und Heiligen zu erklären.

Allein die Tatsache, daß Schopenhauer *Aphorismen zur Lebensweisheit* geschrieben hat, zeugt von der unerhörten Schwierigkeit, mit der er selbst seine rigorose Ethik, theoretisch wie praktisch belastet sieht. Unter »Lebensweisheit« versteht Schopenhauer die »Kunst, das Leben möglichst angenehm und glücklich durchzuführen«; sie ist »die Anweisung zu einem glücklichen Daseyn«[249]. Da seine Philosophie dessen Möglichkeit entschieden *verneint*, sagt Schopenhauer unumwunden, daß er bei der Niederschrift der Aphorismen »von dem höheren, metaphysisch-ethischen Standpunkte«[250], zu dem sein System hinleite, gänzlich habe abrücken müssen; er gestatte sich hier gewissermaßen eine »Ackommodation«[251], sofern er auf dem gewöhnlichen, empirischen Standpunkt bleibe und an dessen Irrtum festhalte. – Wie, wenn wir dazu überhaupt genötigt wären? Schopenhauer läßt solchen Zweifel gelegentlich aufkommen, beharrt aber doch, heroisch, bei jenem »metaphysisch-ethischen Standpunkt« der Weltverneinung, von dessen Höhe aus die naturliche Welt ihm zur »Heilsordnung«[252] wird. Deren Möglichkeit, bemerkt Nietzsche, bildet, »beinahe als Problem an sich«[253], den wahren Hintergrund der Schopenhauerschen Philosophie. »Wie ist Willensverneinung *möglich*? wie ist der Heilige möglich? – das scheint wirklich die Frage gewesen zu sein, bei der Schopenhauer zum Philosophen wurde und anfing.«[254]

Die Schwierigkeit der Schopenhauerschen Ethik, die ihr Fundament unabhängig von »allen mythischen Auslegungen, religiösen

Dogmen und transscendenten Hypostasen«[255] zu gewinnen hofft, liegt darin, daß die diskursiv erkannte Vielheit der im Widerstreit befindlichen, streng determinierten Abstufungen des Willens diesem nicht weniger wesentlich ist als seine intuitiv erfaßte, an sich seiende Einheit. Wie sich diese in die Vielheit dem *principium individuationis* unterworfener Erscheinungen zersplittert hat, ist Schopenhauer zufolge – theoretisch – nicht auszumachen. Er hält sich, wie gesagt, an die Faktizität der Welt. Seine *Preisschrift über die Freiheit des Willens* rekurriert, ausgehend von Kants Lehre vom intelligiblen Charakter, auf den Begriff transzendentaler Freiheit.[256] Wie nämlich bei Kant die empirische Realität der Erscheinungen mit ihrer transzendentalen Idealität durchaus verträglich ist, so auch die empirische Notwendigkeit des Handelns mit dessen transzendentaler Freiheit. Ist der empirische Charakter eines Menschen, wie dieser überhaupt, bloße Erscheinung und daher an Raum, Zeit und Kausalität gebunden, so ist – in Schopenhauerscher Lesart Kants – »die als Ding an sich von diesen Formen unabhängige ..., mithin beharrende und unveränderliche ... Grundlage dieser ganzen Erscheinung sein *intelligibler Charakter*, d. h. sein Wille als Ding an sich, welchem absolute Freiheit, d. h. Unabhängigkeit vom Gesetze der Kausalität ... zukommt. Diese Freiheit aber ist eine *transscendentale*, d. h. nicht in der Erscheinung hervortretende, sondern nur insofern vorhandene, als wir von der Erscheinung und allen ihren Formen abstrahieren, um zu dem zu gelangen, was, außer aller Zeit, als das innere Wesen des Menschen an sich selbst zu denken ist. Vermöge dieser Freiheit sind alle Thaten des Menschen sein eigenes Werk; so nothwendig sie auch aus dem empirischen Charakter, bei seinem Zusammentreffen mit den Motiven, hervorgehn; weil dieser empirische Charakter bloß die Erscheinung des intelligiblen ... ist.«[257] Reden wir von unserer Freiheit, so haben wir diese nicht in einzelnen Handlungen, »sondern im ganzen Seyn und Wesen (*existentia et essentia*) des Menschen selbst zu suchen«[258]. Freiheit muß gedacht werden »als seine freie That«, die sich bloß für den Erkenntnis-Apparat in eine »Vielheit und Verschiedenheit von Handlungen« aufspaltet, die jedoch, »eben wegen der ursprünglichen Einheit des in ihnen sich Darstellenden, alle genau den selben Charakter tragen müssen und daher als von den jedesmaligen Motiven, von denen sie ... im Einzelnen bestimmt werden, streng necessitirt erscheinen. Demnach steht für die Welt der Erfahrung das

Operari sequitur esse ohne Ausnahme fest ... Jeder Mensch handelt nach dem wie er ist, und die demgemäß jedesmal nothwendige Handlung wird, im individuellen Fall, allein durch die Motive bestimmt. Die *Freiheit*, welche daher im *Operari* nicht anzutreffen seyn kann, muß im *Esse* liegen. Es ist ein Grundirrthum ... aller Zeiten gewesen, die Nothwendigkeit dem *Esse* und die Freiheit dem Operari beizulegen. Umgekehrt, *im Esse allein liegt die Freiheit*; aber aus ihm und den Motiven folgt das *Operari* mit Nothwendigkeit: und *an dem was wir thun, erkennen wir, was wir sind*. Hierauf ... beruht das Bewußtseyn der Verantwortlichkeit und die moralische Tendenz des Lebens.«[259] Da der intelligible Charakter jedes Menschen Schopenhauer zufolge ein der Zeitlichkeit enthobener, einheitlicher Willensakt ist, dessen – vermittels der subjektiven Erkenntnisformen sich auseinanderlegende – »Erscheinung« seinen empirischen Charakter umschreibt, kann ich nicht nur erkennen, daß alle meine Handlungen durch meinen Charakter bedingt sind, sondern muß auch Gewissensängste empfinden, die nicht mein Handeln betreffen, sondern mein Sein.

Hieraus ergibt sich für Schopenhauers – metaphysisch begründete – Ethik die prinzipielle Möglichkeit radikalen Sinneswandels. Das »Wesen an sich unsers eigenen Selbst«[260] kann im Idealfall des Genies oder gar Heiligen (obgleich auch hier sich darbietend in einem bestimmten Charakter) das eitle und nichtige Treiben der Welt intuitiv (nicht abstrakt, als Wirkung des Leidens) erkennen, indem es der Unterschiedslosigkeit seiner und alles übrigen inne wird. Solche Einsicht wirkt als Quictiv des Wollens, so daß dessen Verneinung an die Stelle seiner Bejahung tritt. Eigentlich frei, vom Satz des Grundes unabhängig, ist nur der Wille als Ding an sich, nicht seine Erscheinung. Der vom Heiligen und Asketen erreichte Zustand ist nach Schopenhauer dadurch ausgezeichnet, daß allein in ihm Freiheit »auch unmittelbar in der Erscheinung sichtbar werden kann«, sofern sie nämlich »Dem, was erscheint, ein Ende macht«[261]. In der leiblichen Existenz derart ungewöhnlicher Menschen verneint der Wille, was jene ausdrückt; denn die ihm als Wille zum Leben entsprechenden Motive wirken nicht mehr: »ja, die Auflösung des Leibes, das Ende des Individuums und dadurch die größte Hemmung des natürlichen Willens, ist willkommen und erwünscht«[262]. Schopenhauer spricht hier von einem »*realen* Widerspruch«, der sich aus dem unmittelbaren Eingreifen der »Freiheit des Willens an sich in die Notwendigkeit seiner Erscheinung«[263] ergibt; philosophisch reflektiert er sich darin, daß wir beides zugleich behaupten müssen: die charakterlich notwendige Bestimmtheit des Willens durch Motive *und* die Möglichkeit, den Willen gänzlich aufzuheben, wodurch diese Motive machtlos werden. Der von ihrem Zwang befreite Zustand geht, wie gesagt, nicht unmittelbar vom Willen selbst aus, sondern von einer – qualitativ – »veränderten Erkenntnißweise«[264]. Sobald das »Wesen der Dinge ... als der selbe Wille in Allem« *unmittelbar* erkannt wird und daraus »ein allgemeines Quietiv des Wollens« erwächst, »werden die einzelnen Motive unwirksam«[265].

Der Charakter eines Menschen kann sich nicht teilweise ändern; er muß stets »im Einzelnen den Willen ausführen, dessen Erscheinung er im Ganzen ist«[266]. Wohl aber kann dieser Charakter selbst durch eine radikal veränderte Erkenntnis völlig aufgehoben werden, so daß ein neuer Mensch vor uns steht: »Denn ... was die Christlichen Mystiker die *Gnadenwirkung* und *Wiedergeburt* nennen, ist ... die einzige unmittelbare Aeußerung der *Freiheit des Willens*.«[267] Möglich ist sie nur dem Menschen, dessen besonnene Vernunft es gestattet, unabhängig von momentanen Eindrücken das Ganze des Lebens zu überblicken. Anders das Tier: »Mit eben der Nothwendigkeit ..., mit welcher der Stein zur Erde fällt, schlägt der hungerige Wolf seine Zähne in das Fleisch des Wildes, ohne Möglichkeit der Erkenntniß, daß er der Zerfleischte sowohl als der Zerfleischende ist. *Nothwendigkeit ist das Reich der Natur; Freiheit ist das Reich der Gnade.*«[268]

Im bloß »natürlichen« Menschen, dem die reformatorische Theologie jegliche Fähigkeit zum Guten abspricht, erkennt Schopenhauer den Willen zum Leben wieder, der verneint werden muß, wenn »Erlösung aus einem Daseyn, wie das unsrige ist«, erlangt werden soll: »Hinter unserm Daseyn nämlich steckt etwas Anderes, welches uns erst dadurch zugänglich wird, daß wir die Welt abschütteln.«[269] Daher auch Schopenhauers paradoxe Feststellung, der »Werth des Lebens« bestehe darin, daß es dem Menschen die Lektion erteilt, »es nicht zu wollen«[270]. Wir sind dem *Erlösungsgedanken* Schopenhauers schon begegnet bei der Diskussion seiner ästhetischen Theorie willensfreien Erkennens; hier nun, in der Ethik, gewinnt er eine über die – zeitweilige – Rolle der Kunst hinausgehende

Bedeutung. Heiligkeit als Idee wird Schopenhauer zum Inbegriff leidensfreier, weil weltüberwindender Geistigkeit. Sie verbürgt Erlösung auf Dauer. Schopenhauers Glaube an die Kraft erlösender, das heißt eine moralische Umkehr bewirkender Erkenntnis verleiht seiner gesamten Philosophie ihr unverwechselbares Klima. Interpreten haben selten gezögert, es als »religiös« zu bezeichnen.[271] Zentriert ist jener (auf einem letztlich romantischen Weltgefühl beruhende) Glaube um die metaphysische Wirklichkeit des »Willens«, die von Schopenhauer doppelt erfahren wird: kraß-naturalistisch, das heißt als trieb-, drang- und selbsthaft in den erscheinenden Dingen sich objektivierendes Prinzip und als Prinzip des All-Einen, das die moralische Bedeutsamkeit der Welt verkörpert.

Was die naturalistische Seite des Willens anbelangt, so wird sie in Schopenhauers Hauptwerk drastisch beschrieben: »Die Theile des Leibes müssen ... den Hauptbegehrungen, durch welche der Wille sich manifestiert, vollkommen entsprechen, müssen der sichtbare Ausdruck derselben sein: Zähne, Schlund und Darmkanal sind der objektivirte Hunger; die Genitalien der objektivirte Geschlechtstrieb; die greifenden Hände, die raschen Füße entsprechen dem schon mehr mittelbaren Streben des Willens, welches sie darstellen.«[272] – Besonders hebt Schopenhauer, Einsichten Nietzsches und Freuds vorwegnehmend, die *grundlegende* Rolle der Sexualität hervor: »Die *Genitalien* sind viel mehr als irgendein andres äußeres Glied des Leibes bloß dem Willen und gar nicht der Erkenntniß dienend ...: ja der Wille zeigt sich hier fast so unabhängig von der Erkenntniß als in den Theilen, welche bloß dem vegetativen Leben, der Reproduktion dienen, und in welchen der Wille so blind wirkt, wie in der erkenntnißlosen Natur ... So ist die Wollust die höhere Potenz der Behaglichkeit des Lebensgefühls, welche die bloße Ernährung giebt. Diesem ... zufolge sind die Genitalien der eigentliche *Brennpunkt des Willens* und daher der entgegengesetzte Pol des Gehirns, welches der Repräsentant der Erkenntniß ist, der andern Seite der Welt, der Welt als Vorstellung. Der Trieb zur Wollust brennt fortwährend in uns, weil er die Aeußerung der Basis unsers Lebens, des Radikalen unsers Daseyns ist: des Willens: er muß fortwährend durch die Vorstellung unterdrückt und verdrängt werden, wenn wir nur im Zustand des klaren Bewußtseyns bleiben wollen, d. h. des dem Wollen entgegengesetzten Zustandes der Erkenntniß: jener Trieb ergreift aber jede

Gelegenheit um hervorzutreten: wie ein wildes Tier stets aus dem Käfig hervorzubrechen bestrebt ist.«[273]

Schopenhauers nüchterner Blick auf die naturhafte Gebundenheit des Menschen erinnert an die metaphysisch stärksten Formulierungen der Schellingschen Schrift *Über das Wesen der menschlichen Freiheit.*[274] Wenn er das Gehirn der Welt als Vorstellung, die Genitalien der Welt als Wille zuordnet, so nimmt er das spätantike, von Paracelsus erneuerte Motiv vom Menschen als verkleinertem Abbild des Makrokosmos wieder auf. Unverkennbar ist zudem der Einfluß französischer Materialisten des achtzehnten Jahrhunderts (Helvétius, Holbach) auf Schopenhauers Lehre vom Willen als Ding an sich, in der ein ungeheuer intensives Lebensgefühl den wohlgefügten Bau der Welt als Vorstellung durchbricht und seinerseits »systematische« Gestalt annimmt.[275] Schopenhauer geht methodisch vom Menschen als einem sinnlich-physiologischen Wesen aus. Auch für ihn gilt der Feuerbachsche Satz: »Im Leib sein heißt in der Welt sein.«[276] – Freilich mit dem gewichtigen Unterschied, daß er das Faktum der Welt *moralisch* völlig anders bewertet als Feuerbach (und die materialistische Tradition). Der als metaphysischer Welt-Hintergrund sich manifestierende Wille ist beides: das zu Verneinende, weil moralisch schechthin Anrüchige *und* dasjenige, was der Welt eine nicht nur physische, sondern zugleich moralische Bedeutung verleiht. Dieser Gedanke Schopenhauers gipfelt darin, daß er eine *Urschuld* annimmt, die allem Dasein zugrunde liegt. Sie erstreckt sich auf die Natur insgesamt nicht weniger als auf jene Willensakte und Begierden, die als »sündlich« gelten.[277] In ihrer empirisch vorliegenden Beschaffenheit ist die Welt, infolge jener Urschuld, etwas, das »eigentlich nicht seyn sollte«; denn »Schmerz und Tod« – soviel ist erkennbar – »können (nicht) in der ewigen, ursprünglichen Ordnung der Dinge (liegen), in Dem, was ... seyn sollte«[278].

Auch der anthropologische Materialismus, wie ihn Feuerbach in durchdachter Weise vertritt, kennt stets wiederkehrende Bedürfnisse, kreatürliche Hinfälligkeit, Krankheit, Leiden und Tod.[279] Es wäre ungerecht, ihn eines flachen Optimismus zu bezichtigen. Gleichwohl zögert Feuerbach, Welt und Leben prinzipiell *pessimistisch* zu beurteilen. Er ist letztlich doch Eudämonist und zielt darauf ab, Moralisches aus Physischem zu begründen. Ebendies ist Schopenhauer zufolge unmöglich. Ethische Erkenntnis, wie er sie versteht, führt über den bloßen Naturzusammenhang hinaus; sie bietet »die Möglichkeit der Aufhebung des Wollens, der Erlösung durch Freiheit, der Vernichtung der Welt«[280]. Schopenhauers Pessimismus, der seiner naturalistischen Welt-Erklärung eine moralische, sie relativierende Note hinzufügt, beruht auf der Einsicht in die *Negativität des Glücks*. Jeder Wunsch entspringt einem Bedürfnis, Mangel oder Leiden. Deshalb, sagt Schopenhauer, ist »jede Befriedigung nur ein *hinweggenommener Schmerz*, also nur *negativer* Art, nicht aber ein gebrachtes positives Glück: die Freuden spiegeln zwar dem Wunsche vor, sie wären ein positives Gut, in Wahrheit aber sind sie nur das *Ende eines Uebels*, also nur *negativer* Natur. Wenn wir daher durch alle Genüsse, die wir *uns selbst* verschaffen, nichts weiter thun können, als daß wir uns von einem *Leiden* befreien; so können wir offenbar für *Andre* auch nichts weiter thun: *wir lindern nur ihre Leiden*: was also uns dazu bewegt, kann nur *Erkenntniß ihres Leidens* seyn ..., welches uns unmittelbar verständlich wird aus unserm eigenen Leiden und von uns diesem gleichgesetzt wird, d. h. uns eben so sehr bewegt als das eigne Leiden, indem wir in der fremden Person uns selbst wiedererkennen. Hieraus nun ist klar, daß die reine Liebe (αγαπη, *caritas*) ihrer Natur nach *Mitleid* ist.«[281] Wobei allerdings, worauf Schulz hingewiesen hat, zu beachten bleibt, daß Mitleid im Schopenhauerschen Sinn – wie das Leiden selbst – *universell* verstanden werden muß. Seine Paradoxie besteht darin, »daß es sich auf einen konkreten Menschen richtet und doch mit ihm nicht um willen seiner Persönlichkeit, sondern nur weil er leidet, mitempfindet«[282].

Schopenhauers romantischer Pessimismus bildet das Bindeglied zwischen dem naturalistischen und dem ethisierenden Aspekt seiner Willenslehre, der die (den Trug des *principii individuationis* durchschauende) Erkenntnis des All-Einen überführt in die für ihn entscheidende Frage nach der *Bestimmung des Menschen*. Diese besteht für Schopenhauer – das belegt seine pessimistische Kritik des Weltlaufs[283] darin, daß der Mensch, wie es dem Stufengang des Willens in der Natur insgesamt entspricht, sich über die schlechte Unmittelbarkeit der bloß animalischen Basis seiner Existenz nicht nur – erkennend – erhebt, sondern sein ganzes Wesen »von Grund aus« ändert und umkehrt, »so daß er nichts mehr will von Allem, was er bisher so heftig wollte, als wirklich gleichsam ein neuer Mensch an die Stelle des alten tritt«[284]. Philosophie muß sich damit begnügen, hier von Verneinung des Willens zu sprechen. Von der »Seinsart« des Nirwana (neben der des Dings an sich und der seiner Erscheinung) ist kein positives Wissen möglich. Schopenhauer bleibt nichts anderes übrig, »als auf den Zustand zu verweisen, den alle Die, welche zur vollkommenen Verneinung des Willens gelangt sind, erfahren haben, und den man mit den Namen Ekstase, Entrückung, Erleuchtung, Vereinigung mit Gott u.s.w. bezeichnet hat«[285]. Dieser Zustand aber, der nicht ans Subjekt-Objekt-Schema gebunden und nur persönlicher Erfahrung zugänglich ist, kann nicht eigentlich »Erkenntnis« genannt werden.

Der Philosoph hingegen muß unter dem Seienden, das in der Verneinung des Willens negiert wird, die raum-zeitliche Welt als Vorstellung verstehen, worin sich der Wille reflektiert: »Verneinung, Aufhebung, Wendung des Willens ist auch Aufhebung und Verschwinden der Welt, seines Spiegels. Erblicken wir ihn in diesem Spiegel nicht mehr, so fragen wir vergeblich, wohin er sich gewendet hat, und klagen dann, da er kein Wo und Wann mehr hat, er sei ins Nichts verloren gegangen.«[286] Selbst dieser Konsequenz weicht die negative Einsicht des Philosophen nicht aus. Ist einmal erkannt, daß die vielfältig erscheinende Welt ihrem Wesen nach die »Objektität« des Willens ist, sind wir dieser nachgegangen »vom erkenntnißlosen Drange dunkler Naturkräfte bis zum bewußtvollsten Handeln des Menschen«, so ist es nur folgerichtig auszusprechen, »daß mit der freien Verneinung, dem Aufgeben des Willens, ... auch alle ... Erscheinungen aufgehoben sind, jenes beständige Drängen und Treiben ohne Ziel und ohne Rast ..., aufgehoben die Mannigfaltigkeit stufenweise folgender Formen, aufgehoben mit dem Willen seine ganze Erscheinung, endlich auch die allgemeinen Formen dieser, Zeit und Raum, und auch die letzte Grundform derselben, Subjekt und Objekt. Kein Wille: keine Vorstellung, keine Welt.«[287]

Was sich in uns gegen dieses Zerfließen der Welt ins Nichts wehrt, ist nichts anderes als der moralisch so fragwürdige Wille zum Leben. Daß wir vor dem Nichts zurückschrecken, bedeutet lediglich, daß wir dieser Welt mit jeder Faser unserer Leiblichkeit verhaftet sind. Wenden wir uns dagegen jenen zu, »welche die Welt überwanden, in denen der Wille, zur vollen Selbsterkenntniß gelangt, sich in Allem wiederfand und dann sich selbst frei verneinte ...; so zeigt sich uns, statt des rastlosen Dranges und Treibens, statt des steten Ueberganges von Wunsch zu Furcht und von Freude zu Leid, statt der nie befriedigten und nie ersterbenden Hoffnung, daraus der Lebenstraum des wollenden Menschen besteht, jener Friede, der höher ist als alle Vernunft, jene gänzliche Meeresstille des Gemüths, jene tiefe Ruhe, unerschütterliche Zuversicht und Heiterkeit, deren bloßer Abglanz im Antlitz, wie ihn Raphael und Correggio dargestellt haben, ein ganzes und sicheres Evangelium ist: nur die Erkenntniß ist geblieben, der Wille ist verschwunden.«[288]

Schopenhauers Philosophie, die sich hier, am berühmten Schluß seines Hauptwerks, zu dichterischem Glanz erhebt, ist durchdrungen von unendlicher Sehnsucht nach Erlösung. Neben der Kunst und dem Mit-Leiden ist Resignation für Schopenhauer die wichtigste Möglichkeit, dem unerbittlichen Tretrad des Willens zu entkommen. Resignation ist die schwer beschreibbare Grundstimmung, in die Schopenhauers Denken einmündet. In ihr wird der Wille selbst als Welt- und Leidensgrund aufgehoben. Angesichts des unsäglichen Jammers und der Heillosigkeit der Welt des erscheinenden Willens gewährt das »leere Nichts«[289], das nach seiner Verneinung bleibt, immer noch den einzig dauerhaften Trost: »Also ... durch Betrachtung des Lebens ... der Heiligen, welchen in der eigenen Erfahrung zu begegnen freilich selten vergönnt ist, ... haben wir den finstern Eindruck jenes Nichts, das als das letzte Ziel hinter aller Tugend und Heiligkeit schwebt, ... zu verscheuchen ... Wir bekennen es ... frei: was nach gänzlicher Aufhebung des Willens übrig bleibt, ist für alle Die, welche noch des Willens voll sind, allerdings Nichts. Aber auch umgekehrt ist Denen, in welchen der Wille sich gewendet und verneint hat, diese unsere so sehr reale Welt mit allen ihren Sonnen und Milchstraßen – Nichts.«[290]

Der genaue Sinn des hier von Schopenhauer ausgesprochenen Resultats seiner Philosophie hat ihren Interpreten erhebliches Kopfzerbrechen bereitet. Hinweise, die vielleicht dazu beitragen, Mißverständnissen vorzubeugen, bietet Schopenhauer selbst in älteren Formulierungen, die als Vorformen jener gelten können, mit denen das Hauptwerk endet. So umschreibt ein Manuskript von 1816 seinen Begriff von »Moral« folgendermaßen: »Aus Erkenntniß des Wesens entsprungene Abwendung des Willens vom Leben zeigt sich als Resignation, Tugend, Weltüberwindung, Asketik, wahre Gelassenheit, Willenslosigkeit.«[291] Manche der hier aufgereihten Begriffe verraten (wie die »gänzliche Meeresstille des Gemüths« im Hauptwerk) ihre Herkunft aus der stoischen, gar demokritischen Ethik. Wenn Schopenhauer sich ihrer bedient, sie aber zugleich im Sinn von Resignation und Askese auslegt, so deshalb, weil sie ursprünglich darauf hinauslaufen, daß unser Wollen sich dem unvermeidlichen Gang der Natur anpaßt, anstatt diesen zu verneinen. Eine das Übel im Kern der Dinge selbst aufspürende Moral muß hinausgehen über die »geistige Diätetik«[292] des Stoizismus und verwandter Schulen. Der zunächst ins Einzelne und Besondere verstrickte Geist, heißt es in jenem Manuskript weiter, »erhebt sich ... endlich zur Wendung des Willens im Allgemeinen. Aus dem Schmerz über ein einzelnes Leiden im Leben, geht endlich die Erkenntniß der Nichtigkeit alles Wollens und Lebens hervor, und es erfolgt Resignation, Nichtwollen des Lebens. Der Geist lernt endlich das Einzelne als Beispiel des Ganzen ansehn: er wird in ethischer Hinsicht genial, ihm gilt ein Fall für Tausend.«[293]

Der fraglos schwierigste Begriff der Schopenhauerschen Ethik ist der des »Nichts«. Ein 1815 entstandenes Manuskript kennzeichnet »das Wenden des Willens, die Heiligkeit, das Heil, die Seligkeit« als »Uebergang ins *Nichts*«[294], das sich jedoch kognitiver Bestimmbarkeit entzieht. Erdmann spricht hier – versuchsweise – von »Resorption in den Urgeist«[295], und Naegelsbach erinnert an die über Gnosis und Mystik von Schelling aufgenommene und fortgebildete Lehre von der Urschuld des Seins, vom Abfall des Endlichen vom Absoluten und von der Weltgeschichte als sich verwirklichendem Willen zur Erlösung, das heißt zur Rückkehr des Endlichen ins Absolute.[296] Freilich belehrt ein Vergleich Schopenhauers mit Schelling gerade *sub specie* des Erlösungsgedankens über eine wesentliche Differenz beider Denker. Verknüpfen Schellings Fragmente zur Weltalterlehre die Möglichkeit von Versöhnung des Entzweiten mit einer dialektischen, Gott und Welt, Ewigkeit und Zeit umspannenden Spekulation, so wertet Schopenhauer – darin eher Kierkegaard verwandt – den welthistorischen Prozeß ab zugunsten des auf sich gestellten einzelnen als *ethischer Subjektivität*. Was für Schopenhauer zählt, ist der »moralische Werth eines Menschen«, der sich »erst in der Entscheidung seines Entschlusses« offenbart: »in der Maxime seines Handelns, nach vorhergegangener Erkenntniß der Welt als Vorstellung«[297]. Aus der »Anschauung der Welt« eines jeden erwächst

Schopenhauer zufolge seine Maxime, »die er nicht abstrakt ausspricht und erkennt, sondern durch sein ganzes Thun ausspricht und an diesem erst selbst erkennt«[298]. Sie ist sein intelligibler, den jeweiligen Motiven vorgeordneter Charakter. Von hier aus betrachtet, behalten Pessimismus und Weltschmerz: eine religiös und moralisch bedeutsame »Übergangsstimmung«[299], in Schopenhauers Philosophie nicht das letzte Wort. Ob wir den von ihr gewiesenen Weg (den er selbst nicht beschritten hat) von der Erkenntnis der Welt zu ihrer Überwindung beschreiten oder nicht, ist kein theoretisches Problem mehr, sondern Sache je eigener Gewissensentscheidung.

Teil II: Schopenhauers Kritik des »Fundaments« der Kantischen Ethik

Die »metaphysische, d. h. über dieses erscheinende Daseyn hinaus sich erstreckende und die Ewigkeit berührende ethische Bedeutsamkeit des menschlichen Handelns«[300] wird von Schopenhauer, worauf er großen Wert legt, nicht theologisch begründet. Während alle theologisch – letztlich vom mosaischen Dekalog – bestimmte Ethik sittliches Verhalten unter Kategorien wie Gesetz, Gehorsam, Gebot oder Sollen behandelt, die sich bei Kant zu absolutem Sollen und unbedinger Pflicht steigern, ist Schopenhauers Philosophie bestrebt, über diese »imperative Form«[301] der Ethik hinauszugehen, die ohne angedrohte Strafe und versprochenen Lohn nicht auskommt. Das gilt auch von Kants Begriff des »höchsten Guts«, worin – sublimiert – der (doch von ihm selbst als »heteronom« verworfene) Eudämonismus wiederkehrt. – Seitdem Kant die Grundlagen der spekulativen, bisher als »Trägerin der Ethik« geltenden Theologie erst zerstört, dann aber versucht hat, diese, umgekehrt, ethisch zu unterbauen, »um ihr so eine, wenn auch nur ideelle Existenz zu verschaffen«[302], ist für Schopenhauer eine qualitativ neue Situation entstanden. Weniger denn je ist daran zu denken, Ethik durch Theologie zu begründen, »indem man nun nicht mehr weiß, welche von Beiden die Last und welche die Stütze seyn soll, und am Ende in einen *circulus vitiosus* geriethe«[303].

Was Schopenhauer vorlegt, ist also eigentlich keine ethische Theorie, wenn man unter Ethik eine Liste göttlicher Ge- und Verbote, eine materiale, hierarchisch geordnete Güterlehre, oder gar, wie Kant, den Versuch versteht, ein von jeder Erfahrung unabhängiges, schlechthin verbindliches Prinzip sittlichen Verhaltens zu ermitteln. Auch auf moralphilosophischem Gebiet beschreitet Schopenhauer den *Weg ins Innere der Natur*, der hier wie in seinem Hauptwerk beginnt mit der intuitiven Erkenntnis der *menschlichen* Natur. Während die antike Ethik, abgesehen von Platon, darauf abzielt, die Identität von Tugend und Glückseligkeit nachzuweisen, ist die neuzeitliche Ethik bestrebt, diese als Folge jener darzustellen. Kant nun empfiehlt sich Schopenhauer durch entschiedenes Bemühen, seine Moralphilosophie von Eudämonismus freizuhalten. Daher ihr metaphysischer, von Schopenhauer ausdrücklich gebilligter Ausgangspunkt. Kant nämlich »erkennt an, daß die menschliche Handlungsweise eine Bedeutung habe, die über alle Möglichkeit der Erfahrung hinausgeht und eben deshalb die eigentliche Brücke zu dem ist, was er die intelligible Welt, *mundus noumenon*, die Welt der Dinge an sich nennt«[304].

Für völlig verfehlt dagegen hält Schopenhauer die Selbstverständlichkeit, mit der Kant unterstellt, eine Ethik »in legislatorisch-imperativer Form«[305] sei die einzig mögliche. Wie der Philosoph überhaupt, so muß sich Schopenhauer zufolge auch der Ethiker begnügen »mit der Erklärung und Deutung des Gegebenen, also wirklich Seienden oder Geschehenden, um zu einem *Verständniß* desselben zu gelangen«[306]. Ehe noch Kant in die Untersuchung eintritt, begeht er insofern eine *petitio principii*, als er voraussetzt, es gebe »rein *moralische Gesetze*«[307]. Wohl kann der Mensch, als ursächlich bestimmtes Naturwesen, nur vermittels zureichender Motive handeln. Motivation, sagt Schopenhauer, ist das einzige nachweisbare Gesetz, dem der menschliche Wille *als solcher* unterliegt. »Hingegen *moralische* Gesetze, unabhängig von menschlicher Satzung, Staatseinrichtung, oder Religionslehre, dürfen ohne Beweis nicht als vorhanden angenommen werden.«[308] Ebendies tut Kant nach theologischem Vorbild, weshalb er genötigt ist, der Moral jede empirische Basis abzusprechen; seine Postulate der praktischen Vernunft münden denn auch wieder in eine »Moraltheologie« ein.[309] Kants Ethik, so Schopenhauer, entbehrt deshalb einer tragfähigen Grundlage; der bloßen Form des Verknüpfens »völlig stoffloser Begriffe« zu Urteilen soll ein mit unverbrüchlicher Notwendigkeit geltendes Gesetz entspringen, das »dem Drange der Begierden, dem Sturm der Leidenschaft, der Riesengröße des Egoismus Zaum und Gebiß anzulegen«[310] vermag.

Wie alle Religion die von ihr gelehrte Moral durch eine (eigens diesem Zweck dienende) Dogmatik abstützt, so beruht in der Philosophie das »ethische Fundament« auf einer Metaphysik, die Welt und Dasein erklärt; denn der »letzte und wahre Aufschluß über das innere Wesen des Ganzen der Dinge« muß »nothwendig eng zusammenhangen mit dem über die ethische Bedeutung des Handelns«[311]. Oder, wie Schopenhauer diesen Sachverhalt – anspielend auf seine

Willenslehre – präzisiert: »Die Kraft, welche das Phänomen der Welt hervorbringt, mithin die Beschaffenheit derselben bestimmt, in Verbindung zu bringen mit der Moralität der Gesinnung, und dadurch eine *moralische* Weltordnung als Grundlage der *physischen* nachzuweisen, – dies ist ... das Problem der Philosophie gewesen.«[312] Seine Schrift *Vom Willen in der Natur*, fügt Schopenhauer dem hinzu, habe dieses Problem insofern gelöst, als sie nachgewiesen habe, »daß die in der Natur treibende und wirkende Kraft identisch ist mit dem *Willen* in uns«[313]. Damit trete nun wirklich »die *moralische* Weltordnung in unmittelbaren Zusammenhang mit der das Phänomen der Welt hervorbringenden Kraft«[314]. Moralische Untersuchungen, betont Schopenhauer, sind deshalb wichtiger als solche der physischen Welt, weil sie diejenige Erscheinung des Dinges an sich betreffen, »an der es, vom Lichte der Erkenntniß unmittelbar getroffen, sein Wesen offenbart als *Wille*«[315]. Demgegenüber belehren physikalische Wahrheiten lediglich darüber, wie sich die niedersten Objektivationen des Willens »in der Vorstellung gesetzmäßig darstellen«[316]. Schließlich bleibt »die Betrachtung der Welt von der *physischen* Seite ... in ihren Resultaten für uns trostlos«[317]; denn die jeder (selbstgenügsamen) Naturforschung immanente Utopie ist ein restlos durchgeführter Materialismus. Trost dagegen ist einzig »auf der *moralischen* Seite ... zu finden; indem hier die Tiefen unsers eigenen Innern sich der Betrachtung aufthun«[318]. Die eigentliche Sphäre der – die bloß physische Weltansicht relativierenden – Metaphysik ist daher für Schopenhauer die der »Geistesphilosophie«[319].

Kommen wir auf Schopenhauers Vorbehalte gegenüber der Kantischen Moralphilosophie zurück. Indem diese ihr höchstes Gesetz nicht allein für empirisch vorfindliche Menschen aufstellt, sondern für vernünftige Wesen überhaupt, hypostasiert sie – den Hauptmangel der sich auf sie berufenden Spekulation vorwegnehmend – reine Vernunft zu etwas in und durch sich Bestehendem. Schopenhauer dagegen kennt Intelligenz »schlechterdings nur als die Eigenschaft animalischer Wesen« und Vernunft ausschließlich »als Eigenschaft des menschlichen Geschlechts«[320]; sie ist, wie alle kognitiven Leistungen, ein »durch den Organismus Bedingtes«, mithin, im Gegensatz zum Willen, der »das allein Metaphysische und daher Unzerstörbare im Menschen«[321] ist, untauglich als metaphysisch begründende Instanz. Kant überträgt seine transzendentale Methode auf die praktische Philosophie und übersieht dabei, daß sich Erkenntnisse *a priori* seiner eigenen Lehre zufolge auf die Welt der Erscheinungen beschränken, über deren Wesen also nichts ausmachen; weshalb auch »sein angebliches Moralgesetz, wenn es *a priori* in unserm Kopfe entsteht«, nur eine das Ding an sich unberührt lassende »Form der *Erscheinung*«[322] wäre. Dem widerspricht, daß Kants *Kritik der praktischen Vernunft* »gerade *das Moralische in uns*« – den Willen – »als in der engsten Verbindung mit dem wahren *Wesen an sich* der Dinge, ja, als unmittelbar dieses treffend, darstellt«[323]. Darüber, sagt Schopenhauer, hat er sich jedoch hinweggesetzt.

Dadurch nun, daß Kant die imperativen Begriffe seiner Ethik der theologischen Tradition einfach entlehnt, ohne deren Voraussetzungen noch teilen zu können, gerät er in die Schwierigkeit, den Begriff der Pflicht selbst zum Verpflichtenden erheben zu müssen, also zum Grund dafür, daß sie erfüllt wird. Moralischer Wert komme daher einer Handlung nur dann zu, wenn sie »bloß um der Pflicht willen geschehe, ohne irgend eine Neigung zu ihr. Der Werth des Charakters hebe erst da an, wenn Jemand, ohne Sympathie des Herzens, kalt und gleichgültig gegen die Leiden Anderer, und *nicht eigentlich zum Menschenfreunde geboren*, doch der leidigen *Pflicht* halber Wohlthaten erzeigte.«[324] Es ist bezeichnend für Schopenhauer, daß er Kants »moralischen Pedantismus«, an Schillers Epigramme erinnernd, geradezu als »Apotheose der Lieblosigkeit« brandmarkt. Kant mißachtet nicht nur das »ächte moralische Gefühl«, sondern auch die paulinische Sittenlehre, »welche die Liebe über Alles setzt und ohne sie nichts gelten läßt«[325].

Während es Kant um die jeweils befolgte Maxime geht, nicht um die eine Tat leitende Absicht, entscheidet nach Schopenhauer einzig diese über die moralische Qualität menschlichen Handelns. Kants Rede vom pflichtgemäßen Verhalten aus »Achtung« vor einem Gesetz (Schopenhauers polemische Interpretation spricht hier von »Gehorsam«) wirft zwei ganz Verschiedenes betreffende Teilfragen auf, die sich ergeben, sobald nach dem Inhalt jenes Gesetzes gefragt wird. Die eine ist die des *Prinzips* einer Ethik, die andere die ihres *Fundaments*.[326] Faßt jenes bündig zusammen, was sie vorschreibt oder (im Schopenhauer genehmeren Fall einer Ethik ohne Imperative) welcher Handlungsweise sie eigentlich moralischen Wert zuspricht, so gibt dieses den Grund des Gebots oder der Empfehlung an, ob er nun in der Natur des Menschen, in der Außenwelt oder sonstwo gesucht wird. Schopenhauer zögert nicht, das Prinzip seiner Ethik schon hier auszusprechen: *»Neminem laede; imo omnes quantum potes juva.«*[327] Die Sittenlehrer, sagt er, waren sich nie einig hinsichtlich der Begründung dieses Satzes, dessen Inhalt ihnen stets einleuchtete.

Schopenhauer wirft Kant vor, er habe »das *Princip* der Moral mit dem *Fundament* derselben auf eine sehr künstliche Weise eng verknüpft«[328]; und zwar deshalb, weil er bestrebt gewesen sei, alles bloß »Anthropologische« aus seinen Überlegungen zu verbannen. Der Stoff seines Moralgesetzes ist dessen gesetzmäßige Form oder Allgemeingültigkeit: »Handle nur nach der Maxime, von der du zugleich wollen kannst, daß sie allgemeines Gesetz für alle vernünftigen Wesen werde.«[329] Schopenhauer unterstreicht, daß die von Kant bemühte »praktische Vernunft« mit der theoretischen insofern identisch ist, als der kategorische Imperativ nicht etwa ein empirisches Faktum des Bewußtseins, sondern das Resultat eines subtilen Denkprozesses darstellt. Kant setzt demnach voraus, daß der Mensch ohne jeglichen von außen kommenden sittlichen Impuls ganz von selbst darauf verfällt, »sich nach einem *Gesetz* für seinen Willen, dem dieser sich zu ... fügen hätte, umzusehn und zu erkundigen«[330]. Ein purer »Gedankenprozeß« soll »Ursprung aller moralischen Begriffe, das *punctum saliens* der Moralität seyn«; Kant übersieht Schopenhauer zufolge, daß die Frage einer moralischen Richtschnur erst auftaucht, nachdem eine »andere, positiv wirksame, reale und ... sich von selbst ankündigende, ... ja eindringende moralische Triebfeder den ersten Anstoß ... dazu gegeben«[331] hat. *Real* muß diese Triebfeder sein »wie jedes den Willen bewegende Motiv«, und »da für den Menschen nur das Empirische ... Realität hat; so muß die moralische Triebfeder ... eine *empirische* seyn und als solche ungerufen sich auch ankündigen, ... und dies mit solcher Gewalt, daß sie die entgegenstehenden, riesenstarken, egoistischen Motive wenigstens möglicherweise überwinden kann«[332]. Menschen jedenfalls, sagt Schopenhauer, werden durch apriorische Begriffe nicht in Bewegung versetzt. Es fehlt der Kantischen Ethik an Realität und deshalb an möglicher Wirksamkeit. Als vernünftig hat allemal ein Mensch gegolten, der sich nicht durch sinnliche Eindrücke, sondern durch Begriffe leiten läßt, mithin stets folgerichtig und besonnen handelt.

Rechtschaffenheit und Menschenliebe gehen damit keineswegs notwendigerweise einher. Man kann höchst vernünftig handeln und dabei »doch die eigennützigsten, ungerechtesten, sogar ruchlosesten Maximen befolgen«[333]. Umgekehrt sind Unvernunft und Edelmut durchaus vereinbar, wenn ich etwa »heute dem Dürftigen gebe, was ich selbst morgen noch dringender, als er, bedürfen werde«[334].

Seit Kant ist es nicht nur üblich geworden, tugendhaftes mit vernünftigem Handeln gleichzusetzen, sondern auch die Vernunft als ein aufs Unbedingte gerichtetes Vermögen zu betrachten. Kants Lehre, die »Ideen« Gott, Freiheit und Unsterblichkeit seien Postulate der praktischen Vernunft, hat bei Jacobi (der freilich darin über Kant hinausgeht, daß für ihn Glaube Grundelement alles Wissens ist, nicht dessen Überwölbung) zu der Schopenhauer absurd anmutenden These geführt, Vernunft sei unmittelbares Vernehmen des Metaphysischen; sie »erkenne unmittelbar und intuitiv die letzten Gründe aller Dinge und alles Daseyns, das Uebersinnliche, das Absolute, die Gottheit«[335]. Letztlich, meint Schopenhauer, handelt es sich bei Kants »praktischer Vernunft« mit ihren Imperativen und ihrer Autonomie um die Reminiszenz einer von ihm selbst widerlegten Lehre: die rationale Psychologie.[336]

Kants Begründung der Ethik – darin faßt Schopenhauer das Ergebnis seiner Analyse zusammen – ist deshalb unhaltbar, weil sie sich »als ... unstatthafte Annahme und ... bloße Verkleidung der theologischen Moral erweist«[337]. Eine tragfähige Ethik, betont Schopenhauer, darf das »wirkliche Leben und sein Gewühl«[338] nicht aus den Augen verlieren. Leerem Scharfsinn bleibt verschlossen, »was den in jedem Menschen ... wirklich vorhandenen Aufruf zum Rechtthun und Wohlthun hervorbringt«[339]. Was uns zu »Gerechtigkeit und Menschenliebe« anspornt, muß etwas sein, »das wenig Nachdenken, noch weniger Abstraktion und Kombination erfordert«, das, »von der Verstandesbildung unabhängig«, auch den »rohesten Menschen« anspricht, nur »auf anschaulicher Auffassung« beruht und der aufdringlichen »Realität der Dinge«[340] selbst entstammt. Schopenhauers Ethik hat es ausdrücklich mit dem wirklichen Handeln der Menschen zu tun – nicht mit der Weise, wie sie handeln *sollen*. Deshalb kann sie nur darauf abzielen, ein beobachtbares Phänomen ausfindig zu machen, das »Handlungen freiwilliger Gerechtigkeit, reiner Menschenliebe und wirklichen Edelmuths«[341] zugrunde liegt. Ist die »Grundtriebfeder«[342] in Mensch und Tier der (dem Lebensdrang entspringende) Egoismus, so kann nur solchen Handlungen moralischer Wert im strikten Sinn zukommen, in denen dieser verneint wird; die sich, anders gesagt, dadurch auszeichnen, daß sie die Einsicht in die Nichtigkeit der Trennwand zwischen Ich und Du widerspiegeln. Es handelt sich hierbei, unterstreicht Schopenhauer, um »das alltägliche Phänomen des *Mitleids*«[343], das freilich, als wahrnehmbarer, keineswegs erträumter Vorgang, erstaunlich genug ist. Schopenhauer nennt es »das große Mysterium der Ethik, ihr Urphänomen und de(n) Gränzstein, über welchen hinaus nur noch die metaphysische Spekulation einen Schritt wagen kann«[344]. Mitleid läßt sich nicht, im Kantischen Sinn, »postulieren«. Es ist ein Affekt, der mich angesichts fremden Leids überwältigt. Bei seiner Begründung der Ethik im Mit-Leiden beruft Schopenhauer sich auf die Autorität »des größten Moralisten der ganzen neuern Zeit ...: denn dies ist, ohne Zweifel, J. J. Rousseau, der tiefe Kenner des menschlichen Herzens, der seine Weisheit nicht aus Büchern, sondern aus dem Leben schöpfte, und seine Lehre nicht für das Katheder, sondern für die Menschheit bestimmte, er, der Feind der Vorurtheile, der Zögling der Natur, welchem allein sie die Gabe verliehen hatte, moralisieren zu können, ohne langweilig zu seyn, weil er die Wahrheit traf und das Herz rührte«[345].

Mitleid begründet die Schopenhauersche Ethik mit ihren beiden Kardinaltugenden selbstloser Gerechtigkeit und wahrer Menschenliebe. Wie am Ende jeder realwissenschaftlichen Forschung steht der menschliche Geist auch hier vor einem »Urphänomen«, das alles unter ihm Befaßte und aus ihm Ableitbare erklärt, »selbst aber unerklärt bleibt«[346]. Worin nun besteht jener Schritt, von dem Schopenhauer sagt, er führe – im Sinn metaphysischer Spekulation – über das Mysterium der Ethik hinaus? Offenbar in der Frage, *wie* der innerhalb der erscheinenden Welt sich abspielende Vorgang des Mitleids mit dem an sich seienden Wesen der Dinge zusammenhängt. Das »Bedürfniß einer metaphysischen Grundlage«, sagt Schopenhauer, ist bei der Ethik um so unabweisbarer, als die philosophischen und religiösen Systeme darin übereinstimmen, »daß die ethische Bedeutsamkeit der Handlungen zugleich eine metaphysische, d. h. ... mit dem ganzen Daseyn der Welt und dem Loose des Menschen in engster Beziehung stehende seyn müsse; indem die letzte Spitze, in welche die Bedeutung des Daseyns überhaupt auslaufe, zuverlässig das Ethische sei. Dies Letztere bewährt sich auch durch die unleugbare Thatsache, daß, bei Annäherung des Todes, der Gedankengang eines jeden Menschen, gleichviel ob dieser religiösen Dogmen angehangen habe oder nicht, eine *moralische* Richtung nimmt und er die Rechnung über seinen vollbrachten Lebenslauf durchaus in *moralischer* Rücksicht abzuschließen bemüht ist.«[347]

Während man für intellektuelle Leistungen gern seinen Lohn empfängt, lehnen fast alle, die etwas moralisch Ausgezeichnetes vollbracht haben, jedes Entgelt dafür ab. Sie fühlen, sagt Schopenhauer, daß der »metaphysische Werth«[348] ihres Verhaltens dadurch geschmälert würde, der unabhängig ist von aller positiven Religion. Das nötigt deren Verfechter dazu, sich an die »ethisch-metaphysische Tendenz des Lebens« selbst zu halten. Kraft »ihrer ethischen Seite«[349], die ihre dogmatische trägt, obwohl sie den Schein erweckt, es verhalte sich gerade umgekehrt, befestigt sich die Religion in den Gemütern. Eine jede, hebt Schopenhauer hervor, »legt ihr Dogma der jedem Menschen fühlbaren, aber deshalb noch nicht verständlichen, moralischen Triebfeder zum Grunde und verknüpft es so eng mit derselben, daß beide als unzertrennlich erscheinen: ja, die Priester sind bemüht, Unglauben und Immoralität für Eins und das Selbe auszugeben. Hierauf beruht es, daß dem Gläubigen der Ungläubige für identisch mit dem moralisch Schlechten gilt, wie wir schon daran sehn, daß Ausdrücke, wie Gottlos, Atheistisch, Unchristlich, Ketzer u. dgl. als synonym mit moralisch Schlecht gebraucht werden.«[350] Während die Religionen, oft unter Drohungen, blinden Glauben für ihr Dogma verlangen dürfen, da sie von vornherein an jenen appellieren, steht es um die bisherigen philosophischen Systeme weniger günstig; ihre kritische Analyse stößt hinsichtlich der Ethik auf Mängel, sowohl was ihre Begründung als auch die Frage anbelangt, wie sie mit der jeweiligen Metaphysik zu verknüpfen sei. Trotzdem hält es Schopenhauer, der sich hier in der Nachfolge Wolffs und Kants weiß, für geboten, »daß die Ethik sich auf die Metaphysik stütze«[351].

Mit der metaphysischen Interpretation des »ethischen Urphänomens« kommt Schopenhauer ganz von selbst auf das Problem seiner Metaphysik überhaupt zurück. Im Vorgang des Mit-Leidens nämlich sehen wir »die Scheidewand, welche nach dem Lichte der Natur (wie alte Theologen die Vernunft nennen), Wesen von Wesen durchaus trennt, aufgehoben und das Nicht-Ich gewissermaßen zum Ich geworden«[352]. Altruistischen Handlungen haftet deshalb etwas Mysteriöses an; denn, rein empirisch betrachtet, ist der Egoismus gerechtfertigt: »Der *Unterschied* zwischen der eigenen und der fremden Person erscheint erfahrungsgemäß als ein absoluter. Die Verschiedenheit des Raumes, welche mich von dem Andern trennt, trennt mich auch von seinem Wohl und Wehe.«[353] Demgegenüber bemerkt Schopenhauer, daß die Erkenntnis unseres eigenen Selbst keineswegs erschöpfend und restlos klar ist. »Durch die Anschauung ... erkennen wir den eigenen Leib als ein Objekt im Raum, und durch den innern Sinn die fortlaufende Reihe unserer ... Willensakte, ... endlich auch die mannigfaltigen ... Bewegungen des eigenen Willens, auf welche alle inneren Gefühle sich zurückführen lassen. Das ist Alles: denn das Erkennen wird nicht selbst wieder erkannt.«[354] Was nun das »eigentliche Substrat« jener Erscheinung betrifft, die wir Ich nennen: »unser inneres *Wesen an sich*, das Wollende und Erkennende selbst«, so bleibt es uns verschlossen: »wir sehn bloß nach außen, innen ist es finster«[355]. Was wir demnach von uns selbst wissen, ist begrenzt und oberflächlich, »und dem ... hauptsächlichen Theil nach sind wir uns selber unbekannt und ein Räthsel«[356]. Daß jeder vom anderen völlig verschieden ist, kann sich daher nur auf den erscheinenden und insoweit erkennbaren Bezirk unseres Ichs beziehen. Daraus folgt nicht, daß es sich ebenso »verhalte hinsichtlich des ... wesentlichen Theiles, der Jedem verdeckt ... bleibt. Für diesen ist also wenigstens eine Möglichkeit übrig, daß er in Allen Eins und identisch sei.«[357]

Behutsam rekurriert Schopenhauer hier auf seine Metaphysik des all-einen Willens. Die Vielheit und numerische Verschiedenheit der Dinge, in denen er sich objektiviert, beruhen auf Raum und Zeit, die Schopenhauer unter dem Aspekt, daß sie geordnete Vielheit ermöglichen, das *principium individuationis* nennt. Die von ihm ausdrücklich unter die »metaphysischen Lehren«[358] gerechnete transzendentale Ästhetik Kants hat nun die Idealität von Raum und Zeit nachgewiesen. Sie gehören zur Apparatur unseres – Objektivität verbürgenden – Erkenntnisvermögens, damit lediglich zur Welt als Vorstellung. »Ist aber dem Dinge an sich, d. h. dem wahren Wesen der Welt, *Zeit* und *Raum* fremd; so ist es nothwendig auch die *Vielheit*: folglich kann dasselbe in den zahllosen Erscheinungen dieser Sinnenwelt doch nur

Eines seyn, und nur das Eine und identische Wesen sich in diesen allen manifestiren. Und umgekehrt, was sich als ein *Vieles*, mithin in Raum und Zeit darstellt, kann nicht Ding an sich, sondern nur *Erscheinung* seyn.«[359]

Aus dieser Perspektive kann Schopenhauer gute und schlechte Charaktere auf zwei grundverschiedene Erkenntnisweisen zurückführen: diesen ist die Menschenwelt feindliches »Nicht-Ich«, jenen dagegen »Ich noch einmal«[360]. Der moralisch Gute »fühlt sich allen Wesen im Innern verwandt, nimmt unmittelbar Theil an ihrem Wohl und Wehe, und setzt mit Zuversicht die selbe Theilnahme bei ihnen voraus. Hieraus erwächst der tiefe Friede seines Innern und jene getroste, beruhigte, zufriedene Stimmung, vermöge welcher in seiner Nähe Jedem wohl wird.«[361] Anders der böse Charakter, der den Beistand anderer ohne wirkliche Dankbarkeit entgegennimmt, weil er ihn insgeheim als deren Torheit betrachtet. »Denn sein eigenes im fremden Wesen wieder zu erkennen, ist er selbst dann noch unfähig, nachdem es von dort aus sich durch unzweideutige Zeichen kund gegeben hat.«[362] Daher auch die moralische Isolation des Bösen, die ihn leicht in Verzweiflung stürzt. Jede wirklich uneigennützige, allein von der Not des anderen motivierte Hilfe – darauf laufen Schopenhauers umrißhafte Überlegungen zur »Metaphysik der Ethik«[363] hinaus – bleibt, auch nach gründlicher Erforschung, dasjenige, was alltäglich erfahrbares Mitleid seinem Kern nach ist: »eine mysteriöse Handlung, eine praktische Mystik, sofern sie zuletzt aus der selben Erkenntniß, die das Wesen aller eigentlichen Mystik ausmacht, entspringt«[364]. – *Unio mystica* heißt für Schopenhauer die an Genialität grenzende Fähigkeit, »in der fremden Erscheinung« sein »eigenes Wesen an sich«[365] wiederzuerkennen.

Teil III:
Der naturalistisch-moralische Doppelcharakter der Schopenhauerschen Willenslehre

Freilich mußte eine Metaphysik, deren *verneinter* Inhalt das Wesen des Ethischen ausmacht, den Scharfsinn der Interpreten immer wieder herausfordern. Schopenhauers Willenslehre ist zweideutig. Sie verweist ebenso auf die dumpf-chaotische Triebnatur des Menschen wie auf seine sittliche Bestimmung. Jene beherrscht ihn, soweit er sich bloß seines individuellen Daseins bewußt wird; sie droht ihn zu verstricken in eine schlechte Unendlichkeit von Schuld, Leid und Leidenschaft. Frei dagegen ist der Mensch dort, wo sich ihm die Möglichkeit einer Metaphysik eröffnet: als Inbegriff seiner geistigen Würde. Aus dem quälenden Bewußtsein irdischer »Gebundenheit«, gepaart mit dem »beseligenden Gefühl, daß es irgendwo, irgendwann erlösende Erkenntnis gibt«, erwächst denn auch, was Naegelsbach Schopenhauers »Ur-Erlebnis« nennt: die »Sehnsucht nach Erlösung«[366]. Erst aus der Perspektive eines universalen, im Willen sich ausdrückenden Weltgefühls wird einsichtig, weshalb neben der naturalistischen die moralische Welt-Erklärung für Schopenhauer so bedeutsam ist; verleiht sie doch der Welt als Vorstellung »Realität« in dem neuen Sinn, daß der Mensch in sie hineingestellt ist nicht nur als naturhaft gebundenes, sondern auch als geistiges, Erlösung beanspruchendes Wesen.[367]

Nun stehen in Schopenhauers Metaphysik beide Betrachtungsweisen der Welt unvermittelt nebeneinander. Die Stärke des naturalistischen Moments bewirkt, daß das ihm widerstreitende, die Moral, immer mehr zum »Nihilismus« in dem Sinn wird, in dem Nietzsche das Christentum kennzeichnet. Andererseits, betont Naegelsbach, »erschwert die naturalistische Welt-Betrachtung, sofern sie sich mit der Lehre vom Willen als dem Ding an sich vereinigt, wiederum sehr die Forderung des Nihilismus, die auf eine Vernichtung der Welt geht«[368]. Wird nämlich der Willensgedanke konsequent, das heißt naturalistisch durchgeführt, so erweist er sich als »Hüter des Materialismus«[369]. Vollends problematisch, fügt Naegelsbach dem hinzu, ist die Vorstellung, daß der – schlechthin physische – Intellekt identisch ist mit jenem, dem es gelingt, die unersättliche Gier des Willens zu verneinen: »Der Intellekt, den eine realistisch-naturalistische Welterklärung als zufällige, wenn auch unbegreifliche Laune eines blinden, alogischen, als Ding an sich erklärten Urwillens uns begreiflich zu machen suchte, hat nichts zu tun mit jenem anderen, der Schopenhauer aus einem nach Leid und Schuld begriffenen Weltgefühl als geistige Forderung erwächst, welche er in seinem Erlösungsgedanken zu begreifen sucht, und als grundlegend für eine idealistische Weltansicht.«[370]

Unter neueren Interpreten Schopenhauers ist Bloch hervorzuheben, dem die Affinität der Lehre vom Willen in der Natur zum dialektischen Materialismus willkommenen Anlaß bietet, über die Urschwierigkeit jeglicher materialistischen Philosophie nachzudenken, die sich auf das »Sein« des Bewußtseins bezieht. Wohl ist Schopenhauer den rein mechanischen Materialisten insofern überlegen, als er sich hütet, die Natur auf Druck und Stoß bewegter Körper zu reduzieren. Vielmehr läßt er den Stoffen innewohnende Qualitäten gelten, in denen sich Naturkräfte äußern, darunter die Lebenskraft, die »als unergründliche *qualitates occultae* der Materie«[371] empirischer Forschung ebenso entzogen bleiben, wie sie auf die Unentbehrlichkeit einer Metaphysik verweisen. Unbeschadet dessen, stellt Bloch fest, wird »der Sprung von den organischen Qualitäten zu denen des Bewußtseins ... auch bei einem Schopenhauerschen Lebenskraft-Materialismus nicht geringer als bei einem bloß organisch-mechanischen, obwohl Schopenhauer kraft des Willens in seiner Materie ... ein anderes Medium zum Licht des Bewußtseins und seines Hervorgangs ... proponiert, als dies im ... total qualitätsfremden mechanischen Materialismus möglich ist«[372]. Damit nicht genug. Der Wille soll ja Schopenhauer zufolge im Bewußtsein nicht nur zur Selbstanschauung gelangen, sondern, eben dadurch, auch zur Verneinung seiner als des Willens zum Leben. Es ist dies, bemerkt Bloch, »ein Kunststück, vor dem die bloße Bewußtseins-Crux materialistischer Art zu einem homogenen Kinderspiel würde ... Das Licht des Bewußtseins und gar die dadurch mögliche Willenswende bis zu seiner vollen Selbstaufhebung und Weltvernichtung, als dem erlangten Paradies des Nirwana-Nichts, dieser Sprung auch aus dem Bewußtsein selber heraus bleibt im Schopenhauerschen

Nichts-Materialismus der letzten Stufe, eben der des radikal verneinbaren Willens, erst recht ein Rätsel.«[373]

Legt Bloch Schopenhauers »Übergang ins Nichts« im Sinn angestrebter Welt- und Stofflosigkeit aus: als buddhistisch vorgestelltes Verwehen und Verlöschen des heillosen Lebensdrangs, so erinnert Schulz daran, daß Schopenhauer das »leere Nichts«, von dem er am Ende seines Hauptwerks spricht, als ein nur »relatives Nichts«[374] bestimmt. Damit rückt Schulz den nihilistischen Aspekt der Willenslehre in die Nähe der späten Stoiker, denen freilich auch Schopenhauer zugute hält, daß sie – das Ziel ungetrübter Seelenruhe des Weisen bisweilen überschreitend – »eine wirklich asketische Tendenz verrathen, welches dem damals schon sich verbreitenden Christlichen und überhaupt orientalischen Geist zuzuschreiben ist«[375]. Schulz verwahrt sich gegen ein erkenntnistheoretisches Verständnis des Schopenhauerschen »Nichts«, das die Vorstellungslehre mitunter zu rechtfertigen scheint. Schopenhauer setzt die Welt nicht zur irrealen Einbildung herab. Vielmehr – so Schulz – ist der im Sinn seiner Philosophie »Entsagende« darauf bedacht, »die größte Gleichgültigkeit gegen alle Dinge in sich selbst zu befestigen. Hier zeigt sich das Wesen der Resignation sehr deutlich: die Welt ist da als realer Willenskomplex, man lebt in ihr, aber man ist nicht mehr von dieser Welt, denn die Welt ist nichtig geworden. Überschärft gesagt: man könnte alles in der Welt ›mitmachen‹, aber in der Weise der Gleichgültigkeit.«[376]

Das paradoxe Element der (nicht zufällig mit seiner Naturphilosophie identischen) Metaphysik Schopenhauers besteht darin, daß sie einerseits auf eine empirisch-materialistische Weltansicht hinausläuft, die den Geist zur völligen Bedeutungslosigkeit verurteilt, andererseits aber, ebenso genial wie inkonsequent, abzielt auf den im Stufengang der Natur angelegten »Triumph des Geistes«[377]. – Der Wille, sagt Schopenhauer, bringt »als das allgegenwärtige Substrat der ganzen Natur«[378] den Intellekt hervor, der »eine Funktion des Gehirns (ist), wie das Greifen Funktion der Hand, und das Verdauen Funktion des Magens«[379]. Aus dieser Beschaffenheit und Herkunft des Intellekts ergibt sich für Schopenhauer, daß er ungeeignet ist, uns über das Wesen der Dinge zu unterrichten; dem Lebensdienlichen verhaftet, begnügt er sich damit, uns deren Relationen vorzuführen – bezogen auf unseren Willen. Als bloßes »Medium der Motive« schematisiert er sich eine Welt, »welche eine ganz andere, als die schlechthin wahre Ordnung der Dinge darstellt, weil sie eben uns nicht den Kern, sondern nur die äußere Schaale derselben zeigt«[380]. Aber der Intellekt, fügt Schopenhauer dem sogleich hinzu, vermag – zwischen Erscheinung und Wesen der Dinge unterscheidend – dieser seiner Beschränktheit innezuwerden. In genialen, der »Selbstentäußerung« fähigen Menschen gar steigert sich der Intellekt vom *lumen naturale* zum klaren »Spiegel« des Wesens der Welt.[381] Das Geistige im emphatischen Sinn bedeutet für Schopenhauer stets einen Pfad der Erlösung, ob dieser nun vom Künstler, Heiligen oder Philosophen beschritten wird. Im Menschen gelangt der rastlose Wille mit der »Erkenntnis seiner Sinnlosigkeit ... zu erlösender Selbstaufhebung«[382]. Dieser schwer nachvollziehbare Gedanke umschreibt das religiös-moralische Klima der Schopenhauerschen Philosophie. Für sie ist die Welt ein letztlich moralisches Problem, und zwar gerade deshalb, weil für Schopenhauer selbst am Anfang das elementare, leidvolle Erlebnis der Welt als Wille, des Geistigen als Hirnfunktion steht. Aus der Einsicht in diese Gebundenheit erwächst Schopenhauers Anspruch an den Geist, die Sehnsucht nach Erlösung zu stillen.[383]

Das Motiv schmerzlich empfundener Unerlöstheit durchdringt die Schopenhauersche Philosophie. Es verleiht ihr eine melancholisch-religiöse Note, die jedoch nirgendwo in eine »Religiosität des Besitzes« übergeht, sondern »sehnsüchtiges Ringen«[384] eines bis zur Selbstzerstörung redlichen Denkers bleibt, der an den Resultaten seiner eigenen Kritik leidet. »Religiös« ist Schopenhauers Philosophie in dem Maße, wie sie, theologisch gesprochen, »diese Welt« in den Kategorien »Schuld« und »Erlösung« *bewertet*.[385] Freilich muß gerade die Metaphysik sich hüten, die Moral über die theoretische Wahrheit zu stellen, zu der allein sie verpflichtet ist.[386] Weitere Auflagen, etwa »die, spiritualistisch, optimistisch, monotheistisch, ja auch nur die, moralisch zu sein«[387], läßt Schopenhauer hinsichtlich der Metaphysik nicht gelten, weil er befürchtet, sie könnten ihren Anspruch auf Wahrheit schmälern. »Die *Irrlehre*«, heißt es im *Handschriftlichen Nachlaß*, »welche, sich breit hinstellend, der Wahrheit den Weg vertritt, ist ein so abscheuliches Wesen, daß, wäre sie durch 1000 Menschenalter sanktionirt und hätte unermeßlichen Nutzen, selbst zur moralischen Besserung des Menschengeschlechts, ich keine Verpflichtung sehe, sie zu schonen oder Haß und Verachtung gegen sie zu verbeißen. Es giebt keine *ehrwürdige(n) Lügen.* Das wißt! – Wir wollen zur Wahrheit und werden ohne *remorse* selbst eine Vivisektion der Lügen vornehmen.«[388]

Nun hat es mit Schopenhauers Wahrheits-Pathos seine eigene Bewandtnis. Wahrheit, die sich nicht in der richtigen, das heißt einzelwissenschaftlichen Wiedergabe von Zusammenhängen innerhalb der Erscheinungswelt erschöpft, sondern sich, als metaphysische Wahrheit, auf das Weltganze bezieht, ist Schopenhauer zufolge das »universelle Verständniß« von Erfahrung überhaupt, die objektive »Auslegung ihres Sinnes und Gehaltes«[389]. Schopenhauer versichert zwar, daß seine Metaphysik, welche die Welt hinsichtlich des in ihr erscheinenden Wesens entziffert, »ihre Bewährung aus sich selbst«[390] erhalte. Das Kriterium ihrer Wahrheit liege in der – letzthin – widerspruchsfreien Übereinstimmung ihrer auf die verschiedensten Gegenstände bezogenen Einzelaussagen. Ein Blick in die Schriften Schopenhauers belehrt jedoch darüber, daß hier, bei allem wissenschaftlichen Ehrgeiz, ein Ahnherr der Existenz- und Lebensphilosophie zu uns spricht. Zur ebenso breiten wie unbestechlichen Welt- und Menschenkunde tritt bei Schopenhauer ein trotziger, subjektiv-bekenntnishafter Zug. Seine metaphysische »Grundlehre«[391], der er gleichwohl höhere Objektivität zuspricht, steht von Anbeginn fest, bedarf lediglich der Ausarbeitung im einzelnen. Sie beruht auf der *intuitiven Gewißheit* eines Sehens und Auslegens der Welt, das eher ästhetischer als diskursiver Erkenntnis zuzuordnen ist.[392] Begriffe sind für Schopenhauer bloße Abstraktionen aus sinnlich Gegebenem. Spinozas geometrische Methode verfährt zwar gerade umgekehrt, indem sie die anschauliche aus der abstrakten Vorstellung ableitet, aber seine die Welterkenntnis als solche betreffende *cognitio intuitiva* ist für Schopenhauer von erheblichem Interesse. Das »Wahre und Vortreffliche« des Spinozismus, sagt er denn auch, ist »ganz unabhängig von den Beweisen, eben wie in der Geometrie«[393].

Im *Handschriftlichen Nachlaß* stoßen wir auf eine Selbsteinschätzung Schopenhauers, anhand derer sich verdeutlichen läßt, worin er die eigentlich philosophische Wahrheit über die Welt erblickt. Sie lautet: »Ich habe ... eine Veränderung am *Fundament* der Philosophie vorgenommen, indem ich den *Willen* als *von der Erkenntniß unabhängig* und *als das Erste*, das wahrhaft metaphysische Ding an sich setze, sodann als das 2ᵗᵉ den Leib als die bloße Sichtbarkeit des Willens, und die Erkenntniß erst als das 3ᵗᵉ, sofern sie eine Funktion des thierischen Leibes ist: wiewohl der Leib als Sichtbarkeit, als Objekt, nur für die Erkenntniß da ist, also durch sie bedingt, Leib und Erkenntniß sich also gegenseitig bedingen, jedoch in sehr verschiedener Art: Dies ist eine so entschiedene und fundamentale Umwälzung der Philosophie, daß sie nothwendig eine Hauptperiode bezeichnen muß. Zu allen alten und neuen idealistischen und materialistischen Systemen, ist der Wille eines der letzten Ergebnisse: zuallererst bei mir, und in der Wahrheit, ist er das Erste, das *ens primarium realissimum.*«[394] Der lupenreine Atheismus dieser Weltansicht ist Schopenhauer so selbstverständlich, daß er ihn hier unerwähnt läßt. Gleichwohl bedarf er als Bestandteil einer Metaphysik, die sich kritisch gegen die positiven Religionen absetzt, näherer Diskussion. Wenn Nietzsche in der *Geburt der Tragödie* von Schopenhauer sagt: »ihm fehlte jede Hoffnung, aber er wollte die Wahrheit«[395], so ist damit das für seine Philosophie entscheidende Problem genannt. Schopenhauer bestreitet, anders formuliert, den für die herkömmliche Metaphysik maßgeblichen Vorrang des erkennenden Geistes wie einer sinnstiftenden Überwelt, aber akzeptiert die sittlichen, mit jener gestürzten Metaphysik einhergehenden Normen. Während Nietzsche, wie Heidegger gezeigt hat, der Metaphysik seit Platon insofern verhaftet bleibt, als er deren »Werte« lediglich »umdreht«, ist Schopenhauer über das dogmatische Gehäuse der Tradition »bereits so weit hinausgegangen, daß er fähig ist, die in ihr maßgebenden Werte in ihrem humanen Kerngehalt anzuerkennen, ohne sie in einer Hinterwelt fundieren zu wollen«[396].

Das bedeutet jedoch nicht, daß Schopenhauer sich auf festerem Boden bewegt als sein Schüler. – Dasein und Elend der Welt, das in ihr triumphierende Böse sowie zahllose (den Tod einschließende) Übel bilden Schopenhauer zufolge den immerwährenden Anlaß metaphysischer Reflexionen, der sich radikaler Skepsis ebenso gewachsen zeigt wie kritizistischen Einwänden. Die erkenntnistheoretischen Gründe, die Schopenhauer für die Notwendigkeit vorträgt, die rein physische durch eine metaphysische Welterklärung zu unterbauen, um so deren Eigenständigkeit selbst gegenüber der Moral darzutun[397], können indes kaum darüber hinwegtäuschen, daß jener Anlaß bestimmend bleibt für den Geist seiner – mit einem

»Mollakkord«[398] anhebenden – Philosophie. So weist Schopenhauers Definition von Metaphysik als »Erkenntniß, daß die Ordnung der Natur nicht die einzige und absolute Ordnung der Dinge sei«[399], deutlich in eine moralisch-wertende Richtung. Deshalb nennt Schopenhauer auch den Glauben an Metaphysik überhaupt »das nothwendige *Credo* aller Gerechten und Guten«[400]. Eine verabsolutierte Physik, wie die materialistischen Schulen sie verfechten, untergräbt jede Ethik im altruistischen Sinn.

Zu fragen bleibt freilich, inwiefern Schopenhauers Metaphysik, deren Ansatz bereits moralische Absichten verrät (ohne sich in ihnen zu erschöpfen), ihrem *Inhalt* nach geeignet ist, Moral zu begründen.[401] Die Willenslehre mag erkenntnistheoretisch durchdachter sein als der dogmatische, die Objektwelt ungeprüft hinnehmende Materialismus – fest steht, daß auch sie immer wieder materialistischer Tendenzen verdächtigt worden ist. Übrigens zu Recht; denn Schopenhauer erklärt, wie alle Materialisten, die Welt »von unten«: Höheres entsteht aus Niederem. Der Mensch nimmt keine Sonderstellung in der Natur ein; von ihren sonstigen Erzeugnissen ist er nicht qualitativ, sondern nur graduell verschieden. Daß Schopenhauer trotz solcher Zugeständnisse an quantifizierendes Denken die »ganze mechanische und atomistische Naturansicht«[402] scharf kritisiert, verschlägt wenig gegenüber dem naturalistischen Grundzug seiner Willenslehre, die abzugrenzen gegen den »eigentlichen Naturalismus«[403] er auffallend ängstlich bemüht ist. So bezeichnet Schopenhauer – Nietzsches drastische Sprache vorwegnehmend – den Intellekt als »bloße Funktion des Gehirns, welches vom Organismus nur parasitisch genährt und getragen wird«[404]; »wie Klauen und Zähne« ist er »nichts Anderes, als ein Werkzeug« im »Dienste des Willens«[405]. Was wir hochtrabend Erkenntnisvermögen nennen, ist »das Produkt einer zum Zwecke der bloßen Selbsterhaltung, also des Nahrungssuchens und Beutefangens entstandenen Gehirnfunktion«[406]. Die »richtige Erkenntniß der Umstände und Verhältnisse ist unsere Wehr und Waffe im Kampf mit den Dingen und den Menschen«[407].

Schopenhauer überführt hier Theoreme des von ihm geschätzten französischen Materialismus in die positivistische Terminologie seines Jahrhunderts. Die hirnphysiologischen Entdeckungen von Flourens hatten ihn 1822 bewogen, seine früh begonnenen, aber durch die Beschäftigung mit Kant unterbrochenen medizinischen Studien wiederaufzunehmen. Dabei wurden zwei namhafte ärztliche Werke für die endgültige Formulierung seiner Philosophie besonders wichtig: Cabanis, *Rapports du physique et du moral de l'homme*, und Bichat, *Recherches physiologiques sur la vie et la mort.*[408] Beide Autoren, darin erblickt Schopenhauer ihr Verdienst, fördern eine »objektive Ansicht des Intellekts«[409], die zur transzendentalen hinzutreten muß. Metaphysische Ansprüche des Materialismus dagegen wehrt Schopenhauer mit dem Hinweis ab, jedes physische Phänomen sei – bezogen auf den Willen – zugleich metaphysisch, auch die Vorgänge im Gehirn: »Vom Leukippos, Demokritos und Epikuros an, bis herab zum *Système de la nature*, dann zu Delamark, Cabanis und zu dem in diesen letzten Jahren wieder aufgewärmten Materialismus können wir den fortgesetzten Versuch verfolgen, eine *Physik ohne Metaphysik* aufzustellen, d. h. eine Lehre, welche die Erscheinung zum Dinge an sich machte. Aber alle ihre Erklärungen suchen den Erklärern selbst und Andern zu verbergen, daß sie die Hauptsache, ohne Weiteres, voraussetzen. Sie bemühen sich zu zeigen, daß alle Phänomene, auch die geistigen, physisch sind: mit Recht; nur sehn sie nicht ein, daß alles Physische andererseits zugleich ein Metaphysisches ist.«[410]

Nach allem, was Schopenhauer selbst über das Verhältnis des durchgeführten Willensgedankens zu einer Denkweise darlegt, die den Intellekt zum Derivat von Hirnprozessen herabsetzt, ist sein Vorbehalt gegenüber dem Materialismus nicht hoch zu veranschlagen.[411] Wie das metaphysische Bedürfnis nach Schopenhauer »dem physischen auf dem Fuße folgt«[412], so sind auch Physisches und Metaphysisches in seiner Philosophie keineswegs durch einen Abgrund getrennt. Wohl bleibt Kants Unterscheidung von Erscheinung und Ding an sich überaus wertvoll für Schopenhauer als Nachweis »eines von der Erscheinung verschiedenen Kernes derselben«[413]. Dieser aber ist kein *ens extramundanum*, sondern wird stets »nur in seinen ... Beziehungen zur Erscheinung selbst erkannt«[414]. Schopenhauers Metaphysik betrachtet den Willen, das in der Natur erscheinende Ding an sich, nie abgelöst von den Weisen seines Erscheinens: »sie bleibt daher immanent und wird nicht transscendent«[415].

Diese Feststellung Schopenhauers enthält eine Schwierigkeit, die er nicht wirklich bewältigt hat. – Solange seine Metaphysik sich im angegebenen Sinn mit der Immanenz der erscheinenden Welt (wie des sie erkennenden Bewußtseins) begnügt, gilt, daß die Materie – zunächst nur Vordergrund, bloße »Sichtbarkeit des Willens«[416] – zunehmend an Realität gewinnt. Sie rückt mit dem Willen bis zur Ununterscheidbarkeit zusammen, so daß sie, wie Bloch notiert, als »fressender Wille« zugleich »gefressene Materie«[417] ist. Im zweiten Band des Spätwerks *Parerga* avanciert die Materie, vermöge ihrer Austauschbarkeit mit dem Willen (und in schroffem Gegensatz zur Vorstellungslehre), gar zum *Ding an sich*: »Der Wille, als das Ding an sich, ist der *gemeinsame Stoff aller Wesen*, das durchgängige Element der Dinge.«[418] Als das »in allen Dingen, unter aller Verschiedenheit der Qualität und Form, Identische«, variiert Schopenhauer diesen Gedanken, ist Materie »mehr ein metaphysisches, als ein bloß physisches Erklärungsprincip«[419].

Hierzu paßt unter anderem Blickwinkel, daß Metaphysik und Physik für Schopenhauer ein Kontinuum bilden. Beide handeln, unterschieden bloß im Grad an Einsicht, von der nämlichen Natur. Die Metaphysik, durchaus angewiesen auf Bestätigungen seitens der empirischen Wissenschaften, unterbricht nie deren Gang, sondern nimmt den Faden erst dort auf, wo diese ihn liegen lassen. Die Erkenntnisstufen Ursache, Naturkraft und Wille gehören auch sachlich zusammen: »Bei ... jeder *Veränderung* materieller Dinge ... ist zunächst ihre *Ursache* nachzuweisen ...; dann aber die ursprüngliche *Naturkraft*, vermöge welcher diese Ursache zu wirken fähig war; und allererst als das Wesen an sich dieser Kraft, im Gegensatz zu ihrer Erscheinung, ist der *Wille* zu erkennen. Dennoch giebt dieser sich eben so unmittelbar im Fallen eines Steines kund, wie im Thun des Menschen.«[420] Soweit Schopenhauer die Welt als Willen zum Leben betrachtet, argumentiert er naturmonistisch. Dabei verschlägt es, wie gesagt, wenig, daß er, öder Mechanistik abhold, Zweckursachen im Bereich des Organischen gelten läßt, ohne sie freilich physikotheologisch auszulegen.[421] Ebenso fremd ist dem allein realen, nur in sich selbst kreisenden Willen, der – so Schopenhauer – als das allen Dingen »durchaus Gemeinsame eben auch *das Gemeine* ist«[422], die *moralische Dimension*.

Deren Möglichkeit leuchtet auf, sobald wir, den idealistischen Aspekt der Schopenhauerschen Metaphysik beachtend, die Welt als »Selbsterkenntniß des Willens«[423] interpretieren, die sich – stufenweise fortschreitend – vollzieht: »Vom erkenntnißlosen Drange dunkler Naturkräfte bis zum bewußtvollsten Handeln des Menschen.«[424] Der schöpferische Wille objektiviert sich, indem er aufsteigt vom Anorganischen zum Organischen, über das »subjektive Daseyn der Pflanze«, das wir uns denken müssen »als ein schwaches Analogon, einen bloßen Schatten von Behagen und Unbehagen«, schließlich zum niedersten Tier, das »durch gesteigerte und genauer specificirte Bedürfnisse veranlaßt (ist), die Sphäre seines Daseyns über die Gränze seines Leibes hinaus zu erweitern«[425]. Dies geschieht durch Erkenntnis, »so schwach, dumpf und kaum dämmernd«[426] sie hier noch sein mag. Immerhin entsteht so erstmals das Bewußtsein einer objektiven, raum-zeitlich geordneten Welt. Das »sich immer mehr erhöhende und komplicirende *Bedürfniß*« dieser Erscheinungen des Willens führt eine zunehmende »Steigerung der Gehirnentwicklung, also des Intellekts und der Klarheit der Vorstellung«[427] herbei, bis dann im Menschen »eine *reine Sonderung des Erkennens vom Wollen*«[428] stattfindet. Es kommt, wie Schopenhauer sich ausdrückt, zu einem relativen »Ueberwiegen des *erkennenden* Bewußtseyns über das *begehrende*, mithin des sekundären Theiles über den primären«; in »einzelnen, abnorm begünstigten Individuen« kann es so weit gehen, »daß, in den Zeitpunkten der höchsten Steigerung, der sekundäre oder erkennende Theil des Bewußtseyns sich vom wollenden ganz ablöst und für sich selbst in freie, d. h. vom Willen nicht angeregte, also ihm nicht mehr dienende Thätigkeit geräth, wodurch er rein objektiv und zum klaren Spiegel der Welt wird«[429]. Aus einer an die Hirn-Materie gebundenen, lebensförderlichen, durch praktische Bedürfnisse vermittelten Funktion entsteht derart eine *metaphysische*: der erkennende Intellekt als unmittelbare Objektivation des Willens, dessen »Idealität« hierbei so zutage tritt wie seine »Realität«, sobald wir in der Welt nur den blinden Lebenswillen sehen.[430]

Der pessimistisch-resignative Zug der Schopenhauerschen Philosophie erwächst daraus, daß keine Ethik möglich ist, »die den Willen selbst modelte und besserte«[431]. Lehren wirken nur auf die Erkenntnis ein: »diese aber bestimmt nie den Willen selbst, d. h. den *Grund-Charakter* des Wollens, sondern bloß dessen Anwendung auf die vorliegenden Umstände ... Zu glauben, daß die Erkenntniß wirklich ... den *Willen* bestimme, ist wie glauben, daß die Laterne, die Einer bei Nacht trägt, das *primum mobile* seiner Schritte sei.«[432] Selbst der von Vorurteilen und Interessen ungetrübte Welt-Spiegel kontemplativen Erkennens bringt den despotischen Willen – zeitweilig – nur zum Schweigen, nicht zum Verschwinden. Im Gegensatz zu Kant thematisiert Schopenhauers Erkenntnistheorie nicht unser Erkenntnisvermögen, sondern die »wesentlichen Unvollkommenheiten des Intellekts«[433]. Auch hierin reflektiert sich die nihilistisch-pessimistische Gesamttendenz der Schopenhauerschen Weise, Welt zu erleben.

Da der Mensch im Wesenskern wollend, nicht erkennend ist, kann der »Sinn und Zweck« seines Lebens »kein intellektualer«, sondern nur »ein moralischer«[434] sein. Schopenhauer erteilt angesichts des im Titel des Hauptwerks genannten Tatbestands seiner Metaphysik – analog zur pessimistischen Religion – geradezu die Aufgabe, »das Daseyn dieser Welt zu betrachten als etwas, das nur als Folge unserer Schuld begriffen werden kann und daher eigentlich nicht seyn sollte«, und dadurch dessen innezuwerden, »daß Schmerz und Tod nicht liegen können in der ewigen, ursprünglichen, unabänderlichen Ordnung der Dinge, in Dem, was in jedem Betracht seyn sollte«[435]. Anderswo erfahren wir im nämlichen Kontext von Schopenhauer, daß die – erkenntniskritische – Relativierung der empirisch gegebenen Welt auf die Beschaffenheit des »vorstellenden« Bewußtseins Raum lasse »für eine ganz andere Weltordnung«, die zu jener Welt sich verhält »wie zur bloßen Erscheinung das Ding an sich«[436]. Schopenhauer spricht hier als Kantianer, wenn er mit der Einsicht in die subjektive Bedingtheit alles Erkennens ein deutliches Interesse am Ding an sich als einem Realen verbindet, das unabhängig vom Subjekt und seiner (idealen) Welt existiert. Dieses Interesse läßt sich näher als ein *metaphysisches* bestimmen, wie denn auch Schopenhauer mit Recht darauf hinweist, daß Kants Ding an sich ein – moralisch akzentuiertes – Überbleibsel eben jenes transzendenten Dogmatismus ist, dessen Unhaltbarkeit darzutun die Transzendentalphilosophie zu ihrer wichtigsten Aufgabe macht. Mit der Lehre vom Ding an sich hält Kant, worin Schopenhauer ihm folgt, fest am Anspruch auf spekulative Erkenntnis. Während aber Kant bei allen (moralisch motivierten, äußerst behutsam vorgetragenen) Ausblicken auf eine von der »Sinnenwelt« schlechthin abgehobene »Verstandeswelt«[437] nicht daran denkt, abzurücken von der kritizistischen These der *Unerkennbarkeit des Dinges an sich*, bestimmt Schopenhauer, fortschreitend zu einer *materialen* Metaphysik, das Ding an sich als den in der Erscheinungswelt selbst sich manifestierenden Willen.

In der hier zuständigen *Grundlegung der Metaphysik der Sitten* erklärt Kant: »Der Mensch, der sich ... als Intelligenz betrachtet, setzt sich dadurch in eine ganz andere Ordnung der Dinge und in ein Verhältnis zu bestimmenden Gründen von ganz anderer Art, wenn er sich als Intelligenz mit einem Willen, folglich mit Kausalität begabt, denkt, als wenn er sich ... in der Sinnenwelt wahrnimmt, und seine Kausalität, äußerer Bestimmung nach, Naturgesetzen unterwirft. Nun wird er bald inne, daß beides zugleich stattfinden könne, ja sogar müsse. Denn, daß ein *Ding in der Erscheinung* ... gewissen Gesetzen unterworfen ist, von welchen eben dasselbe, als *Ding* oder Wesen *an sich selbst*, unabhängig ist, enthält nicht den mindesten Widerspruch; daß er sich selbst aber auf diese zwiefache Art vorstellen und denken müsse, beruht, was das erste betrifft, auf dem Bewußtsein seiner selbst als durch Sinne affizierten Gegenstandes, was das zweite anlangt, auf dem Bewußtsein seiner als Intelligenz ... Dadurch, daß die praktische Vernunft sich in eine Verstandeswelt hinein *denkt*, überschreitet sie gar nicht ihre Grenzen, wohl aber, wenn sie sich *hineinschauen*, *hineinempfinden* wollte ... Dieser Gedanke führt freilich die Idee einer anderen Ordnung und Gesetzgebung, als die des Naturmechanismus, der die Sinnenwelt trifft, herbei, und macht den Begriff einer intelligibelen Welt ... nothwendig, aber ohne die mindeste Anmaßung, hier weiter, als bloß ihrer *formalen* Bedingung nach, d. i. der Allgemeinheit der Maxime des Willens ... gemäß zu denken ...« Man muß beachten, »daß hinter den Erscheinungen doch die Sachen an sich selbst (obzwar verborgen) zum Grunde liegen müssen, von deren Wirkungsgesetzen man nicht verlangen kann, daß sie mit denen einerlei sein sollten, unter denen ihre Erscheinungen stehen«[438].

Die angeführten Stellen belegen, daß die höhere, moralische Ordnung der Dinge, die sich qualitativ von ihrer bloß natürlichen Ordnung unterscheidet, im Selbstverständnis Kants gebunden ist an die in seiner rationalistischen Begründung von Moral vorausgesetzte »Unterscheidung der Erscheinung vom Dinge an sich«, also an die »Lehre von der gänzlichen Diversität des Idealen und Realen«[439]. Sie bildet Schopenhauer zufolge den »Grundzug der Kantischen Philosophie«[440], an dem er, jener moralischen Weltordnung zuliebe, unbedingt festhalten möchte. »Aber nun ist«, heißt es in einer Aufzeichnung Schopenhauers aus dem Jahre 1814, »die Platonische Idee Kants Ding an sich ... d. h. frei von Zeit und Raum, und dadurch von Vielheit, Wechsel, Anfang und Ende.«[441] Von dem so bestimmten Begriff des Dings an sich vermag Schopenhauer die ihn umtreibende Frage nach der letztinstanzlich-moralischen Bedeutung der Welt nicht zu trennen. Faktisch jedoch verabschiedet er sich von Kant, wenn er (lediglich dessen Terminologie beibehaltend) das Ding an sich umdeutet in das innerweltlich »erscheinende« Wesen des Willens.[442] Daß diesem, wie Schopenhauer gleichzeitig versichert, alle Eigenschaften fehlen, die wir den Erscheinungen beilegen, muß deshalb ein kraftloser Vorbehalt bleiben. Er erklärt sich aus dem in Schopenhauers ursprünglichem Selbstverständnis begründeten Zögern, sämtliche Konsequenzen aus seinem Bruch mit Kant zu ziehen. Indem er dessen strikten Phänomenalismus in Metaphysik überführt, verwickelt Schopenhauer sich in einen erkenntnistheoretischen Widerspruch, den Volkelt scharfsinnig so formuliert: »Ist der Wille wirklich das Ding an sich, so kann er nicht Gegenstand des Erkennens sein; denn Erkennen ist Vorstellen; der Wille liegt aber außerhalb aller Formen des Vorstellens. Gibt es dagegen ein Erkennen des Willens, so kann dieser erkannte Wille unmöglich das Ding an sich sein; denn was im Erkennen vorkommt, ist ebendamit in die Formen des Vorstellens eingegangen.«[443] Fraglos hat Schopenhauer selbst diese Schwierigkeit erkannt und ernstgenommen. Dafür spricht, daß er die eigene Philosophie einen »immanenten Dogmatismus« nennt (im Gegensatz zum »transzendenten« der vorkantischen Metaphysik).[444] So treffend diese Kennzeichnung ist – sie zeugt von der unlösbaren Aufgabe, das Ding an sich in die erscheinende, damit wesenhaft werdende Welt aufzulösen und ihm weiterhin jene – transzendenten – Bestimmungen zuzubilligen, die es ursprünglich bei Kant hat.[445]

Unter dem Druck dieser Problematik bildet sich bei Schopenhauer die Tendenz heraus, den Willen gleichsam zu profanieren, indem er ihn näher an die Erscheinungswelt heranrückt. So stoßen wir im Hauptwerk häufig auf Äußerungen, die darauf abzuzielen scheinen, die Identifikation des Willens mit dem Ding an sich – teilweise wenigstens – zurückzunehmen. Der Wille ist Ding an sich »als das in die Erscheinung bloß Gekleidete und in ihre Formen Verhüllte«[446]. Nur relativ fällt der Wille mit dem Ding an sich zusammen. Der »Willensakt«, gibt Schopenhauer daher zu bedenken, »ist nur die nächste und deutlichste *Erscheinung* des Dinges an sich«.[447] Umgekehrt muß dieses, sofern es überhaupt erkennbar sein soll, ohne Abstriche identisch sein mit dem Willen. Die Frage, was dieser sei, abgesehen davon, daß er erscheint, ist für Schopenhauer unbeantwortbar. Die Willenslehre bietet ein gewisses Verständnis der Welt und des Wesens der Dinge. Aber Schopenhauer ist klar, daß sie weit von einer abschlußhaften Wahrheit entfernt ist.

Die Verlegenheit, in die Schopenhauer angesichts der Aporie gerät, mit der sein Begriff von Metaphysik behaftet ist, veranlaßt ihn zu einem weiteren Versuch, seine Ansprüche abzuschwächen. – Wird behauptet, Erkenntnis ergreife ohne jegliche Vermittlung das Ding an sich, so werden die allem Erkennen auferlegten Vorstellungs-Schranken allzu offensichtlich übersprungen. Deshalb tendiert Schopenhauer dazu, den *transzendenten* Charakter, den metaphysische Erkenntnis (nach eigenem Bekunden) auch bei ihm hat, zurücktreten zu lassen. Wohl ist bereits das Erkennen der *Einheit des Willens* transzendent, weil sie intellektuell nicht erfaßbar ist.[448] Aber zumeist beschränkt Schopenhauer sich darauf, nur solche Fragen als transzendent zu bezeichnen, die die Möglichkeit von Erkenntnis besonders weit überschreiten.[449] Wagt sich hingegen die Metaphysik nicht an ausgesprochen heikle Themen heran, so betrachtet Schopenhauer ihr Vorgehen als immanent. »Weil der Wille«, merkt Volkelt hierzu an, »den Erscheinungen in *metaphysischem Sinne* immanent ist, bezeichnet Schopenhauer auch das hierauf gehende *Erkennen* als immanent. Aus der metaphysischen Immanenz wird eine erkenntnistheoretische.«[450]

Die Unstimmigkeiten, mit denen Schopenhauers Übergang zur Willenslehre belastet ist, insbesondere seine auch danach fortwirkende Bindung an Kants Ding an sich, werden zumindest verständlicher, wenn man sich einige Aspekte der Entwicklungsgeschichte seines Denkens vergegenwärtigt.[451] Auszugehen ist davon, daß der junge, einem romantischen Lebensgefühl hingegebene Schopenhauer vom unvermittelten Nebeneinander zweier Welten überzeugt ist. So lautet ein früher Aphorismus (1808/9): »Alle Philosophie und aller Trost, den sie gewährt, läuft darauf hinaus, daß eine Geisterwelt ist und daß wir in derselben, von allen Erscheinungen der Außenwelt getrennt, ihnen von einem erhabenen Sitz mit größter Ruhe und Theilnahme zusehen können, wenn unser der Körperwelt gehörender Theil auch noch so sehr darin herumgerissen wird.«[452] Schopenhauer preist schon damals die »wenigen Augenblicke der Religion, der Kunst und der reinen Liebe«. Würden Sie aus dem Leben entfernt, so bliebe nur »eine Reihe trivialer Gedanken«[453]. Unter dem Titel *Ein Systemchen* (1812) formuliert Schopenhauer den seine künftige Philosophie prägenden Gedanken, daß die Natur »überall nur einen Zweck« verfolgt: »Leben und Wohlseyn zu bereiten; so viel als möglich«[454]. Der Mensch, in dem sich »der höchste Grad des Selbstbewußtseyns« offenbart, soll hier noch »Leben und Wohlseyn befördern: dieses in seinem Bewußtsein sich aussprechende *Soll* ist der Kategorische Imperativ – er soll wollen was die Natur will – das bedeutet der Peripatetiker *secundum naturam vivere*«[455]. Da »unser innerstes Wesen« darauf abzielt, »den Zweck der Natur zu befördern, unser reiner Wille nur ihr Wille ist, so erklärt sich unsre innige Freude bey ihrem Anblick, bey ihren Formen die die Kunst rein darstellt, bey der Musik die die Einheit und Regelmäßigkeit in der größten Mannigfaltigkeit und Lebendigkeit, – der Natur nachahmt«[456]. Früh schon arbeiten sich in Schopenhauer dualistische und monistische Motive aneinander ab. »Geisterwelt« und »Körperwelt«, die zunächst auseinandertreten, werden später von Schopenhauer vereinigt – mit dem durchschimmernden Vorbehalt, daß nur der »reine«, sittlich gute Wille zusammenfällt mit dem der Natur. »Rein« sind auch die Formen, in denen Natur in der Kunst – Schopenhauer bevorzugt bereits damals die Musik – wiederkehrt.

Einen anderen Ton schlägt Schopenhauer in seinen zwischen 1811 und 1818 entstandenen Studienheften an. So entgegnet er dem naturphilosophischen, gegen Fichte gerichteten Argument der Schellingschen Freiheitsschrift, Gott sei etwas Realeres als eine bloß moralische Weltordnung, mit den Worten: »Läßt sich etwas Realeres denken, als das Moralische? mußt du nicht Alles was dir sonst als Real erscheint, sobald es mit diesem kollidirt als nichtig betrachten?«[457] Bemerkenswerter noch in systematischer Hinsicht ist eine Glosse zu Fries. Hier wehrt Schopenhauer sich dagegen, daß der menschliche Wille der Natur untergeordnet wird: »Ich sage mein Wille ist absolut, steht über alle[r] Körperwelt und Natur, ist ursprünglich heilig, und seine Heiligkeit ohne Schranken.«[458] Meine Freiheit »ist ein absolutes Gesetz und für sie ist kein Unmögliches«[459]. Formulierungen, die unmittelbar auf die spätere Identifikation des – hier noch als Inbegriff des Geistigen, gar Heiligen verstandenen – Willens mit dem Ding an sich verweisen.[460] Es handelte sich jetzt für Schopenhauer nur noch darum, das Unendliche, Ewige und Übersinnliche der Mystik des Unfaßlichen, Weltentrückten und Anonymen zu entziehen, in die seine frühen Aufzeichnungen es eingehüllt hatten. Kurz nach der Niederschrift der Dissertation (1813) tritt der entscheidende Wandel ein: Schopenhauer *naturalisiert* das Ewige, Metaphysische, indem er es zum Wesenskern der Erscheinungswelt erklärt. Bald danach (1814) wird er den Willen als Ding an sich, die Welt als seine »Sichtbarkeit« und Welt-Verneinung als oberstes sittliches Ziel bezeichnen.

Deutliche Anklänge an Schopenhauers ursprünglich eher dualistische, von Platon und Kant inspirierte Gedankengänge lassen sich freilich noch in seinem reifen Werk nachweisen. So heißt es an einer vielgenannten Stelle des zweiten Bandes seines Hauptwerks: »Schon die Heiligkeit, welche jeder rein moralischen Handlung anhängt, beruht darauf, daß eine solche, im letzten Grunde, aus der unmittelbaren Erkenntniß der numerischen Identität des innern Wesens alles Lebenden entspringt. Diese Identität ist aber eigentlich nur im Zustande der Verneinung des Willens (Nirwana) vorhanden, da seine Bejahung (Sansara) die Erscheinung desselben in der Vielheit zur Form hat. Bejahung des Willens zum Leben, Erscheinungswelt, Diversität aller Wesen, Individualität, Egoismus, Haß, Bosheit entspringen aus *einer* Wurzel; und ebenso andererseits Welt des Dinges an sich, Identität aller Wesen, Gerechtigkeit, Menschenliebe, Verneinung des Willens zum Leben.«[461]

Schopenhauers Frage nach der moralischen Bedeutung des Daseins wirft das – nach den atheistischen Prämissen der Willenslehre – unlösbare Problem einer *transzendenten Metaphysik* auf. Da die Identität des einen Willens kein ruhender, theologisch verbürgter Sinn-Hintergrund jenseits seiner vielfältigen Erscheinungen sein kann, sondern diesen immer schon innewohnt, muß Schopenhauer behaupten, Individualität inhäriere »dem Willen nur in seiner Bejahung, nicht aber in seiner Verneinung«[462]. Der rein moralisch Handelnde folgt unmittelbarer Einsicht in die Identität alles Lebendigen. Er verneint, anders gesagt, die Entäußerung des Willens an die

Vielfalt – damit auch seine Individualität. Ist aber, wie Schopenhauer selbst versichert, jene der erscheinenden Welt enthobene Identität »eigentlich nur im Zustande der Verneinung des Willens ... vorhanden« und ist diese eher die Ausnahme als die Regel, so wird das Nebeneinander von an sich seiender und erscheinender Welt – ontologisch – fragwürdig. Die das Bestehende transzendierende Sphäre wird, mit Hegel zu reden, unendlich ersehnter Gegenstand eines »unglücklichen Bewußtseins«, das als »reines Gemüt« am Weltlauf verzweifelt.[463]

Von hier bis zu Nietzsches positivistischem Bescheid, die »wahre Welt« habe sich als »Fabel« erwiesen[464], ist der Weg kurz. Während die metaphysische Erlösungslehre des Christentums, von Paulus als Einheit von Mystik und Ethik eindrucksvoll dargestellt[465], ihrem Selbstverständnis nach überweltlich abgesichert ist, reduziert »Erlösung« sich bei Schopenhauer auf die aus der Einsicht in die Wertlosigkeit des Weltgrundes selbst erwachsende Resignation. Schopenhauers »Heilsordnung«[466] bezieht sich auf kein transzendentes Reich christlicher Hoffnung, sondern auf die – selten verwirklichte – Möglichkeit, daß einzelne, durch Schmerz und Einsicht geläuterte Menschen innerlich loskommen von der Nichtigkeit des Daseins.

Soweit Schopenhauer um den Nachweis einer »übernatürlichen« Ordnung der Dinge bemüht ist, beruht der Wahrheitsanspruch seiner Metaphysik auf einem Verständnis von Moral, das – wie Nietzsche kritisch anmerkt – auf ebenjenen Theismus zurückverweist, den sie leidenschaftlich bekämpft. Andererseits jedoch wird Schopenhauer nicht müde, die völlige Selbständigkeit seines Weltbildes zu betonen. Dieses sei der Wahrheit und nicht theologischen oder moralischen Kriterien verpflichtet.[467] Den verschiedenen Spielarten des zu seiner Zeit sich »spekulativ« nennenden Theismus (Ulrici, Carriere) gilt Schopenhauers ganzer Zorn. Obwohl wahrlich kein Freund der politischen Ereignisse des Jahres 1848, durchschaut er mit nüchternem Blick den ideologischen Hintergrund der offiziellen nachachtundvierziger Bestrebungen, Religion zu restaurieren. Er hat sie bissig glossiert: »Jetzt, 1851, nach der Revolution, merkt man an allen Schreibereien der Philosophie-Professoren und Aspiranten, daß Ordre an sie ergangen ist, dem lieben Gott wieder auf die Beine zu helfen, *à tout prix.*«[468] Philosophie ist »durch den mehr und mehr um sich greifenden Verfall der Kirche«[469] längst kein Luxus mehr;

sie ist ein genuines Bedürfnis geworden, dem freilich theologisierende, einem reaktionären Zeitgeist sich anbiedernde Brotgelehrsamkeit nicht genügen kann. Deren Vertreter, »schlechte Verkündiger der Wahrheit«, sind darauf bedacht, »dem *Theismus*, der durch die Kritik der Vernunft *aus der Philosophie unherstellbar ausgestoßen ist*, durch allerlei Hinterthürchen wieder hineinzuhelfen«, zu denen Schopenhauer (an den späten Schelling und seine Anhänger denkend) »die unmittelbar übersinnliche Erkenntniß liefernde Vernunft«[470] rechnet.

Schopenhauer sieht sich einem Zeitalter »freigeisterischer Theologen und frommgläubiger Philosophen«[471] ausgesetzt, deren Produkte einander wert sind. Einige behaupten die nahtlose Identität von Religion und Philosophie, andere wieder »reden geradezu von einer Christlichen Philosophie; – welches ungefähr so herauskommt, wie wenn man von einer Christlichen Arithmetik reden wollte, die fünf gerade seyn ließe«[472]. Schopenhauer verwirft solche den Glaubenslehren entlehnten Epitheta; Philosophie ist der – von Vernunft geleitete – Versuch, mit eigenen Mitteln und unabhängig von Autoritäten »das Problem des Daseyns«[473] zu lösen. Als Wissenschaft kümmert sich Philosophie allein um das objektiv Wißbare, nicht um dasjenige, »was *geglaubt* werden darf, oder soll, oder muß ... Ist man aber etwan überzeugt, daß die ganze und volle Wahrheit in der Landesreligion enthalten und ausgesprochen sei; nun, so halte man sich daran und begebe sich alles Philosophirens. Aber man wolle nicht scheinen was man nicht ist.«[474]

Das Wesen des Schopenhauerschen Atheismus besteht in der – metaphysischen – These, daß die philosophische Wahrheit mit dem Begriff eines (wie immer verstandenen) Göttlichen schlechterdings unvereinbar ist. »Wer die *Wahrheit* liebt«, heißt es lakonisch im *Handschriftlichen Nachlaß*, »haßt die *Götter*, im Singular wie im Plural.«[475] Und weiter, in einem sonst bei Schopenhauer kaum üblichen Tonfall: »Die Menschheit will vorwärts, der Wahrheit zu, die *Gängelbänder reißen*, und das Flicken derselben kann nicht lange nutzen.«[476] – Nun hat Schopenhauer sich mit solchen Bekenntnissen nicht begnügt, sondern unentwegt versucht, die Triftigkeit des Atheismus argumentativ zu belegen. So führt er – sich auf Kant berufend – aus, daß die Kategorie der Kausalität geeignet ist, »alle Dinge *in der Welt* zu verstehn«, nicht aber »das Daseyn der Welt selbst«[477]. Man rede jedoch, um nicht Ursache sagen zu müssen, weiterhin von einem Grund der Welt, weil man *Theismus* wolle. »Mit dem aber«, sagt Schopenhauer, »kann euch die Wahrheit nicht dienen: ihr müßt ihn bei der Lüge suchen.«[478]

Die philosophische Erklärung der Welt, wie sie Schopenhauer vorschwebt, bezieht sich nicht auf ihr Warum, Woher oder Wodurch, sondern lediglich auf ihr *Was*. Empirische Wissenschaft, die Fragen ihres faktischen Entstehens nachgeht, wird von Schopenhauer keineswegs für unzuständig erklärt. Gleichwohl, schreibt er in den *Parerga*, »behalten« die physischen, von ihr rekonstruierten Vorgänge, »selbst in ihrem empirischen Daseyn, bei aller mechanischen Richtigkeit und mathematischen Genauigkeit der Bestimmungen ihres Eintretens, ... immer einen dunklen Kern, wie ein schweres, im Hintergrunde lauerndes Geheimniß; nämlich an den in ihnen sich äußernden Naturkräften, an der diese tragenden Urmaterie und an der nothwendig anfangslosen, also unbegreiflichen Existenz dieser, – welchen dunkeln Kern auf empirischem Wege aufzuhellen unmöglich ist; daher hier die Metaphysik einzutreten hat, welche an unserm eigenen Wesen uns den Kern aller Dinge im *Willen* kennen lehrt«[479].

Anthropomorphismus in der Theologie äußert sich Schopenhauer zufolge nicht allein darin, daß Gott ein Bart, Gliedmaßen oder Sinnesorgane zugesprochen werden. Er ist ebenso in der abstrakteren Annahme eines – vorweltlichen – Intellekts und des von ihm geleiteten Willens enthalten; denn diese Phänomene können wir uns nur als Eigenschaften der animalischen Natur vorstellen. Mit der Aufhebung auch dieses Anthropomorphismus verschwindet Gott, »und man giebt den Namen ganz andern Dingen«[480]. Der traditionelle Begriff eines transzendenten, persönlichen Gottes hat nach Schopenhauer alle Verbindlichkeit eingebüßt. Unter zünftigen Philosophen ist er, zumal in Deutschland, »ein bloßes Schiboleth geworden, nachdem sie die eigentliche Bedeutung längst verlassen haben; aber nicht Atheisten heißen mögen«[481]. Schopenhauer ist stolz, ohne jenes »Schiboleth« auszukommen, das als »Tribut an die Landesreligion von jeder Philosophie erlegt werden muß, die kathederfähig seyn will«[482].

Seit Kants Kritik der rationalen Theologie, die Schopenhauer *negativ* auslegt (und nicht, wie Kant selbst, als Nachweis rein begrifflicher Unentscheidbarkeit der Frage, ob ein Gott sei oder nicht),

»gleicht« aller Theismus »einem verdächtigen Bettler: – halb ist's erbettelt und halb ertrotzt«[483]. Schopenhauer stellt fest, daß der Theismus sich zu einer von drei Annahmen bekennen muß, die sämtlich mit Schwierigkeiten behaftet sind, die seinen Begriff erheblichem Zweifel aussetzen:

»1° Gott hat die Welt aus nichts geschaffen: – dies streitet mit der ganz sichern Wahrheit, daß aus Nichts nichts wird. –

2° er hat sie aus sich selbst geschaffen: dann ist entweder er selbst auch darin geblieben, *Pantheismus*: oder, der Theil seiner selbst, der Welt wurde, trennte sich von ihm, *Emanation*.

3° er hat die vorgefundene Materie geformt, dann ist diese ihm gleich ewig und er ist bloßer δημιουργος.«[484]

Wie Sartre lehrt Schopenhauer, daß ein geschaffenes, von einem anderen hergestelltes Wesen nicht frei sein kann: »Denn indem jener Andre es machte, wußte er was er machte und beabsichtigte, machte überhaupt Etwas, gab ihm also Eigenschaften, und aus diesen fließen allemal nothwendig seine sämmtlichen Wirkungen, die von außen nur noch der Veranlassungen bedürfen hervorzutreten.«[485] Daher der innere Widerspruch des Theismus, wenn er, moralischer Verantwortlichkeit zuliebe, die Freiheit des von Gott geschaffenen Menschen postuliert. Für Schopenhauer dagegen gehören Freiheit und Ursprünglichkeit untrennbar zusammen: »ist der Wille frei; so ist er auch das Urwesen: und umgekehrt. Der Theismus als solcher hebt die Freiheit des Willens auf.«[486] Da das Individuum nicht ursprünglich ist, kann es nicht frei sein. Dagegen ist der in ihm erscheinende Wille als Ding an sich frei, »und durch seine Determination ist das Individuum was es ist, und handelt demgemäß, aus seinen ein für alle Mal angenommenen Eigenschaften, d. h. seinem Karakter«[487]. Indes kann auch der Wille nicht bald so, bald anders handeln – wie wenn derselbe Baum imstande wäre, in einem Jahr Kirschen, im anderen Birnen zu tragen: »die Kraft die in ihm ist, könnte freilich eines wie das andre: aber sie hat sich determiniert zu einem Kirschbaum, und ist nun nicht mehr das Ursprüngliche, folglich nicht frei: so ist es auch mit dem Individuo«[488].

Große Aufmerksamkeit widmet Schopenhauer der Kritik des Pantheismus, mit dem – was früh erkannt wurde – sein eigenes System als All-Einheitslehre (keineswegs nur im Sinn formaler Analogie) verwandt ist.[489] Wie für die neueren Pantheisten Gott, ist für

Schopenhauer der Wille *alles in allem*, die unendliche, jedem Teil der Welt – ungeteilt – innewohnende Kraft. Der abwehrende, oft gereizte Ton, den er anschlägt, wenn Zeitgenossen ihn an diese Verwandtschaft erinnern, verrät, daß er sich der Problematik einer atheistisch konzipierten All-Einheit bewußt ist. Wenn Spinoza – so Schopenhauer – seine alleinige Substanz, die Welt, Gott nennt, so ist diese Redeweise deplaziert. Wer die Welt mit Gott identifiziert, erklärt sie nicht, sondern bereichert die Sprache »mit einem überflüssigen Synonym des Wortes Welt«[490]. Der Pantheismus, fügt Schopenhauer dem hinzu, ist »nur ein höflicher Atheismus«[491]. Es kommt hier auf präzise Begriffe an: »In seinem eigentlichen und richtigen Sinn gebraucht das Wort Gott die Synagoge, die Kirche und der Islam.«[492]

Im übrigen widerlegt jeder Pantheismus, ob natur- oder geschichtsphilosophischer Art, sich selbst angesichts der offenkundigen Negativität des Weltlaufs: »Das wäre ein sauberer *Gott*, der verkörpert nichts Besseres darstellte, als diese zappelnde, leidende, blutende, sterbende Welt, deren Wesen eines das andre fressen und nur dadurch bestehn. Eine herrliche *Theophanie*!«[493] Gleichwohl gibt Schopenhauer zu bedenken, daß es vielleicht nur deshalb zu dieser unverzeihlichen Verklärung des Üblen und Schlechten gekommen ist, weil man bestrebt war, den noch gröberen Irrtum eines persönlichen, die Welt aus Nichts hervorbringenden Gottes zu vermeiden. Das wiederum konnte einem den lebensgefährlichen Vorwurf des Atheismus eintragen. »Weil man also nicht direkt die Existenz eines weltschaffenden Gottes leugnen durfte, that man es indirekt, indem man sagte, er selbst sei die Welt: und obwohl man so ihn aufhob und bloß die Welt unter einem andern (freilich sehr unpassenden) Namen stehn ließ, so war dies doch hinreichend zur Beruhigung des an Worten klebenden *Vulgus*.«[494]

Sind die zahllosen Übel der Welt (wovon schwächliche Ausreden und Theodizeen zeugen) schon mit dem Theismus unvereinbar, so gilt das vollends vom Pantheismus. Spinozas Hauptwerk, sagt Schopenhauer, führt seinen Titel zu Unrecht: »Denn gerade die *Ethik* ist es, an der aller *Pantheismus* scheitert. Ist die Welt eine Theophanie, so ist alles, was der Mensch, ja auch das Thier thut, gleich göttlich: nichts kann zu tadeln und nichts vor dem andern zu loben seyn. Wenn man die Welt bloß von *außen*, von der physikalischen Seite betrachtet, die immer sich wiederherstellende Ordnung und dadurch Unvergänglichkeit des Ganzen allein ins Auge fassend; so geht es allenfalls gut an, sie für einen Gott zu halten. Aber da darf man nicht ins Innre sehn. Denn wenn man die Kenntniß der *innern, subjektiven* Seite dazu nimmt, die moralische Seite mit ihrem Uebergewicht von Quaal, Sünde, Bosheit, Verkehrtheit in Erwägung ziehend; da könnte man eher als zum *Pantheismus* zum *Pandiabolismus* sich geneigt finden.«[495] Wer das »innre Wesen« der Welt Gott nennt, erklärt damit ein (wie immer beschaffenes) Objektives zum Ding an sich. Das ist insofern falsch, als nur das Subjektive ein »unmittelbar Gekanntes« ist, das heißt »als Erklärungsgrund alles Mittelbaren« dienen kann: »ein solches ist der *Wille*«[496].

In der Literatur wird stets betont, daß Schopenhauers Philosophie den nachkantischen Systemen darin verbunden ist, daß auch sie einen spinozistischen Grundzug enthält.[497] Spinozas Substanz, die durch sich selbst ist und begriffen wird, ist das Ding an sich.[498] Damit ist Schopenhauers Ausgangspunkt genannt. Spinozas Verdienste sind für ihn »hauptsächlich negativer Art«; sie bestehen »in der Aufhebung zweier falscher Unterscheidungen ..., nämlich der zwischen Geist und Körper ... und der zwischen Gott und Welt«[499]. Mit diesem Schritt über Descartes hinaus ist Spinozas »*einzige* positive Lehre, daß Alles Eins sei, *ein* Wesen in allen Dingen«[500], bereits gegeben. Das Prinzip *deus sive natura* sagt sich zwar los von den jüdisch-christlich überlieferten Bestimmungen Gottes. Aber Spinoza bleibt dem Judentum durch einen Optimismus verhaftet, der sich über die Übel und Greuel der Welt hinwegsetzt.[501] Damit geht einher, daß er – fatalistisch – von deren Wirklichkeit auf ihre Notwendigkeit schließt. Dasein und Beschaffenheit der Welt werden indes nur dadurch zum quälenden Problem, daß die Welt keine »im pantheistischen Sinne ... *absolute Substanz* ist, kein »*schlechthin nothwendiges Wesen*«[502]. Schopenhauer wendet sich entschieden gegen Spinozas Lehre, Möglichkeit und Wirklichkeit alles (in und durch Gott) Bestehenden seien identisch, also auch sein Nicht-Sein und dessen Unmöglichkeit. Die eigentlich philosophische Verwunderung über die Welt beginnt mit der Einsicht, daß jene »keineswegs ein nothwendiges Wesen und Etwas das schlechterdings und in jedem Sinne seyn sollte, – ist; vielmehr sogar ein Zufälliges, d. h. Etwas das eben so wohl nicht seyn könnte, sich darstellt, ja wohl gar aufgefaßt werden kann, als etwas, das eigentlich nicht seyn sollte.«[503] – Alles innerweltliche Notwendige geht für Schopenhauer, der auch hierin den Existentialismus Sartres vorwegnimmt, aus dem Schoße einer ursprünglichen Kontingenz der Welt selbst hervor, die in jeder besonderen Tatsache wiederkehrt.

Richtig an Spinozas Philosophie ist Schopenhauer zufolge das ἓν καὶ πᾶν, unhaltbar ihr Pantheismus: »Denn der Begriff *Theos*, *Gott*, setzt nothwendig ein Korrelat voraus, die Welt ... Ein Gott ist wesentlich der Gegensatz der Welt, und so wenig Einer sein eigner Sohn, oder sein eigner Bruder ... seyn kann; so wenig kann ein Gott seine eigne Welt seyn.«[504] Nur in enttheologisierter Form, davon ist Schopenhauer überzeugt, ist das Wahrheitsmoment des neueren Pantheismus zu retten. »Meine Zeit«, schreibt er, »hatte bereits, nachdem *Bruno*, *Spinoza* und Schelling es gelehrt, ganz wohl begriffen, daß *Alles Eines sei*: aber *was* dieses Eine sei, und wie es dazu komme sich als das Viele darzustellen, habe ich zuerst gelehrt.«[505] Die eigentliche Blasphemie liegt für Schopenhauer nicht im Atheismus, sondern darin, das »*wahre, innre, unvergängliche Wesen alles* Dessen, was besteht und bestehn kann, in seiner Ursprünglichkeit« zu »verkennen, um es herabzuwürdigen zu einem Machwerk aus Nichts (eines von ihm ganz verschiedenen Wesens)«[506]. Schopenhauers emphatisches, die Sprache der klassischen Metaphysik aufnehmendes Bekenntnis kann nicht über den Abgrund hinwegtäuschen, der seine Konzeption des Weltwillens von aller bisherigen Ursprungsphilosophie trennt. Jenes »universelle Grundwesen aller Erscheinungen«, das Schopenhauer »nach der Manifestation, in welcher es sich am unverschleiertsten zu erkennen giebt«[507], – im natürlichen Selbstbewußtsein – Wille nennt, ist nämlich alles andere als ein positives, zu verehrendes Prinzip. Während die idealistische Metaphysik seit Platon und Aristoteles, ihren Vätern, dem Grundsatz folgte, Güte und Vollkommenheit eines Wesens wüchsen mit dessen Realität und Beständigkeit; das Ewige, Realste sei das An-sich-Seiende, wonach die Menschen sich zu richten hätten, lehrt Schopenhauer die moralische Verwerflichkeit des metaphysischen Wesens der wechselnden Dinge. Horkheimer erblickt denn auch »Schopenhauers umwälzende philosophische Leistung ... vor allem darin, daß er den ursprünglichen Dualismus, wie er bis zu Kant das Grundmotiv gebildet hat, dem reinen Empirismus gegenüber festgehalten und doch die Welt an sich ... nicht vergottet hat ... Die Doktrin vom blinden

Willen als dem Ewigen entzieht der Welt den trügerischen Goldgrund, den die alte Metaphysik ihr bot. Indem sie ganz im Gegensatz zum Positivismus das Negative ausspricht und im Gedanken bewahrt, wird das Motiv zur Solidarität der Menschen und der Wesen überhaupt erst freigelegt, die Verlassenheit. Keine Not wird je in einem Jenseits kompensiert. Der Drang, ihr im Diesseits abzuhelfen, entspringt der Unfähigkeit, sie mit vollem Wissen dieses Fluchs mit anzusehen und zu dulden, wenn die Möglichkeit besteht, ihr Einhalt zu tun ... Wider das unbarmherzige Ewige dem Zeitlichen beizustehen, heißt Moral im Schopenhauerschen Sinn.«[508] Das Gute ist ihr eher das Ephemere, Scheiternde, der Gedanke des Anderen als dasjenige, was sich immerfort reproduziert.

Schopenhauer erklärt die Welt aus dem Menschen, nicht umgekehrt. Er setzt methodisch an bei dem seines Wesens sich bewußt werdenden Individuum, mithin bei dessen Einsicht, letztlich selbst das Ding an sich und als solches identisch mit allen Dingen zu sein: Wille, der die All-Einheit des Seienden von innen her stiftet. Indem so der Wille aus einem Gegenstand introspektiver Erfahrung sich in ein metaphysisches Prinzip verwandelt, verliert er jede Möglichkeit, in irgendeinem weltlichen oder überweltlichen Objekt zur endgültigen Ruhe zu gelangen. Schopenhauers Abwertung des Individuierten ist nicht – wie bei Spinoza und Hegel – mit der Ansicht verbunden, absoluter Wert komme dem Weltganzen zu, sondern zeugt von der Wertlosigkeit des Weltprinzips selbst.[509] Der Wille, das »allgegenwärtige Substrat der ganzen Natur«, ist ursprünglich gekennzeichnet durch »Schöpferkraft« und »Allmacht«[510]. Aber Schopenhauer hütet sich, ihn Gott zu nennen. Das führt uns zurück zur Frage seines Verhältnisses zum Spinozismus (als dessen Zerrbild die nachkantische Philosophie sich ihm darstellt). Wir finden dazu am Schluß des zweiten Bandes seines Hauptwerks den definitiven Bescheid, seine Lehre verhalte sich zum Spinozismus wie das Neue Testament zum Alten: »Was nämlich das Alte Testament mit dem neuen gemein hat ist derselbe Gott-Schöpfer. Dem analog, ist bei mir, wie bei Spinoza, die Welt aus ihrer innern Kraft und durch sich selbst da. Allein beim *Spinoza* ist seine *substantia aeterna*, das innere Wesen der Welt, welches er selbst *Deus* betitelt, auch seinem moralischen Charakter und seinem Werthe nach, der Jehova, der Gott-Schöpfer, der seiner Schöpfung Beifall klatscht und findet, daß Alles vortrefflich gerathen sei, παντα καλα λιαν. *Spinoza* hat ihm weiter nichts, als die Persönlichkeit entzogen. Auch bei ihm also ist die Welt und Alles in ihr ganz vortrefflich und wie es seyn soll: daher hat der Mensch weiter nichts zu thun, als *vivere, agere, suum Esse conservare, ex fundamento proprium utile quaerendi* (Eth. IV, pr. 67): er soll eben sich seines Lebens freuen, so lange es währt; ganz nach Koheleth, 9,7–10. Kurz, es ist Optimismus: daher ist die ethische Seite schwach, wie im Alten Testament, ja, sie ist sogar falsch und zum Theil empörend. – Bei mir hingegen ist der Wille, oder das innere Wesen der Welt, keineswegs der Jehova, vielmehr ist es gleichsam der gekreuzigte Heiland, oder aber der gekreuzigte Schächer, je nachdem es sich entscheidet: demzufolge stimmt meine Ethik auch zur Christlichen durchweg und bis zu den höchsten Tendenzen dieser, wie nicht minder zu der des Brahmanismus und Buddhaismus. *Spinoza* hingegen konnte den Juden nicht los werden...«[511] – Gleichwohl bleibt Spinoza für Schopenhauer ein bedeutender Denker. Hoch rechnet er ihm an, die kartesianische Aufspaltung der Natur in *res cogitans* und *res extensa* unter streng monistischem Aspekt kritisiert zu haben. Daß Schopenhauer, einem Geistesverwandten der romantischen Naturphilosophie, die kalte, auf durchgängige Mechanik festgelegte Begrifflichkeit Spinozas so wenig behagt hat wie zuvor Goethe, liegt auf der Hand. Tritt Spinozas Substanz als absolutes Objekt auf, so ist Schopenhauers Wille in der Natur ein – bei aller Blindheit – stufenweise sich ausgestaltendes, eher »subjekthaftes« Agens.

Volkelt sieht Schopenhauers Bedeutung darin, daß er bestrebt ist, eine »Synthese von Kantischem Subjektivismus und Spinozisch-Schellingischer All-Einheits-Lehre«[512] herbeizuführen. Indem Schopenhauer, bemüht, den – realistischen – Gedanken der All-Einheit erkenntniskritisch abzusichern, auf Kant (und Berkeley) rekurriert, steigert er einerseits den irreal-traumartigen Charakter der raum-zeitlichen Welt des Vielen, andererseits die Selbstgenügsamkeit und Macht des All-Einen. Hatte in früheren pantheistischen Lehren die endliche Welt (unbeschadet ihrer Abwertung) immerhin den Status einer objektiven Erscheinung, so ist bei Schopenhauer das All-Eine »von einer blossen Vorstellungshülle umspielt«[513]. Letztere verflüchtigt sich – zumal im ersten Band des Hauptwerks – derart zum nichtigen Gaukelspiel, worin die Grenzen zwischen Realität und Imagination verschwimmen, daß Schopenhauer selbst sich bemüßigt fühlt, dem naheliegenden Vorwurf des »theoretischen Egoismus« (oder Solipsismus) entgegenzutreten.[514] Dieser sei nur im Narrenhaus zu kurieren und werde philosophisch nicht ernsthaft verfochten, es sei denn als »skeptisches Sophisma«[515]. Die Körperwelt, versichert Schopenhauer, muß mehr sein als der Inbegriff bloßer Vorstellungen des Subjekts, sonst zöge sie wie ein »wesenloser Traum« oder ein »gespensterhaftes Luftgebilde«[516] an uns vorüber. Nun hat Schopenhauers – vorkantischen Prämissen verpflichtete – Metaphysik die Funktion, jene Welt als Vorstellung mit einer realen Basis zu versehen. Der Wille – Kants Ding an sich – ist denn auch schlechterdings *transsubjektiv*. Soweit Schopenhauer, etwa hinsichtlich seiner inhaltlichen Bestimmbarkeit, die Kantische Betrachtung durch eine materialistische Problematik ergänzt, teilt er – wie Naegelsbach nachweist – »die Befangenheit des vorkantischen materialistischen Sensualismus«[517]. Deswegen auch spricht Schopenhauer seiner Metaphysik »objektive Wahrheit«[518] zu, und zwar durchaus im *abbildhaften* Sinn. Dem aber steht entgegen, daß seine Vorstellungslehre (»kein Objekt ohne Subjekt«) den Begriff von Dingen »außerhalb und unabhängig von uns« kritisch zersetzt und damit alles Erkennen einsperrt in die Sphäre empirischer Vorstellungen, die dem Ding an sich äußerlich bleiben. Dieses wiederum wird von Schopenhauer erschlossen dadurch, daß er (nicht anders als der von ihm gescholtene Fichte) hinabsteigt in den Schacht des Ichs. Dort ist es anzutreffen, nicht wie Kant lehrt, außer uns. Ein jeder kann – intuitiv – vordringen zum all-einen Willen, der die erscheinende Welt durchherrscht.

Volkelt rühmt das historische Verdienst Schopenhauers, den Pantheismus – gemeint ist die Willenslehre – mit Kants Phänomenalismus verknüpft zu haben. Seine Konzeption der All-Einheit berücksichtige den Stand des im Kantischen Sinn geschärften erkenntnistheoretischen Bewußtseins. Zu dieser »Synthese von Kant und Spinoza-Schelling« geselle sich eine »indisch gefärbte Traum-Romantik«[519]. Was Volkelt, immerhin einer der gründlichsten Interpreten Schopenhauers, entgeht, ist der wesentlich *metaphysische* Charakter schon der Vorstellungslehre.[520] Naegelsbach beurteilt die sich daraus ergebende Problematik wie folgt: »Schopenhauer versucht in einer Synthese beides, Kants Schüler und indischer Weiser zu sein, ohne sich über den Ursprung des Kantschen Idealismus in einer streng erkenntnistheoretischen Fragestellung und über den Ursprung des Illusionismus in einer metaphysisch-religiösen Grundüberzeugung klar zu sein. Vom konsequenten Idealismus Kants aus betrachtet ist die Verbindung des Ding-an-sich-Begriffs mit dem All-Einheitsgedanken unmöglich, also der Illusionismus erkenntnistheoretisch nicht haltbar; vom Standpunkt des Illusionismus aus wird die Idealität Kants zur ›sekundären Realität‹. Beide Standpunkte, aus gänzlich verschiedenen Bewußtseins-Verhältnissen stammend, laufen bei Schopenhauer nebeneinander her; sie durchkreuzen sich widerspruchsvoll, indem sie sich wechselseitig aufeinander beziehen. Bald hat seine Welt der Vorstellung empirische Realität im Sinne Kants, bald ist sie Traum und Illusion; der Wille ist bald Ding an sich, also ein völliges Negativum, ausgestattet mit den Merkmalen naturalistischer Resignation; bald gewinnt er Realität im Sinne des brahmanischen Weltgefühls; bald ist Schopenhauer naturalistischer Pessimist, dann wiederum getragen von der erlösenden Kraft des Geistes, der ihm von Indien herüberweht.«[521]

Naegelsbach erinnert hier daran, daß Schopenhauers Vorstellungslehre kein einheitliches Gebilde ist, sondern sich aus heterogenen Elementen zusammensetzt, die trübe ineinander übergehen. Kants transzendentaler, Berkeleys subjektiver, Novalis' magischer Idealismus, religiöse Motive Indiens – sie vereinigen sich in jenem Satz, der den ersten Band des Hauptwerks eröffnet: »Die Welt ist meine Vorstellung.«[522] – Schopenhauers Reflexionen sind zunächst erkenntnistheoretischer Art. Er wendet sich ebenso gegen den realistischen Dogmatismus der Materialisten, der Vorstellung und Objekt auseinanderreißt und dieses als Ursache von jener ansieht, wie gegen Fichte, der das Objekt zur bloßen Wirkung des Subjekts, seiner Ursache, herabsetzt. Demgegenüber vertritt Schopenhauer den Gedanken der notwendigen Korrelation von Subjekt und Objekt. Jedes Objekt hat als Vorstellung Realität, insofern es dem Satz vom Grunde unterliegt. Daher ist »die angeschaute Welt in Raum und Zeit, welche sich als lauter Kausalität kund giebt, vollkommen real, und ist durchaus das, wofür sie sich giebt, und sie giebt sich ganz … als Vorstellung, zusammenhängend nach dem Gesetz der Kausalität. Dieses ist ihre empirische Realität.«[523] Andererseits ist kein Objekt ohne – bedingendes – Subjekt denkbar: »Die ganze Welt der Objekte ist und bleibt Vorstellung, und eben deswegen durchaus und in alle Ewigkeit durch das Subjekt bedingt: d. h. sie hat transzendentale Idealität. Sie ist aber dieserwegen nicht Lüge noch Schein: sie giebt sich als das, was sie ist, als Vorstellung, und zwar als eine Reihe von Vorstellungen, deren gemeinschaftliches Band der Satz vom Grunde ist.«[524]

Sofern unser erkennendes Bewußtsein – darauf will Schopenhauer hinaus – sich streng innerhalb der Subjekt-Objekt-Relation, mithin des Geltungsbereichs von Kausalität bewegt, steht ihm eine Vielheit empirisch-realer Erscheinungen gegenüber. Es gibt jedoch für Schopenhauer noch ein höheres Bewußtsein, das sich auf ein Metaphysisches: die All-Einheit richtet; vor diesem Bewußtsein wird die empirische Welt zum Traum, die Vielheit ihrer Dinge zur Illusion.[525] Schon in Schopenhauers 1813/14 entstandenen Aufzeichnungen taucht mehrfach der Begriff eines »besseren Bewußtseins« auf, das dem »empirischen« gegenübergestellt wird.[526] Schopenhauer entwickelt hier Ansätze einer an Platon orientierten Ethik. Tugend oder Laster entstehen je nachdem, ob die der Welt der Individuen übergeordnete Welt der Ideen bejaht oder verneint wird. Die Duplizität des Bewußtseins liegt darin, daß sich der Mensch »jeden Augenblick als sinnliches, zeitliches, oder auch als ewiges Wesen betrachten kann«[527]. Ist der Epikureismus »reine Affirmation der zeitlichen Existenz«, so ist das Laster »eine förmliche Negation des Ewigen, eine gänzliche Verleugnung und Vernichtung desselben in uns«[528]. Die Tugend dagegen »ist Affirmation des außerzeitlichen Seyns«, die in der »Asketik … förmliche Verleugnung, Zurückweisung alles Zeitlichen als solchen«[529] wird. Der Heilige schaut wie der Künstler die Idee der Welt an, ohne sie zu begehren.

Schopenhauer wendet sich hier vornehmlich gegen Kant. Er hält es geradezu für Blasphemie anzunehmen, moralisches Handeln sei aus der Vernunft ableitbar: »Im Moralischen spricht sich das *bessre Bewußtseyn* aus, das *hoch über alle[r] Vernunft* liegt, sich im Handeln als Heiligkeit äußert, und die wahre Welterlösung ist: dasselbe äußert sich, zum Trost für die Zeitlichkeit, in der Kunst als Genie.«[530] Alle praktische Vernunft, wie Kant sie versteht, ist unzulänglich, weshalb auch seine »Postulate eines belohnenden Gottes und einer belohntwerdenden unsterblichen Seele« letztlich »Philistereien«[531] sind. Von hier aus fällt auch Licht auf das ursprüngliche Motiv des Schopenhauerschen Atheismus. Dieser geht davon aus, daß Gott, seitdem ihn die Aufklärung seiner scholastischen Qualitäten entkleidet hat, nur noch unter den Kategorien Personalität und Kausalität *gedacht* werden kann. Diese jedoch, wendet Schopenhauer ein, gehören der sinnlichen Welt an. Dagegen erhebt mich »das bessre Bewußtseyn ... in eine Welt wo es weder Persönlichkeit und Kausalität noch Subjekt und Objekt mehr giebt. Meine Hoffnung und mein Glaube ist daß dieses bessre (übersinnliche überzeitliche) Bewußtseyn mein einziges werden wird: darum hoffe ich es ist kein Gott. – Will man aber den Ausdruck *Gott* symbolisch gebrauchen für jenes bessre Bewußtseyn selbst, oder für manches das man nicht zu sondern und zu benennen weiß; so mags seyn: doch dächte ich, nicht unter Philosophen.«[532]

In dem Maße, wie Schopenhauer erkenntnistheoretische (gegen den naiven Realismus gerichtete) Erwägungen mit solchen über den moralischen Unwert der erscheinenden Welt vermengt, verliert diese ihre festen Konturen und nähert sich einem Truggebilde, subjektivem Schein, einer Illusion. Hierin bereits, nicht erst in der Willenslehre, ist Schopenhauers romantischer Pessimismus enthalten.[533] Wer die Welt zum Traum erklärt, entwertet sie, spricht ihr den Status einer in moralischen Fragen zuständigen Instanz ab.[534] Daß ihre Erscheinungen vor dem Gedanken des all-einen Seins, den Schopenhauer hier vom Brahmanismus her konzipiert, zur »sekundären« Realität herabsinken, ist freilich unvereinbar mit Kant, auf den er sich ausdrücklich beruft. Die kritische Philosophie kennt »keinen Illusionismus, der aus dem Bewußtsein des All-Einen stammt«[535]. Die in Kants Begriff der Idealität der Erscheinungswelt enthaltenen Bestimmungen haben nichts gemein mit denen des Illusionismus, die Schopenhauer – *sub specie* jenes »höheren Bewußtseins« – an seine (durch die Brille der indischen Maja-Lehre gesehene) Welt als Vorstellung heranträgt.[536] Die offenkundigen Mängel der Kant-Interpretation Schopenhauers beruhen darauf, daß er versucht, die Transzendentalphilosophie einer ihr fremden Absicht dienstbar zu machen. Ist Kant bestrebt, das Faktum exakter Wissenschaft transzendental zu rechtfertigen, so handelt es sich bei Schopenhauer darum, auf induktiver Basis eine ethische Metaphysik (oder metaphysische Ethik) zu begründen. Kants Phänomenalismus ist vereinbar mit der Annahme eines Dings an sich als der unbekannt bleibenden Ursache der Erscheinungen. Schopenhauers

Lehre dagegen, die das (mit dem all-einen Willen identifizierte) Ding an sich in paradoxer Gleichzeitigkeit kritizistisch *und* spekulativ interpretiert: als ein Ur-Sein, das dem *principio individuationis* ebenso entrückt ist, wie es sich – vermittels seiner – in der erscheinenden Welt darstellt, entfernt sich vom Boden der Kantischen Philosophie.

Die nach Volkelt in Schopenhauers All-Einheitslehre erreichte »Synthese von Kant und Spinoza-Schelling«[537] ist offenbar brüchiger, als es zunächst den Anschein hat. Das ergibt sich nicht nur, wie dargetan, aus dem zum Illusionismus gesteigerten erkenntniskritischen Ansatz Schopenhauers, sondern auch aus dem naturalistischen (selbst materialistischen) Aspekt seiner Metaphysik, der geeignet ist, jenen Ansatz von innen her zu sprengen.[538] Erinnert sei daran, daß die Willenswelt, die vom Mechanismus über Chemismus und organisches Leben zum menschlichen Bewußtsein aufsteigt, völlig unabhängig vom Subjekt des Vorstellens Stufen durchläuft, die Schopenhauer als »Objektitäten« oder »Objektivationen« des Willens bezeichnet. Natur gewinnt so eine mit der Vorstellungslehre schwer vereinbare Eigenständigkeit. Zu erinnern ist ferner daran, daß die empirischen Wissenschaften für Schopenhauer eine Autorität ersten Ranges sind, schmeichelt er sich doch, die einzige Metaphysik entworfen zu haben, »welche wirklich einen gemeinschaftlichen Gränzpunkt« mit ihnen hat, »einen Punkt, bis zu welchem« sie »aus eigenen Mitteln ihr entgegenkommen, so daß sie wirklich sich an sie schließen und mit ihr übereinstimmen«[539]. »Daher«, unterstreicht Schopenhauer, »schwebt mein System nicht, wie alle bisherigen, in der Luft, hoch über aller Realität und Erfahrung; sondern geht herab bis zu diesem festen Boden der Wirklichkeit, wo die physischen Wissenschaften den Lernenden wiederaufnehmen.«[540] Deshalb zögert Schopenhauer nicht, sich auf sie zu berufen, wenn er metaphysische Dogmen bekämpft, die ein »Zeitalter kritischer, skeptischer Theologen und rechtgläubiger, gottseliger Philosophen«[541] aus Gründen politischer Opportunität neuzubeleben versucht.[542]

Zu diesen Dogmen gehört das der rationalen Psychologie »von der Seele als einfacher Substanz«[543]. Für Schopenhauer handelt es sich hier um ein wissenschaftlich unhaltbares Refugium baren Glaubens: »Im metaphysischen Sinn bedeutet *Geist* ein immaterielles, denkendes Wesen. Von so etwas zu reden, den Fortschritten der heutigen Philosophie gegenüber, die ein *denkendes Wesen ohne Gehirn* gerade so ansehn muß wie ein verdauendes Wesen ohne Magen, ist sehr dreist.«[544] Die »Hypostase« einer einfachen, im Gehirn bloß wohnenden, spirituellen Seele »läßt zwischen unserm philosophischem und unserm physiologischem Wissen eine unüberwindbare Kluft, bei der wir nimmermehr Befriedigung finden können«[545]. Wer streng empirisch vorgeht, kennt keine »immaterielle Substanz« oder »Seele«, sondern die »Breimasse« unseres Gehirns ist, »wie jeder vegetabilische oder animalische Theil, ein organisches Gebilde, gleich allen ihren geringeren Anverwandten, in der schlechtern Behausung der Köpfe unserer unvernünftigen Brüder, bis zum geringsten, kaum noch apprehendirenden, herab«[546]. Die »durchgängige und gänzliche Abhängigkeit des erkennenden Bewußtseyns vom Gehirn«[547] ist für Schopenhauer eine derart ausgemachte Tatsache, daß er die heikle Frage, *wie* aus jener »Breimasse« Empfinden und Denken hervorgehen, auf sich beruhen läßt. Gelöst wird sie auch nicht durch Schopenhauers Auskunft, an sich und außerhalb der Vorstellung sei das Gehirn, wie die Natur insgesamt, Wille (ganz abgesehen davon, daß ebendieser den naturalistischen Aspekt seiner Philosophie bildet). Wie die Franzosen des achtzehnten Jahrhunderts, denen *la matière qui pense* nur zu geläufig war, bezeichnet Schopenhauer das Gehirn als »Werkzeug und Ort« des Intellekts, der »von dessen Beschaffenheit in Größe, Gestalt und Textur ... abhängig ist: insofern ist er, als Funktion eines materiellen Organs, materiell, ... gehört der Erscheinung an und theilt ihr Schicksal«[548]. Anders der Wille, der weder »Sitz« noch »Organ« hat, aus deren Qualität er sich beurteilen ließe; »er ist überall das eigentlich Bewegende und Bildende: er ist das Substrat der ganzen physischen Erscheinung, selbst aber metaphysisch, Ding an sich, immateriell«[549]. Da Schopenhauer jede Geist- oder Seelen-Hypostase verwirft, kann hier mit dem »immateriellen« Charakter des Willens nur gemeint sein, daß er (vergleichbar mit Freuds »Trieb«) weder der Sphäre bewußter Erkenntnis noch der dinglichen (oder körperlichen) Seins angehört, in welcher er sich jedoch manifestiert.

Einigermaßen in die Nähe der Materialisten seiner Zeit, deren »Barbiergesellen- und Apotheker-Lehrlings-Philosophie«[550] er gern mit beißendem Spott bedenkt, gerät Schopenhauer in einer Aufzeichnung des Jahres 1836, die kurioserweise Anlaß, Gegenstand und Hauptakteur des »Materialismusstreits« vorwegnimmt, der sich 1854 in Göttingen auf der 31. Versammlung deutscher Naturforscher und Ärzte dramatisch zuspitzen sollte.[551] – »Die *Pfaffen* und ihre Gesellen«, heißt es bei Schopenhauer, »deren es heut zu Tage auch unter den Zoologen giebt, z. B. *Rudolph Wagner* in Erlangen, wollen nicht leiden, daß im System der Zoologie *der Mensch zu den Thieren* gerechnet werde: die Elenden! welche den ewigen Geist verkennen, der in allen Wesen lebt, Einer und Derselbe, und in ihrem kindischen Wahn sich an ihm versündigen.«[552] Auch hier bedient Schopenhauer sich einer Chiffre, wenn er den all-einen Willen als »ewigen Geist« bezeichnet. Die Formulierung klingt wie ein Nachhall seiner philosophischen Anfänge. Sie erinnert daran, daß er den Willen zunächst als naturentrückte, transzendente Wirklichkeit ansah, ehe er ihn, wovon die angeführte Textstelle ebenfalls zeugt, ins Innere der (freilich übermechanisch gedeuteten) Natur versetzte.

Zum buddhistischen Motiv der Achtung vor dem Tier (das sich vom Menschen nur durch beschränktere Erkenntnis unterscheidet) tritt hier der für den Atheisten Schopenhauer fundamentale Gedanke einer *einheitlichen* Welt-Konzeption. Dieser verbindet ihn – trotz wohlerwogener Vorbehalte – sachlich mit dem naturwissenschaftlich orientierten Materialismus seines Jahrhunderts, dessen Wortführer sich zunächst auf den erstmals von Robert Mayer ausgesprochenen Erhaltungssatz der Energie und die Harnstoff-Synthese August Wöhlers beriefen, später – mit mehr Erfolg – auf den Darwinismus.[553] »Die wirkliche Einheit der Welt«, wird Engels im *Anti-Dühring* schreiben, »besteht in ihrer Materialität, und diese ist bewiesen ... durch eine lange und langwierige Entwicklung der Philosophie und der Naturwissenschaft.«[554]

Hieran knüpft sich die Frage nach der metaphysischen Wahrheit einer Lehre vom All-Einen abzüglich Gottes. Die heitere Gelassenheit, mit der Schopenhauer versichert, er habe »es mit der Wahrheit gehalten und nicht mit dem lieben Gott«[555], ist trügerisch. Wohl betrachtet er als großen Vorzug seiner Lehre deren »völlige Immanenz (im Gegensatz der Transcendenz) und die gänzliche Abwesenheit alles Mythischen, aller Hypostasen und aller historischen Auffassung der Welt«[556]. Die Zeit naht, »wo man die Annahme eines *Gott-Schöpfers* in der Metaphysik ebenso ansehn wird, wie jetzt die der Epicyklen in der Astronomie«[557]. Trotzdem bleibt die Frage unabweisbar, ob Wahrheit im emphatischen, menschlichen Trug und Irrtum überdauernden Sinn sich umstandslos vom Theismus trennen läßt – was Schopenhauer stillschweigend voraussetzt. Kann die ewige Wahrheit, auf deren Erkenntnis Philosophie seit je abzielte, den Tod Gottes unbeschädigt überleben? Oder reduziert, wie Horkheimer die positivistische Mentalität kennzeichnet, Wahrheit sich mit dem Sturz der Theologie auf bloßes »Funktionieren von Berechnungen«, womit einhergeht, daß der Gedanke zum Werkzeug wird und Bewußtsein in dem Maße entbehrlich, »wie die zweckmäßigen Verhaltensweisen, die durch es vermittelt waren, im Kollektiv sich einschleifen«[558]. Alle Rede von unbedingtem Sinn ist gebunden an Gott. Jeder Anspruch einer »kulturellen Sphäre«, sagt Horkheimer, »objektiv ein Höheres zu sein als irgendeine praktische Verrichtung«, steht und fällt »mit dem theistischen Glauben«[559]. Das gilt auch von moralisch guten Handlungen, die ihre Dignität ohne »Berufung auf ein Göttliches«[560] einbüßen.

Schopenhauer wird – auch hierin Lehrer Nietzsches – der Aporie inne, in welche eine Philosophie gerät, die sich von jeder Transzendenz lossagt und gleichzeitig den Weltgrund als böse und unvernünftig entlarvt. Was in der Gnosis und jüdisch-christlichen Mystik als geheimes Motiv auftaucht, wird bei Schopenhauer zur metaphysischen Generalthese. Deren Aporie betrifft die Möglichkeit der philosophischen Wahrheit selbst. Schopenhauer bewegt sich auf brüchigem Boden. Er ist, wie Horkheimer den Sachverhalt umreißt, »vor der Erfahrung nicht sicher, daß sein Unternehmen widersinnig ist«[561]. Die durch die westeuropäische Aufklärung hindurchgegangene, von Rücksicht auf äußerlich gesetzte Zwecke befreite »Anstrengung zur Wahrheit« treibt in Schopenhauers Werk notwendig dahin, daß deren Begriff in sich problematisch wird. »Aus dem bösen Absoluten«, betont Horkheimer, »folgt unausweichlich die bedrohliche Antinomie, daß die Affirmation des ewigen, des wahren Seins vor der Wahrheit nicht bestehen kann ... Schopenhauer hat den Begriff der Wahrheit festgehalten, wenngleich sie zum Negativen ihrer selbst führt, sie hat ihm den Entschluß bedeutet, bei keinem Wahn sich zu beruhigen. Ihr Name war ihm eins mit Philosophie.«[562] Von der dieser zutiefst anhaftenden »Unstimmigkeit«, fährt Horkheimer fort, »scheint Schopenhauers eigentliche Unruhe, der irritierende Ton des freien, im produktiven Umgang mit der großen europäischen Literatur entfalteten Stils herzurühren, mehr noch als von seinem vielzitierten Naturell, das vielmehr selbst von seiner philosophischen Erfahrung nicht zu trennen ist.«[563] Ist das Wesen der Welt irrational, so bleibt das dem Wahrheitsanspruch ebendieser These nicht äußerlich.

Während der Positivismus die weltgeschichtliche Krise der Idee autonomer Wahrheit mit dem Kurzschluß beantwortet, man brauche sich nicht mit etwas zu beschäftigen, von dem ohnehin feststehe, daß es nicht existiere, was zähle, sei instrumentelles Wissen, stellt Schopenhauer sein Lebenswerk in den Dienst leidenschaftlicher Wahrheitsliebe, ohne sich je über den Stand des Bewußtseins zu täuschen. Seine gerade auch hierin moderne Philosophie spricht redlich aus, daß es keine Wahrheit von vornherein garantierende Macht gibt, ja daß sie ohnmächtig ist. Erweist sich der überweltliche Halt, dem die Menschen einmal vertrauten, als Illusion, so wird es schwer zu begründen, weshalb Einheit der Vielheit und die gute Tat einer schurkischen vorzuziehen sei. Nach Schopenhauer – so die Horkheimersche Interpretation – »ist der Positivismus gegen die Metaphysik im Recht, weil es kein Unbedingtes gibt, ... aus dem ... die Wahrheit ... abzuleiten wäre. Die theologische Metaphysik aber ist gegen den Positivismus im Recht, weil jeder Satz der Sprache nicht anders kann, als den unmöglichen Anspruch nicht bloß auf eine erwartete Wirkung, auf Erfolg zu erheben, wie der Positivismus meint, sondern auf Wahrheit im eigentlichen Sinn, gleichviel ob der Sprechende darauf reflektiert. Ohne Gedanken an die Wahrheit und damit an das, was sie verbürgt, ist kein Wissen um ihr Gegenteil, die Verlassenheit der Menschen, um derentwillen die wahre Philosophie kritisch und pessimistisch ist, ja nicht einmal die Trauer, ohne die es kein Glück gibt.«[563]

Schopenhauer, der – eingedenk der kritischen Leistung Kants – davon ausgeht, daß Metaphysik, sofern überhaupt, nur noch unter Verzicht auf apodiktische Gewißheit möglich ist, betrachtet nicht diese oder jene, sondern das »Ganze der Erfahrung« als philosophisch zu entziffernde »Geheimschrift«[564]. Metaphysik überlebt den Untergang ihrer rationalistischen Formen als Welt-Hermeneutik: »Wenn dieses Ganze nur tief genug gefaßt und an die äußere die innere Erfahrung geknüpft wird; so muß es aus sich selbst *gedeutet*, *ausgelegt* werden können.«[565] Die Richtigkeit solchen Interpretierens bewährt sich allein »durch den überall hervortretenden Zusammenhang«[566] der Erscheinungen mit dem einen und nämlichen Wesen der Welt. In dem Maße, wie Metaphysik im Schopenhauerschen Sinn des Stoffs der Erfahrung bedarf, ist sie angewiesen auf »möglichst vollständige Naturerkenntniß« – schon, um sich ihr spezifisches Problem zu vergegenwärtigen.[567] Keiner, hebt Schopenhauer hervor, sollte sich mit Metaphysik abgeben, »ohne zuvor eine, wenn auch nur allgemeine, doch gründliche, klare und zusammenhängende Kenntniß aller Zweige der Naturwissenschaft sich erworben zu haben«[568]. Der spekulative Gedanke ist im neunzehnten Jahrhundert bereits so geschwächt, daß er ohne Zugeständnisse an den Szientismus nicht wagen darf, öffentlich aufzutreten. In dem Maße jedoch, wie Schopenhauers Metaphysik – diesem Begriff gemäß – über bloße Empirie hinausführt, also »Geistesphilosophie« ist, »muß der Blick des Forschers sich nach innen wenden: denn die intellektuellen und ethischen Phänomene sind wichtiger, als die physischen ... Die letzten Grundgeheimnisse trägt der Mensch in seinem Innern, und dieses ist ihm am unmittelbarsten zugänglich; daher er nur hier den Schlüssel zum Räthsel der Welt zu finden und das Wesen aller Dinge an Einem Faden zu erfassen hoffen darf.«[569]

Hieraus ergibt sich für Schopenhauer, was Philosophie ist und worin ihre Aufgabe besteht. Sie hat sich vor allem theologisierender Apologetik zu enthalten. Ihr gilt Schopenhauers rücksichtslose Kritik: »Die Spaaßphilosophen kennen nicht ein Mal das *Problem* der Philosophie. Sie vermeinen, es sei *Gott*. Von dem gehn sie, als einem Gegebenem, aus, mit dem haben sie es durchweg zu thun, ob er in der Welt, oder draußen sei, ob er sein eignes Selbstbewußtsein habe, oder sich des Menschen bedienen müsse, und solche Possen ohne Ende. Die *Welt, die Welt*, ihr Esel! ist das Problem der Philosophie, die Welt und sonst nichts! «[570] Was in uns nur Ahnung und unbestimmtes Gefühl ist, hat die Philosophie in deutliches und bleibendes Wissen zu überführen. Sie muß mithin, erklärt Schopenhauer, »eine Aussage *in abstracto* vom Wesen der gesamten Welt seyn, vom Ganzen wie von den Theilen«[571]. Diese Aussage wiederum stellt sich dar in einer Summe hochgradig allgemeiner Urteile, deren gemeinsamer Erkenntnisgrund unmittelbar das Weltganze ist. Während der an Raum, Zeit und Kausalität gebundene Intellekt sich aus sinnlich Gegebenem eine Erscheinungswelt fabriziert, liefert Philosophie, wie Schopenhauer – Bacons Begriffe *simulacrum* und *reflectio* neu aufnehmend – sagt, »eine vollständige Wiederholung, gleichsam Abspiegelung der Welt in abstrakten Begriffen«[572].

Dies freilich nur der Idee nach. Der Skeptiker und Schüler Kants weiß, daß jenes abstrakte Abbild der »Harmonie und Einheit der anschaulichen Welt«[573] ein belasteter Begriff ist. So ist die Erkenntnis des Willens im Selbstbewußtsein, »die innere Wahrnehmung, welche wir von unserm eigenen Wesen haben, noch keineswegs eine erschöpfende und adäquate Erkenntniß des Dinges an sich ... Dies würde der Fall seyn, wenn sie ganz unmittelbar wäre: weil sie nun aber dadurch vermittelt ist, daß der Wille, mit und mittelst der Korporisation, sich auch einen Intellekt (zum Behuf seiner Beziehungen zur Außenwelt) schafft und durch diesen nunmehr im Selbstbewußtseyn (dem nothwendigen Widerspiel der Außenwelt) sich als Willen erkennt; so ist diese Erkenntniß des Dinges an sich nicht vollkommen adäquat.«[574] Selbst unsere Willens-Erkenntniß ist noch an Formen des Vorstellens gebunden. Des Raumes und der Kausalität (als Form aller äußeren Wahrnehmung) ist sie ledig; es »bleibt ... die Form der Zeit, wie auch die des Erkanntwerdens und Erkennens überhaupt. Demnach hat in dieser innern Erkenntniß das Ding an sich seine Schleier zwar großen Theils abgeworfen, tritt aber doch noch nicht ganz nackt auf.«[575]

Ist nun der in unserem Erkenntnisbild der Welt auftauchende, intuitiv erfaßte Wille lediglich ein inadäquater, unvollständiger Ausdruck des Dinges an sich, so ergibt sich, auch für Schopenhauer selbst, die heikle Frage, ob der Wille wirklich das Ding an sich sei. Schopenhauers Bescheid ist merkwürdig genug: »Demzufolge läßt, auch nach diesem letzten und äußersten Schritt, sich noch die Frage aufwerfen, was denn jener Wille, der sich in der Welt und als die Welt darstellt, zuletzt schlechthin an sich selbst sei? d. h. was er sei, ganz abgesehn davon, daß er sich als *Wille* darstellt, oder überhaupt *erscheint*, d. h. überhaupt *erkannt* wird.«[576] – »Diese Frage ist nie zu beantworten: weil ... das Erkanntwerden selbst schon dem Ansichseyn widerspricht und jedes Erkannte schon als solches nur Erscheinung ist. Aber die Möglichkeit dieser Frage zeigt an, daß das Ding an sich, welches wir am unmittelbarsten im Willen erkennen, ganz außerhalb aller möglichen Erscheinung, Bestimmungen, Eigenschaften, Daseynsweisen haben mag, welche für uns schlechthin unerkennbar ... sind, und welche eben dann als das Wesen des Dinges an sich übrig bleiben, wann sich dieses ... als *Wille* frei aufgehoben hat, daher ganz aus der Erscheinung herausgetreten und für unsere Erkenntniß, d. h. hinsichtlich der Welt der Erscheinungen, ins leere Nichts übergegangen ist. Wäre der Wille das Ding an sich und absolut; so wäre auch dieses Nichts ein *absolutes*; statt daß es sich ... ausdrücklich nur ein *relatives* ergiebt.«[577]

Teil IV: Das Verhältnis Schopenhauers zur indischen Geisteswelt

Werfen wir nochmals einen Blick auf Schopenhauers Verhältnis zur Religion, wobei es sich zunächst darum handeln wird, näher einzugehen auf die in der Literatur häufig erörterten Einflüsse der indischen Geisteswelt auf seine Philosophie sowie auf sein Urteil über Judentum, Christentum und Islam.[578] Daß Schopenhauers – ursprünglich intensive – Religiosität in Indien, wie Naegelsbach schreibt, »Nahrung und Sprache«[579] gefunden hat, ist gewiß; es fragt sich nur, welcher Art und wie hoch zu veranschlagen jene »Einflüsse« sind. Haben sie Schopenhauers Theoreme selbst oder nur die ihrer Darlegung eigentümliche Atmosphäre bestimmt? Beides läßt sich anhand der Schriften belegen. Wichtiger noch ist der Umstand, daß Schopenhauers orientalische Studien die Art seiner Aufnahme und Verarbeitung westlicher Denktraditionen wesentlich beeinflußt haben. Wenn er etwa – unzutreffenderweise – versichert, Kants transzendentale Ästhetik habe »die traumartige Beschaffenheit der ganzen Welt« dargetan und seine Unterscheidung der phänomenalen Welt vom Ding an sich, bloße Wiederaufnahme Platons, bilde zugleich »eine Hauptlehre der Veden und Puranas, die Lehre von der Maja«, der zufolge die sichtbare Welt, worin wir uns befinden, »ein hervorgerufener Zauber« ist, »ein bestandloser, an sich wesenloser Schein«[580], so ist klar, daß er hier Kantische Motive »orientalisiert« und orientalische »kantianisiert«. Andererseits studiert er religiöse Texte Asiens von vornherein mit der Absicht, in ihnen die Bestätigung von Ansichten zu finden, die er, unabhängig von solcher Lektüre, zuvor schon entwickelt hat. Schopenhauer ist ein viel zu subjektiver Denker, um nicht aus fremden Lehren herauszulesen, was Eigenem gemäß ist.

Wo immer, heißt es in Heckers Buch *Schopenhauer und die indische Philosophie*, in mittelalterlichen und neuzeitlichen Systemen Mystik und Askese auftreten, »regen sich gewissermassen indische Grundgedanken«[581]. Damit behauptet Hecker nicht deren unmittelbaren Einfluß auf die jeweilige Philosophie, sondern nur, daß in ihr – wie auch in Schopenhauers System – eine tiefe »Wahlverwandtschaft«[582] sichtbar wird. Obwohl Schopenhauers Lehre, so abermals Hecker, »von Anfang an den Stempel indischen Geistes auf der Stirne trägt«[583], geht sie auf diesen nicht unmittelbar zurück. Ihr pessimistischer wie idealistischer Grundzug steht für Schopenhauer schon früh unverrückbar fest. Eine direkte Verbindung zwischen indischem und eigenem Denken stellt er erst nach eingehenden Studien her.[584] Neben Platon und Kant nennt Schopenhauer als Quelle seiner Philosophie immer wieder die »uralte indische Weisheit«[585]. Was ihr fehlt, ist Systematik und begriffliche Stringenz. Inhaltlich dagegen ist sie Schopenhauer hoch willkommen, findet er doch in ihr den getreuen Spiegel seines eigenen Weltbildes. So bestätigt der Brahmanismus die Lehre vom All-Einen, der Buddhismus die von der Universalität des Leidens; beide – einander ergänzenden – Richtungen indischer Religion vertreten zudem den Gedanken, daß alles Dasein schuldhaft verstrickt und unsere Wahrnehmungswelt phantasmagorisch ist.[586] Buddhas Lehre empfiehlt sich Schopenhauer dadurch, daß sie ebenso »streng idealistisch und asketisch« wie »entschieden und ausdrücklich atheistisch«[587] ist. Unter dem Gesichtspunkt der Resultate seiner Philosophie gibt Schopenhauer dem Buddhismus den Vorzug vor allen anderen Religionen. »Jeden Falls muß es mich freuen«, schreibt er im zweiten Band seines Hauptwerks, »meine Lehre in so großer Uebereinstimmung mit einer Religion zu sehn, welche die Majorität auf Erden für sich hat ... Diese Uebereinstimmung muß mir aber um so erfreulicher seyn, als ich, bei meinem Philosophiren, gewiß nicht unter ihrem Einfluß gestanden habe. Denn bis 1818, da mein Werk erschien, waren über den Buddhaismus nur sehr wenige, höchst unvollkommene und dürftige Berichte in Europa zu finden«[588].

Hecker hat nachgewiesen, daß diese Selbsteinschätzung Schopenhauers nicht ganz zutrifft. Wohl hatte er die Grundzüge des ersten, zwischen 1814 und 1818 verfaßten Bandes der *Welt als Wille und Vorstellung* schon vor 1814 konzipiert. Vorgesehen war von Anbeginn ein Werk, das Metaphysik und Ethik verknüpfte. Aber in ebendiese Zeit fällt auch Schopenhauers erste Bekanntschaft mit dem indischen Altertum. Während seines zweiten Aufenthalts in Weimar (von November 1813 bis Mitte Mai 1814) hat ihn der Orientalist Friedrich Majer auf den Oupnekhat hingewiesen, ein Übersetzungswerk mit abenteuerlicher Entstehungsgeschichte[589], das ihm die Weisheit der Upanishaden nahebrachte, die er (im Gegensatz schon zum damaligen Forschungsstand) zeitlebens für die älteste aller Weltansichten hielt. Obwohl wir Genaueres über diese ersten Studien nicht wissen, ist davon auszugehen, daß Schopenhauer, als er den ersten Band des Hauptwerks schrieb, mit indischer Philosophie bereits recht gut vertraut war.[590] Daher sind Zweifel hinsichtlich seiner Versicherung angebracht, seine Lehre sei völlig unabhängig von indischen Einflüssen entstanden, ohne daß wir deshalb seine Wahrheitsliebe verdächtigen müßten. Es dürfte sich vielmehr so verhalten, wie Hecker vermutet, daß Schopenhauer »selbst unbewußt in der steten Verschlingung von selbsteigenem Denken und Vertiefen in die Weisheit des Orients seine Gedanken eine Richtung annahmen, die nach dem innersten Bewusstsein zwar Ausdruck eigener Sinnesart war, im Grunde aber stark durch sein Studium bestimmt wurde«[591].

Dafür spricht die geradezu religiöse Ehrfurcht, die Schopenhauer der indischen Geisteswelt entgegenbringt. Er bezeichnet die Veden, deren »heiligen Geist«[592] er rühmt, als »Frucht der höchsten menschlichen Erkenntniß und Weisheit«[593]. Den Oupnekhat, sein eigentliches Andachtsbuch, charakterisiert Schopenhauer folgendermaßen: »Wie wird doch Der, dem, durch fleißiges Lesen, das Persisch-Latein dieses unvergleichlichen Buches geläufig geworden, von jenem Geist im Innersten ergriffen! Wie ist doch jede Zeile so voll fester, bestimmter und durchgängig zusammenstimmender Bedeutung! Und aus jeder Seite treten uns tiefe, ursprüngliche, erhabene Gedanken entgegen, während ein hoher und heiliger Ernst über dem Ganzen schwebt. Alles athmet hier Indische Luft und ursprüngliches, naturverwandtes Daseyn. Und o, wie wird hier der Geist rein gewaschen von allem ihm früh eingeimpften jüdischen Aberglauben und aller diesem fröhnenden Philosophie! Es ist die belohnenste und erhebenste Lektüre, die (den Urtext ausgenommen) auf der Welt möglich ist: sie ist der Trost meines Lebens gewesen und wird der meines Sterbens seyn.«[594]

Es ist erstaunlich, wie enthusiastisch und ehrerbietig Schopenhauer, den wir auch als naturalistischen Verächter des Geistes kennen, hier von der Bedeutung seiner höchsten Erzeugnisse spricht. Freilich drückt sich in Schopenhauers Studium solcher Texte eine gewisse Liberalität aus. Unterscheidungen von Lehrarten und historischen Stufen innerhalb der indischen Geisteswelt, die sich in damaligen Diskussionen bereits abzeichneten und heute allgemein üblich sind, spielen für ihn keine Rolle. Er nimmt, wie Hübscher den Tatbestand kennzeichnet, den »Zustrom sinnverwandter Gedanken« in »sehnsüchtiger Bereitschaft«[595] auf. »Die Texte in eins sehend gewinnt er ein einheitliches Bild der Grundlehren, die er seiner eigenen Philosophie innerlich verwandt glaubt.«[596] Trotz gewisser Korrekturen seitens neuerer Forschung [597] kann Schopenhauer, so wiederum Hübscher, »mit Recht sagen, daß seine Lehre mit den Grundgedanken des Brahmanismus und Buddhismus sich in durchgängiger Übereinstimmung befinde«[598]. Freilich schwächt Hübscher selbst diese These ab durch einen Hinweis auf die Beschaffenheit der Schopenhauer zugänglichen Quellen: »Die Upanishaden und der Vedanta haben zu Anfang seiner indischen Lehrjahre den Vorrang. Der Buddhismus ... tritt erst später als gleichwertige Macht hinzu. Den Zugang zu den Upanishaden haben ihm die Quellenwerke, wenn auch in unzulänglicher Gestalt, eröffnet, den Zugang zum Buddhismus eröffneten nur Veröffentlichungen zweiten und dritten Ranges ... Keine dieser Schriften hat eine deutliche Einsicht in den ursprünglichen Buddhismus bringen, keine auch nur zu einer reinlichen Scheidung zwischen Brahmanismus und Buddhismus leiten können. Vom Pali-Kanon, den heiligen Schriften der südlichen Buddhisten, lernte er schließlich nur das Dhammapadam (den Wahrheitspfad) in einer Übersetzung aus dem Jahre 1855 kennen. So bleibt alles ... Erfassen und Einschmelzen aus der Kraft eines innigen Nacherlebens.«[599] Anverwandeltes und ursprüngliches Eigenes durchdringen dabei einander wechselseitig auf kaum entwirrbare Weise. Wenn daher Deussen behauptet, die indische Lehre von der erlösenden Erkenntnis habe »in der Kantisch-Schopenhauerschen Philosophie den ihr selbst fehlenden wissenschaftlichen Unterbau gefunden«[600], so übersieht er (unbeschadet des darin enthaltenen Wahrheitsmoments), wie sehr Schopenhauers philosophisches Selbstverständnis, zu dem wesentlich seine Kant-Rezeption gehört, seinerseits schon von jener Lehre durchtränkt ist, die es ihm zufolge erst mit einer tragfähigen Basis versieht.

Schopenhauers Urteil über das Judentum und die von ihm sich herleitenden Religionen ist orientiert an seiner Wertschätzung der indischen Gedankenwelt. Ihr entstammt die älteste Metaphysik der Menschheit, die – als Religion – den philosophischen Wahrheiten am nächsten steht. Sie verbindet Mystik und Ethik auf dem Boden einer *pessimistischen* Grundeinstellung. Letztere ist für Schopenhauer entscheidend. Den Wesensunterschied der Religionen begründet ihm zufolge nicht etwa deren monotheistischer, polytheistischer, pantheistischer oder gar atheistischer Charakter, sondern ob sie optimistisch oder pessimistisch sind, das heißt, »ob sie das Daseyn dieser Welt als durch sich selbst gerechtfertigt darstellen, mithin es loben und preisen, oder aber es betrachten als etwas, das ... eigentlich nicht seyn sollte«[601]. Wenn es dem Christentum gelungen ist, zunächst das Judentum, später das griechisch-römische Heidentum welthistorisch zu besiegen, dann allein kraft seines pessimistischen Eingeständnisses, »daß unser Zustand ein höchst elender und zugleich sündlicher ist«[602]. Diese von jedem einzelnen »tief und schmerzlich gefühlte Wahrheit schlug durch und hatte das Bedürfniß der Erlösung in ihrem Gefolge«[603].

Da alle Religionen sich von vornherein dem Denkvermögen der »großen Menge« anpassen, kann ihre Wahrheit stets »nur eine mittelbare«[604] sein. Der Rang einer Religion wird deshalb – so Schopenhauer – »abhängen von dem größern und geringern Gehalt an Wahrheit, den sie, unter dem Schleier der Allegorie, in sich trägt, sodann von der größern oder geringern Deutlichkeit, mit welcher derselbe durch diesen Schleier sichtbar wird, also von der Durchsichtigkeit des letztern. Fast scheint es, daß, wie die ältesten Sprachen die vollkommensten sind, so auch die ältesten Religionen.«[605] Zu ihnen zählt Schopenhauer die indischen Weisheitslehren, die freiem Nachdenken am nächsten stehen. Überlegen sind sie den westlichen Religionen namentlich dadurch, daß sie den Mythos der philosophischen Wahrheit fast bis zur Ununterscheidbarkeit annähern. »Jenes *non plus ultra* mythischer Darstellung«, betont Schopenhauer, »haben ... schon Pythagoras und Plato mit Bewunderung aufgefaßt, von Indien, oder Aegypten, herübergenommen, verehrt, angewandt und, wir wissen nicht wie weit, selbst geglaubt.«[606] Einen weiteren Vorzug der asiatischen Religionen erblickt Schopenhauer in deren Verzicht auf jeden Schöpfungsgedanken: »Parsen, Juden und Muhamedaner beten einen *Weltschöpfer* an; Hindu, Buddhaisten und Jaina's hingegen *Weltüberwinder* und in gewissem Sinne

Weltvernichter. Offenbar gehört das eigentliche oder neutestamentarische *Christenthum* dieser 2ten Klasse [von Religionen] an, ist aber auf historischem Wege mit einer aus der ersten Klasse gewaltsam und absurd verbunden.«[607] Gemeint ist das Judentum, das realistisch und optimistisch – in Schopenhauers Sicht den Prototyp des Theismus bildet, der »die materielle Welt für absolut real und das Leben für ein uns gemachtes, angenehmes Geschenk ausgiebt«[608]. Demgegenüber haben »Brahmanismus und Buddhaismus ... zum Grundcharakter *Idealismus und Pessimismus*; da sie der Welt nur eine traumartige Existenz zugestehn und das Leben als Folge unserer Schuld betrachten«[609]. – Da Philosophie stets nur Sache weniger ist, das Christentum aber, dessen Dogmen »fast nirgends mehr ernstlich geglaubt« werden, bloß noch »ein Scheinleben« führt, »dem besorgliche Fürsten ... durch künstliche Reizmittel aufhelfen möchten«, andererseits der »Mangel an Metaphysik« allerorts fühlbar wird, schließt Schopenhauer nicht aus, daß sich dereinst ein »geläuterter Buddhaismus«[610] in Europa ausbreitet.

Die – atheistischen – Religionen Asiens, denen Schopenhauer Sympathie und Respekt entgegenbringt, gehen in der »Durchsichtigkeit« ihrer mythischen Bestandteile so weit, wie dies möglich ist, ohne aufzuhören Religionen zu sein. »Sogar die so phantastische, ja, mitunter barocke Indische Götterlehre«, stellt Schopenhauer fest, »wie sie noch heute ... die Religion des Volkes ausmacht, ist, wenn man den Sachen auf den Grund geht, doch nur die verbildlichte, d.h. mit Rücksicht auf die Fassungskraft des Volkes in Bilder eingekleidete und so personificirte und mythisirte Lehre der Upanischaden, welche nun aus ihr jeder Hindu, nach Maaßgabe seiner Kräfte und Bildung, herausspürt, oder fühlt, oder ahndet, oder sie durchschauend klar dahinter erblickt, während der rohe und bornirte Englische Reverend, in seiner Monomanie, sie verhöhnt und lästert, – als *Idolatry*: er allein, meint er, wäre vor die rechte Schmiede gekommen. Hingegen war die Absicht des Buddha Schakya Muni, den Kern aus der Schaale abzulösen, die hohe Lehre selbst von allem Bilder- und Götterwesen zu befreien und ihren reinen Gehalt sogar dem Volke ... faßlich zu machen. Dies ist ihm wundervoll gelungen, und daher ist seine Religion die vortrefflichste und durch die größte Anzahl von Gläubigen vertretene auf Erden.«[611]

Teil V: Immanente »Religiosität« des Systems: Grundlage für Schopenhauers Urteil über positive Religionen

Ehe wir uns jetzt, gleichsam im zweiten Durchgang, der Schopenhauerschen Auslegung der übrigen Religionen, insbesondere des Christentums, zuwenden, sei daran erinnert, daß der Autor der *Welt als Wille und Vorstellung* sich – bei bleibendem Verständnis für religiöse Themen – schon früh von aller positiven Religion verabschiedet hat.[612] So heißt es in einer Berliner Aufzeichnung von 1812, die Schopenhauers *metaphysisches Vorverständnis des Religiösen* vorwegnimmt, an dem er stets festhalten wird: »Religion ist ein willkürlich angenommener und bildlich dargestellter (welches beydes auseinander folgt und unzertrennlich ist) Zusammenhang der Scheinwelt mit der wahren (der sinnlichen mit der übersinnlichen) ... Die Religion wird nun durch fortschreitende Verstandesbildung zurückgedrängt, wird abstrakter, und da ihr Wesen Bildlichkeit ist, muß sie, sobald ein gewisser Grad von Verstandesbildung allgemein geworden, ganz fallen.«[613] Deutlich wird dabei, daß kein »durch fremde Willkür gegebenes Bild«[614] den Zusammenhang von sinnlicher und übersinnlicher Welt zu erfassen vermag. Gleichwohl, notiert Schopenhauer, »erkennt der Mensch durch andre Kräfte das Uebersinnliche«[615]. Die »Sonderung« dieser Kräfte vom Verstand und die »Mitteilung« des durch sie Erkannten an den Verstand gemäß seiner Natur, »die vielleicht nur einer negativen Mitteilung empfänglich ist«, das ist die von Schopenhauer angestrebte Philosophie, die als »letztes System« der »wahre Kriticismus seyn wird«[616]. Schopenhauer bleibt, anders gesagt, Metaphysiker. Er hält am »Übersinnlichen« und seiner Erkenntnis durch »andere Kräfte« fest. Die Religion dagegen, Reflex dessen, was Schopenhauer später das »metaphysische Bedürfnis« nennen wird, kann nicht länger »als legitimer Ausdruck jenes Übersinnlichen«[617] gelten. Ihre Notwendigkeit fällt unter diese Kategorie »nicht ... im eigentlichen Sinn, sondern nur im bildlichen ..., wie ihre Wahrheit auch nur bildliche ist«[618].

Man wird in Schopenhauers bewußter Absage an Religion, wie er sie fortan versteht: als »Bildlichkeit« (worunter er Mythos, Allegorie und Symbol subsumiert) den eigentlichen Wendepunkt in der Entwicklung seines Denkens erblicken müssen. Auch die künftige »Euthanasie« der Religion, die Schopenhauer Jahrzehnte später in den *Parerga* erhofft, ist hier bereits angekündigt. Von nun an verschwindet der Gottesbegriff aus Schopenhauers Terminologie. Er ist entschiedener Atheist. Trotz ähnlicher Motive und Ziele haben Philosophie und Religion sachlich nichts miteinander zu schaffen.[619] Behauptet diese, ihre Beglaubigung von außen zu erhalten, so trägt jene ihre Beglaubigung in sich. Professoren, die versichern, beide seien eigentlich identisch, entgegnet Schopenhauer witzig, dieser Satz scheine »nur in dem Sinne wahr zu seyn ..., in welchem Franz I., in Beziehung auf Karl V., sehr versöhnlich gesagt haben soll: ›was mein Bruder Karl will, das will ich auch‹ – nämlich Mailand«[620]. – Schopenhauers schroffe Abkehr von der Religion wie von jedem Versuch, diese mit der Philosophie zu versöhnen, dürfte nicht zuletzt auf Schleiermachers Berliner Vorlesungen von 1812 zurückgehen. Hier hatte der Theologe behauptet, Philosoph könne nur sein, wer gleichzeitig religiös sei. Dem widerspricht Schopenhauer energisch in einem damals entstandenen Aphorismus: »Keiner der religiös ist gelangt zur Philosophie; er braucht sie nicht. Keiner der wirklich philosophirt ist religiös: er geht ohne Gängelband, gefährlich aber frey.«[621]

Am unerbittlichen Entweder-Oder hinsichtlich des Verhältnisses von Philosophie und Religion wird Schopenhauer lebenslänglich festhalten. Einem heutigen Betrachter seines Werkes kann indessen schwerlich entgehen, daß dieses – was wiederholt zu erwähnen war – »selber *stark religiös motiviert*, ja geradezu mit *religiösem Gehalt* durchdrungen ist«[622]. Wie ist die Diskrepanz zu verstehen? Handelt es sich hier um ein geradezu groteskes Selbstmißverständnis Schopenhauers? Das ist *nicht* der Fall, wenn wir bedenken, daß Schopenhauer – mit Kant und der gesamten Aufklärung – einen rein *objektivistischen* und *intellektualistischen* Begriff von Religion vertritt, den Zint folgendermaßen charakterisiert: »Religion als Inbegriff von Vorstellungen, von mythischen und historischen Überlieferungen, von Glaubenssätzen, Dogmen, Institutionen, Kulten, Riten – kurz *Religion als historischer Tatbestand*, wie er in heiligen Schriften, Konzilsbeschlüssen, Konfessionen und Katechismen, in Lehre und Predigt vorliegt und den Anspruch auf Wahrheit erhebt. Und ›religiös‹ sein bezeichnet für Schopenhauer nichts anderes als das Sich-Bekennen zu einer so verstandenen Religion: Glauben und Beten. Bei solcher Begrenzung des religiösen Tatbestandes auf seine objektiven Ausdrucksformen und das Bekenntnis zu ihnen im Sinne des Fürwahrhaltens, mußte freilich – neben der praktischen (ethischen und soziologischen) Funktion der Religionen – die *Wahrheitsfrage* an erster Stelle stehen und über Wert und Unwert der Religionen entscheiden. So erhebt sich auf dem rationalen Boden der Aufklärung jener Streit zwischen ›Glauben‹ und ›Wissen‹ – notwendig mit dem Siege des letzteren endend. Eine solche Religion konnte von Kant ›innerhalb der Grenzen der bloßen Vernunft‹ als theoretisch unbeweisbar untergraben und nur scheinbar durch ein ›Als-Ob‹ als praktisch nützlich und nötig gerettet werden.«[623]

Die derart interpretierte Religion bildet denn auch das *Objekt* der Religionsphilosophie Schopenhauers, wie er sie in Kapitel 17 des zweiten Bandes seines Hauptwerks dargelegt hat, das sich mit dem »metaphysischen Bedürfnis« beschäftigt; sowie, ausführlicher, im bekannten Dialog der *Parerga*. Religion ist hier »Volksmetaphysik«: eine auf Tradition und Autorität (Offenbarung) beruhende »Glaubenslehre« mit bestenfalls allegorisch verkleidetem Wahrheitsgehalt. Sie ist – praktisch – einstweilen noch unentbehrlich, theoretisch aber muß sie ersetzt werden durch eine philosophische, auf Erfahrung und Wissenschaft sich gründende Metaphysik, das heißt durch das *sensu proprio* wahre, hüllenlose Wissen vom Wesen der Welt. Daß dieser Metaphysik, zumal in ihrer Schopenhauerschen Gestalt, eine (freilich nur schwer bestimmbare) *Religiosität* innewohnt, ist offensichtlich. Sie darf jedoch nicht verwechselt werden mit jener »Religion«, von der Schopenhauers Religionsphilosophie sich letztlich distanziert.

Mit einigem Recht bemängelt Zint an Schopenhauers Verständnis von Religion, es lasse ihren subjektiven und emotionalen Aspekt allzu stark zurücktreten zugunsten ihrer »objektiven Ausdrucksformen« und ihrer kognitiven Seite. Dabei entgeht ihm allerdings die innere Problematik dieses religionsphilosophischen »Objektivismus«. Schopenhauer geht zwar von der Frage nach dem Lehr- und Wahrheitsgehalt des Religiösen aus, auch davon, daß dessen Wert sich aufs Moralische reduziere. Insgesamt aber bewegt er sich keineswegs mehr ausschließlich »auf dem rationalen Boden der Aufklärung«[624], wie Zint meint. Deren deistisches Schema ist für Schopenhauer unverbindlich, Voltaires *Etre suprême* nicht schätzenswerter als der Gott des Alten Testaments.[625] Alle Derivate des Theismus betrachtet Schopenhauer als gleich verwerflich. Dieser ist, »wo er auch entspringen mag, überall ursprünglich vollkommen anthropomorphistisch. Die spätere Sublimation zur undeutlichern Nebelgestalt, und endlich bis zum Verlust aller Persönlichkeit, ist eine Verbildung jenes kindisch-natürlichen Einfalls, durch welche er sich allmählig zu Nichts verflüchtigt.«[626] Anderswo urteilt Schopenhauer weniger schroff und zeigt sich bereit, Differenzen anzuerkennen. So billigt er dem »Supranaturalismus« wenigstens »allegorische Wahrheit« zu; der theologische Rationalismus enthält »gar keine: er ist so falsch wie platt«[627].

Den Romantikern hält Schopenhauer zugute, sie hätten – in Abkehr vom optimistischen Humanismus der Weimarer Klassik – hingewiesen auf den wahren, nämlich pessimistischen »Geist« des Christentums.[628] Ihn verteidigt Schopenhauer , hierin Kierkegaard verwandt, leidenschaftlich gegen konformistische Versuche, christliche Existenz ins Gemütliche und Konventionelle umzubiegen. Schopenhauer zögert nicht, den kirchlich etablierten Protestantismus seiner Zeit als »Abfall« vom »innersten Kern« des Christentums zu brandmarken: »Das mag eine gute Religion für komfortable, verheirathete und aufgeklärte protestantische Pastoren seyn: aber das ist kein Christenthum. Das Christenthum ist die Lehre von der tiefen Verschuldung des Menschengeschlechts durch sein Daseyn selbst und dem Drange des Herzens nach Erlösung daraus, welche jedoch nur durch die schwersten Opfer und durch die Verleugnung des eigenen Selbst, also durch eine gänzliche Umkehrung der menschlichen Natur erlangt werden kann.«[629]

Zint, der in vergleichend-religionswissenschaftlichen und religionspsychologischen Kategorien denkt, erinnert an den seit der Romantik und Schleiermacher eingetretenen »Begriffswandel«, gemessen an dem es – zunächst – so aussieht, als habe Schopenhauer sich nur an »die Außen-, die Ausdrucksseite des religiösen Tatbestandes« gehalten und sei damit dem »Religionsbegriff der Aufklärung«[630] verhaftet geblieben. Unschwer ließ sich nachweisen, daß jener »Begriffswandel« auch an Schopenhauer keineswegs spurlos vorübergegangen ist. Das bezeugen seine Kritik am Deismus, seine Sympathien für die Romantik , schließlich seine – mit Kierkegaard gesprochen – existentielle Einsprache gegen ein auf Bedürfnisse bürgerlichen Komforts zugeschnittenes Christentum. Die in Schleiermachers *Glaubenslehre* der religiösen Sphäre als Hauptmoment zugeordnete »Bestimmtheit des Gefühls«[631] ist also auch Schopenhauer durchaus vertraut. Ihren eigentlichen Niederschlag findet sie jedoch nicht (oder nur ansatzweise) in den vom achtzehnten Jahrhundert sich absetzenden Aspekten seiner Religionsphilosophie, sondern in der immanenten Religiosität seines Systems, die (nicht biographisch, sondern) existentiell zurückverweist auf ihn selbst. Entscheidend ist hier die in Schopenhauers Werk sich manifestierende Authentizität der Welt-Erfahrung, nicht die vordergründige Frage, ob jenes mit irgendwelchen religiösen Dogmen sachlich übereinstimmt.[632]

Die intellektualistische Auffassung des Religiösen (mit ihrer Reduktion Gottes auf einen vernünftigen, die Verbindlichkeit von Moral verbürgenden Welturheber) hatte im Zeitalter Voltaires und Lessings folgerichtig zur Erprobung von Varianten einer »Vernunft«- oder »Naturreligion« geführt, deren zu glaubender Inhalt allein der Vernunft Rechenschaft schuldete. Das unausbleibliche Scheitern solcher Versuche, denen von Anbeginn etwas Künstliches anhaftete, veranlaßte, wie Zint bemerkt, Schopenhauer »zur Ablehnung der Religion oder doch zu ihrer Herabsetzung auf die Ebene bloßer Bildlichkeit«; denn »vor dem Richterstuhl der Wissenschaft« kann »religiöse Wahrheit« allenfalls die »Eigenschaft eines Wahrheitsgehaltes im symbolischen oder allegorischen Gewande retten«[633]. – Andererseits jedoch fügt Schopenhauer sich ein in die Reihe jener »subjektiven« Denker seines Jahrhunderts, die vermittels eines emotionalwertenden Erlebens von Welt beitragen zu einem vertieften, auch erweiterten Verständnis der »religiöse(n) Wirklichkeit«[634]. Diese – so faßt Zint Schopenhauers Religionsphilosophie *im weiteren und höheren Sinn* zusammen – »ist nur in entschlossener Abkehr von der empirischen Wirklichkeit erreichbar; nicht im praktischen Leben tut sie sich kund; im künstlerischen Schauen, ja selbst im sittlichen Handeln wird sie nur vereinzelt, in leisen Anklängen spürbar; erst wer alles dies hinter sich gelassen, es aufgegeben, verneint hat, erreicht die letzte Stufe des Seins, das Meta-Metaphysische. Was es ist, weiß der gewöhnliche Mensch, weiß auch der Künstler, selbst der sittlich Gute nicht: relativ zu diesen und ihren Realitäten ist es ›Nichts‹, erreicht durch ›Verneinung‹ alles dessen, was sie bejahen. Daß es aber gleichwohl, ebenso wie das buddhistische *Nirvâna*, einen positiven Inhalt habe – wenn auch einen solchen, an den die Vernunft nicht heranreicht, – das besagt eben das Verhalten jener seltenen höchstreligiösen Menschen ... Die Synthese Schopenhauers ... bleibt für alle Zeit eine der tiefsten Konzeptionen über Ziel und Wert des Religiösen in seiner sublimiertesten Gestalt, indem die philosophische Vernunft dem innerlichsten Werterlebnis des religiösen Menschen einen Platz anweist, der über aller Vernunft ist und doch von ihr als berechtigt, ja als der erhabenste, der erstrebenswerteste Zustand anerkannt wird: nicht im Sinne einer *bloßen* Verneinung, eines *absoluten* Nichts, sondern einer Realitätsstufe, von der aus gesehen ›unsere so sehr reale Welt mit allen ihren Sonnen und Milchstraßen – Nichts (ist)‹.«[635]

Im Gegensatz zu den während seiner Jugend gepriesenen Philosophen hält Schopenhauer sich für außerstande, über »göttliche Dinge« positiv zu reden.[636] Eine »intellektuale«, ihm das Geheimnis des Jenseits lüftende »Anschauung« besitzt er nicht. Philosophie – davon ist Schopenhauer überzeugt – bietet jedoch die Möglichkeit, das *principium individuationis*, »Grundgerüst ... einer leidenden Welt«[637], als scheinhaft zu durchschauen. Dieser Erkenntnis entspringen religiöse Phänomene der Resignation, Askese und Heiligkeit so gut wie Herzensgüte, Liebe und Tugend; sie offenbart einen inneren Zusammenhang zwischen Religiosität und Moral: in beiden Fällen bestimmt »das bloß erkannte Leiden Anderer unser Thun mehr ... als der eigene Wille und sein unmittelbares Genügen«[638]. Damit durchbricht Schopenhauers Religionsphilosophie abermals ihren – zunächst – intellektualistischen Rahmen. Die höchsten, für Schopenhauer allein legitimen Äußerungen des Religiösen erlangen hier mit der moralischen eine *metaphysische Bedeutsamkeit*. Zint betont in diesem Kontext, daß Schopenhauers ethische Ableitung »religiöser Phänomene« wesentlich »tiefer ins Metaphysische« vordringt als Kant: »Denn während für Kant sich der Wert der Religion in der praktischen Wirkung gewisser religiöser Glaubensinhalte als Regulative für das sittliche Handeln erschöpft, wird bei Schopenhauer *der religiöse Mensch in seiner reinsten Ausprägung* zu weit mehr als einem bloß sittlich handelnden Menschen: er wird zu demjenigen, der nicht nur eine metaphysische Erkenntnis empirisch bestätigt, sondern aus derselben Erkenntnis heraus *eine metaphysische Tat vollbringt*, sozusagen das metaphysische Ereignis in sich verwirklicht, die Verneinung desselben Willens, der sonst im Zustande der Bejahung Träger der Welt mit all ihren Erscheinungen ist. Der bloß sittliche Mensch bekundet durch Gerechtigkeit, Liebe und Edelmut nur eine metaphysische Einsicht, die intuitive Erkenntnis des *tat twam asi*, der Identität des sich bejahenden Willens in all seinen lebendigen Objektivationen. Der religiöse Mensch κατ'ἐξοχήν aber vollzieht auf Grund derselben Einsicht die Umkehr eben dieses Willens in einer seiner Erscheinungen, die Selbstverneinung. Damit ist eine letzte, höchste Realität phänomenal geworden.«[639]

Es charakterisiert das Schopenhauersche System, uns nacheinander drei *Stufen oder Ebenen der Realität* von »abnehmender empirischer, zunehmender metaphysischer Potenz«[640] zu erschließen: die Realität des empirischen Bewußtseins, damit die der vom Individuum erkannten Erscheinungswelt; die Realität des ästhetischen Bewußtseins: die Platonische Idee als Objekt der Kunst, erkannt vom willensfreien Subjekt des Erkennens; die Realität des moralischen Bewußtseins: der Weltwille als Ding an sich, im Stande der Bejahung, erkannt vom sittlich Handelnden als identisches Substrat aller Kreatur. Diesen Stufenbau nun überwölbt als letzte wie höchste Stufe die Realität des religiösen Bewußtseins: der metaphysische Wille im Stande seiner Verneinung, erkannt und verwirklicht von den Asketen, Heiligen und Mystikern aller Völker und Zeiten.[641] An großen Zeugnissen zumal indischer und christlicher Spiritualität liest Schopenhauer das Recht ab zu einem letzten, noch über Metaphysik hinausgehenden Schritt. Daß dieser zur Mystik führt, mithin zur Grenze sprachlicher Mitteilbarkeit, ist ihm bewußt. »Mystik«, sagt er, leitet an zum »Innewerden desjenigen, dazu weder die Anschauung noch der Begriff, also überhaupt nicht die deutliche Erkenntniß reicht«[642]. Der mit der völligen Verneinung des Willens erreichte Zustand ist der Philosophie unzugänglich, da in ihm nicht eigentlich etwas erkannt wird. Was man Ekstase, Entrückung, Erleuchtung oder Vereinigung mit Gott genannt hat, bleibt der Subjekt-Objekt-Relation entzogen.[643]

Diese oberste, von Schopenhauer gleichsam ertastete Wertebene gestattet es, die erscheinende Welt *sub specie* einer sie durchwaltenden »Heilsordnung«, »Absichtlichkeit« und »ewigen Gerechtigkeit« zu betrachten. Und diesem (trotz aller Vorbehalte Schopenhauers) transzendenten Reich gehören die religiösen Genien an, von deren irdischer Existenz die Historie kaum je berichtet. Der die ethische

Seite der Handlungen erforschende Philosoph muß Schopenhauer zufolge bekennen, »daß die größte, wichtigste und bedeutsamste Erscheinung, welche die Welt aufzeigen kann, nicht der Welteroberer ist, sondern der Weltüberwinder, also ... nichts Anderes, als der stille und unbemerkte Lebenswandel eines solchen Menschen, dem diejenige Erkenntniß aufgegangen ist, in Folge welcher er jenen Alles erfüllenden und in allem treibenden und strebenden Willen zum Leben aufgiebt und verneint, dessen Freiheit erst hier, in ihm allein, hervortritt, wodurch ... sein Thun das gerade Gegentheil des gewöhnlichen wird. Für den Philosophen sind also in dieser Hinsicht jene Lebensbeschreibungen heiliger, sich selbst verleugnender Menschen, so schlecht sie auch meistens geschrieben, ja mit Aberglauben und Unsinn vermischt vorgetragen sind, doch, durch die Bedeutsamkeit des Stoffes, ungleich belehrender und wichtiger, als selbst Plutarchos und Livius.«[644]

Am Ende seiner Philosophie (wie aller Erkennbarkeit) angelangt, erhebt Schopenhauer religiöse Gestalten zu höchstem Rang, die sich – kraft ihrer Geistigkeit – jenseits alles Irdischen, ja von Gut und Böse befinden[645], und die Schopenhauersche Ethik, so Zint, mündet ein »in *eine Verklärung des Religiösen in seiner erhabensten Form*«[646]. Dennoch bleibt zu beachten, daß Schopenhauer den Boden rationalen Argumentierens nicht verläßt. Die introspektiven, letztlich unkontrollierbaren Verfahrensweisen eines schillernden »Illuminismus«, ob sie nun »innere Erleuchtung«, »intellektuelle Anschauung«, »höheres Bewußtsein«, »unmittelbar erkennende Vernunft«, »Gottesbewußtsein« oder »Unifikation« heißen, sind Schopenhauer ebenso verdächtig wie dessen »Stoff«[647]: innere Zustände, die nicht mitteilbar sind und deshalb Skepsis aufkommen lassen. Schopenhauer kennzeichnet seine Position in dieser Frage folgendermaßen: »Allein die Philosophie soll *mittheilbare* Erkenntniß, muß daher Rationalismus seyn. Demgemäß habe ich, in der meinigen, zwar, am Schluß, auf das Gebiet des Illuminismus, als ein Vorhandenes, hingedeutet, aber mich gehütet, es auch nur mit einem Schritte zu betreten; dagegen denn auch nicht unternommen, die letzten Aufschlüsse über das Daseyn der Welt zu geben, sondern bin nur so weit gegangen, als es auf dem objektiven, rationalistischen Wege möglich ist.«[648] – Religion (einschließlich ihrer mystischen Verästelungen) und Philosophie bleiben hier säuberlich getrennt. Der weltverächterische Heilige, Asket oder

Märtyrer vermag – wie in bescheidenerem Maß wohl jeder Mensch – die philosophische Wahrheit intuitiv zu erfassen. Er drückt diese indes prägnanter in seiner *seelischen Haltung* aus als in den häufig illusionären Vorstellungen seines Glaubens, der niemals zum Maßstab philosophischer Erkenntnis werden darf.[649]

Schopenhauers System ist einerseits konzipiert als begriffliches Abbild seines Gegenstandes, der Welt, die zu enträtseln seine Aufgabe ist. Andererseits jedoch erweist es sich als durchdrungen von der ethischen Subjektivität seines Urhebers, der – auf paradoxe Weise – objektive Wahrheit und Erlösungswissen vereinigt. Der nach Motiv und Gehalt im universellen Sinn »religiöse« Charakter der Schopenhauerschen Metaphysik erklärt beides: ihre »spezifisch religiöse Wirkung« auf eine breite Anhängerschaft und – worauf es hier ankommt – »die glaubensmäßige Überzeugtheit des Philosophen selber von der Wahrheit seiner Lehre«[650], die sich namentlich in seinem doppelschlächtigen Verhältnis zu den positiven Religionen widerspiegelt. Die Art, wie Schopenhauer sie beurteilt, hängt wesentlich von einem Aspekt seiner Philosophie ab, der seit je als deren Hauptmangel empfunden wurde: ihre *Geschichtsfremdheit*. Diese ist hier nicht zu beklagen, sondern, wie gesagt, hinsichtlich ihrer Funktion für die Religionsphilosophie Schopenhauers zu untersuchen. Es ist dessen feste Ansicht, daß jeder »noch himmelweit von einer philosophischen Erkenntniß der Welt entfernt ist, der vermeint, das Wesen derselben irgendwie, und sei es noch so fein bemäntelt, *historisch* fassen zu können; welches aber der Fall ist, sobald in seiner Ansicht des Wesens an sich der Welt irgend ein *Werden*, oder Gewordenseyn, oder Werdenwerden sich vorfindet, irgend ein Früher oder Später die mindeste Bedeutung hat und folglich, deutlich oder versteckt, ein Anfangs- und ein Endpunkt der Welt, nebst dem Wege zwischen beiden gesucht und gefunden wird und das philosophirende Individuum wohl noch gar seine eigene Stelle auf diesem Wege erkennt.«[651] Was wir Geschichte nennen, gehört dem »Gewebe der Maja«[652] an; ihre zahllosen Ereignisse bleiben dem Wesen der Welt äußerlich. Ein Sinn ist ihrer Abfolge nicht zu entlocken. Die Gegenwart des Willens »allein ist Das, was immer daist und unverrückbar feststeht. Empirisch aufgefaßt das Flüchtigste von Allem, stellt sie dem metaphysischen Blick, der über die Formen der empirischen Anschauung hinwegsieht, sich als das allein Beharrende dar, das *Nunc stans* der Scholastiker.«[653]

Da Religion nicht theoretischem Nachdenken entspringt, sondern kreatürlicher Not, letztlich also dem ewigen, im Menschen sich manifestierenden Willen, nimmt Schopenhauer die kulturgeschichtliche Vielfalt ihrer Erscheinungsformen und Evolutionen gelassen zur Kenntnis. Eine das Wesen der Sache berührende Bedeutung kommt der Geschichte und geschichtlichem Wandel ohnehin nicht zu. Spätere Stufen der Religion haben ihren asiatischen Urformen schwerlich etwas voraus. Diese teilen bereits mit, was jene überhaupt an Wahrem enthält: »die Erkenntniß der natürlichen Sündhaftigkeit und Verderbtheit des Menschengeschlechts, des Jammers der Welt, nebst der Hoffnung auf Erlösung aus derselben und Befreiung von Sünde und Tod«[654]. Vollends abwegig erscheint es Schopenhauer, die metaphysische Wahrheit einer Religion an historische Geschehnisse zu binden. Ebendies ist jedoch für das Christentum charakteristisch. So lesen wir in der Schrift *Der Christ und die Geschichte* von Haecker, einem fraglos verläßlichen Zeugen, folgendes Bekenntnis: »Die Heiligen Bücher des Christen sind geschichtliche Bücher, nicht philosophische Systeme. Gewiß: metaphysische Wahrheiten, soweit sie wirklich Wahrheiten sind, können, ja müssen in den Heiligen Büchern implizit enthalten sein. Aber es gilt nicht umgekehrt: keine geschichtliche Wahrheit liegt als solche in irgendeinem System der Metaphysik beschlossen. Der heilige Thomas konnte die metaphysischen Wahrheiten, die Aristoteles oder Platon entdeckt hatten, wohl in den Heiligen Schriften bestätigt finden, aber keine geschichtliche Offenbarungswahrheit in irgendeinem System natürlicher Philosophie. Pascal hat es scharf gefaßt: ›der Gott Abrahams, Isaaks und Jakobs. Nicht der Philosophen und Gelehrten‹. Das Wesen der Geschichte macht den Unterschied beider. Alle Offenbarung aber des Dreieinigen Gottes trägt nicht bloß die Hülle des Geschichtlichen, die als wesenlos abgestreift werden könnte, sondern den Leib der Geschichte, in dem allein sie leibt und lebt. Der Leib der Geschichte ist so wenig ein gnostischer Schein wie der Leib des Menschengeistes – beide Meinungen sind eine Erfindung und Versuchung des Teufels –, sondern sie sind die reale Schöpfung Gottes. Wie der Leib des Menschen auferstehen wird am Jüngsten Tage, verklärt für die Seligen, so auch die Geschichte in der Verklärung durch die Gloria Dei.«[655]

Das »Geschichtliche«, fügt Haecker dem hinzu, bildet den großen Unterschied »zwischen Offenbarungstheologie und Philosophie«[656].

Schopenhauer könnte ihm, obgleich mit gerade entgegengesetztem Akzent, beipflichten. Ihn stört die eminent historische Beschaffenheit des Christentums. Dieses »hat den eigenthümlichen Nachtheil, daß es nicht, wie die andern Religionen, eine reine Lehre ist; sondern es ist wesentlich und hauptsächlich eine *Historie*, eine Reihe von Begebenheiten, ein Komplex von Thatsachen, von Handlungen und Leiden individueller Wesen: und eben diese Historie macht das Dogma aus, der Glaube an welches sälig macht. Andere Religionen, namentlich der Buddhaismus, haben wohl eine historische Zugabe, am Leben ihres Stifters: aber dieses ist nicht Theil des Dogma's selbst, sondern geht neben demselben her ... Das Dogma ist hier keineswegs mit dem Lebenslauf des Stifters verwachsen und beruht nicht auf individuellen Personen und Thatsachen; sondern ist ein allgemeines, zu allen Zeiten gleichmäßig gültiges. Daher also ist die Lalitavistara kein Evangelium im christlichen Sinne des Wortes, keine frohe Botschaft von einer erlösenden Thatsache, sondern der Lebenslauf Dessen, welcher die Anweisung gegeben hat, wie Jeder sich selbst erlösen könne.«[657]

Schopenhauer nimmt hier die schon Lessing quälende Frage wieder auf, ob eine Religion Glaubwürdigkeit beanspruchen könne, die »eine *einzelne Begebenheit* ..., die sich da und da, dann und dann zugetragen«, zum »Wendepunkt der Welt und alles Daseyns machen will«[658]. Kann ihr dünnes, Historizität vielfach bloß behauptendes Fundament begründetem Zweifel standhalten? Während Kierkegaard sich dem stellt, was er in der *Abschließenden unwissenschaftlichen Nachschrift* den »Existenzwiderspruch des Christentums« nennt: »daß über eine ewige Seligkeit hier in der Zeit durch ein Verhältnis zu etwas Historischem entschieden werde«[659], entzieht Schopenhauer sich dem Paradox-Religiösen, damit der (in Kierkegaards Optik) eigentlichen Sphäre des Glaubens. Ein bloß historisches Wissen – dessen ist er sicher – kann ewige Seligkeit niemals verbürgen. Entsprechend desinteressiert zeigt Schopenhauer sich denn auch an der irdischen Person Jesu, ihrem Leben und Sterben. Dagegen beeindruckt ihn zutiefst der – primär als Lehrgehalt verstandene – »Heiland des Christenthums«, neben dem der stoische Weise (der Schopenhauer hier nicht von ungefähr in den Sinn kommt) sich wie ein »hölzerner, steifer Gliedermann« ausnimmt; »jene vortreffliche Gestalt, voll tiefen Lebens, von größter poetischer Wahrheit und höchster Bedeutsamkeit, die jedoch, bei vollkommener Tugend, Heiligkeit und Erhabenheit, im Zustande des höchsten Leidens vor uns steht«[660].

Liegt schon hier ein heterodox-»spirituelles« Verständnis Christi vor, so befindet sich Schopenhauer auf eindeutig *gnostisch-doketischem* Wege, wenn er behauptet, die christliche Glaubenslehre betrachte statt der leibhaftigen Individuen »die Idee des Menschen in ihrer Einheit«[661]. Diese symbolisiere »die *Natur*, die *Bejahung des Willens zum Leben, im Adam*, dessen auf uns vererbte Sünde, d. h. unsere Einheit mit ihm in der Idee, welche in der Zeit durch das Band der Zeugung sich darstellt, uns Alle des Leidens und des ewigen Todes theilhaftig macht: dagegen symbolisirt sie die *Gnade*, die *Verneinung des Willens*, die *Erlösung*, im menschgewordenen Gotte, der, als frei von aller Sündhaftigkeit, d. h. von allem Lebenswillen, auch nicht, wie wir, aus der entschiedensten Bejahung des Willens hervorgegangen seyn kann, noch wie wir einen Leib haben kann, der ... nur konkreter Wille, Erscheinung des Willens, ist; sondern von der reinen Jungfrau geboren, auch nur einen Scheinleib hat.«[662]

Die orthodoxe Zwei-Naturen-Lehre, dogmatisch fixiert auf dem Konzil von Chalkedon (451), leuchtet dem Verächter der Geschichte nicht ein. Schon früh, 1815, bekundet eine Schopenhauersche Notiz starke Sympathien für eine gnostisch gefärbte, die menschliche Seite Jesu zum Schein herabsetzende Christologie. Hier heißt es anläßlich einer Reflexion über Leben und Tod: »Jesus ist die Erscheinung des Willens zum Leben bei völliger Wendung und Aufhebung dieses Willens selbst: Gott in Menschengestalt, den eine Jungfrau gebar. In diesem Sinn behält das Christenthum gegen das Heidenthum Recht, als die höhere Ansicht. Betrachtet man hingegen die christliche Lehre von der Fortdauer des Individuums ...[,] so ist das Heidenthum, indem es statt dessen auf die unendliche Fortdauer der Natur hinweist, unschätzbar wahrer und weiser.«[663] Da der Mensch selbst zur Natur gehört, die den stufenweise erscheinenden Willen zum Leben darstellt, in ihm aber den »höchsten Grad von Bewußtseyn« erlangt, so geziemt es dem Menschen, »so lange er dieser Wille (oder Natur) ist, sich über seinen eigenen und seiner Freunde Tod, durch den Rückblick auf das unsterbliche Leben der Natur zu trösten, das er ja selbst ist, – der Wille zum Leben objektivirt«[664].

Das recht, nämlich asketisch verstandene Christentum, betont Schopenhauer, lehrt – darin die antike, noch ganz im natürlichen

Leben aufgehende Weltansicht überbietend – in allegorischer Form »die große Wahrheit der Bejahung und Verneinung des Willens zum Leben«[665], indem es sagt, durch Adams Sündenfall sei der Fluch über alle gekommen und die Erbsünde in die Welt; Jesu Opfertod dagegen habe alle entsühnt, die Welt erlöst und ihre Schuld getilgt. Um sich der Wahrheit dieses Mythos zu versichern, muß Schopenhauer (der als Atheist ein Verhältnis des existierenden einzelnen zur Transzendenz ausschließt) sich auch hier an die ewige Idee des Menschen halten. Faßt man sie ins Auge, so wird deutlich, »daß Adams Sündenfall die endliche, thierische, sündige Natur des Menschen darstellt, welcher gemäß er eben ein der Endlichkeit, der Sünde, dem Leiden und dem Tode anheim gefallenes Wesen ist. Dagegen stellt Jesu Christi Wandel, Lehre und Tod die ewige, übernatürliche Seite, die Freiheit, die Erlösung des Menschen dar.«[666] Hieraus folgt bei Schopenhauer das existentielle Motiv einer möglichen Entscheidung des Individuums, sein Leben entweder im Dienste des erkenntnislosen Willens zu verbringen oder aber diesen der Erkenntnis unterzuordnen, woraus für Schopenhauer alle Herzensgüte, Tugend, selbst Heiligkeit fließt. »Jeder Mensch«, so kennzeichnet er die Alternative, »ist, als solcher und *potentia*, sowohl Adam als Jesus, je nachdem er sich auffaßt und sein Wille ihn danach bestimmt; in Folge wovon er sodann verdammt und dem Tode anheimgefallen, oder aber erlöst ist und das ewige Leben erlangt.«[667] Dem Kierkegaardischen »Sprung in den Glauben« entspricht in Schopenhauers Philosophie die – gnostische – »Selbsterlösung« des Menschen. Sie erwächst aus der »Selbsterkenntnis« des sich gegen sich selbst kehrenden Willens, die im Genie sich zur »absolute[n] ... Intensität der Geisteskräfte«[668] steigert.

Eine im historisch-kritischen Zusammenhang auf die Gestalt Jesu rekurrierende Textstelle des ersten Bandes des Hauptwerks verdeutlicht noch einmal, wie der metaphysisch-ethische, aller konkreten Geschichtlichkeit entrückte Gehalt des Christentums sich Schopenhauer darstellt: »Wirklich ist die Lehre von der Erbsünde (Bejahung des Willens) und von der Erlösung (Verneinung des Willens) die große Wahrheit, welche den Kern des Christenthums ausmacht; während das Uebrige meistens nur Einkleidung und Hülle, oder Beiwerk ist. Demnach soll man Jesum Christum stets im Allgemeinen auffassen, als das Symbol, oder die Personifikation, der Verneinung des Willens zum Leben; nicht aber individuell, sei es nach seiner mythischen Geschichte in den Evangelien, oder nach der ihr zum Grunde liegenden, muthmaßlichen, wahren. Denn weder das Eine, noch das Andere wird leicht ganz befriedigen. Es ist bloß das Vehikel jener erstern Auffassung, für das Volk, als welches stets etwas Faktisches verlangt.«[669] Theologischem Urteil bleibe vorbehalten, darüber zu befinden, inwieweit Schopenhauers stilisierend-gnostische Übersetzungen des christlichen Dogmas in Kategorien seiner Metaphysik mit der biblischen Anthropologie vereinbar sind, auf die allein es hier ankommt.[670] Diese (nach den Prämissen der Schopenhauerschen Philosophie eigentlich unerhebliche) Frage stellt sich insofern, als Schopenhauer selbst seit seinen frühesten, gegen Religion gerichteten Notizen immer wieder Bibelstellen angeführt und in den Mythen und Symbolen des Christentums eigene Philosopheme nicht nur bestätigt gesehen, sondern sie auch – wie hier dargestellt – philosophisch ausgelegt hat: so in der Antithetik von Adam und Jesus als den Symbolen von Willensbejahung und Willensverneinung; so in wiederholten Reflexionen über die Gestalt Christi (Doketismus und jungfräuliche Geburt), die er über den Sophos des Altertums stellt. In den religiösen Mythen und Dogmen sieht Schopenhauer eine ebenso tiefe wie verworren ausgedrückte Wahrheit am Werk, die freilich erst durch Philosophie auf den ihr adäquaten Begriff gebracht wird.[671] Insofern hat Schopenhauer in dem von ihm selbst ausdrücklich mißbilligten Sinn »Religionsphilosophie« getrieben: als eine »Art Gnosis«, wie er sein eigenes Verfahren – ungewollt – richtig charakterisiert, die bemüht ist, »die gegebene Religion zu deuten und das *sensu allegorico* Wahre durch ein *sensu proprio* Wahres auszulegen«[672].

Ein wichtiges Thema ist für Schopenhauer das Verhältnis des Neuen zum Alten Testament. Mit Markion, dem bedeutendsten Häretiker des zweiten Jahrhunderts, teilt Schopenhauer eine »antijudaistische«, überspitzt paulinische Haltung, wenn er behauptet, zwischen beiden Testamenten bestehe ein unschlichtbarer Widerspruch, der darauf beruhe, daß sie von zwei entgegengesetzten Urreligionen abstammen. Die sich für Schopenhauer daraus ergebende Konsequenz ist weitreichend. »Die ganze große Absurdität des *Christlichen Dogma's* verschwindet, wenn man das Alte Testament mit seinem gesammten Inhalt (Theismus und Optimismus) von Grund aus wegnimmt und nur das Neue Testament bestehn läßt, mit Ausnahme dessen, worin es das Alte Testament bestätigt. Dann ist der *Christus* ein *Buddha*, der die Erlösung von der Welt durch Selbstverleugnung lehrt.«[673] Eine etwas später zu datierende Notiz schwächt jedoch den Gegensatz der beiden Testamente insofern etwas ab, als Schopenhauer hier betont, der »Optimismus« des Alten Testaments erstrecke sich bloß auf die »ursprüngliche Schöpfung«; der »*Sündenfall* nebst Verlust des Paradieses« mache ihm ein Ende. »Sündenfall in Adam und Versöhnung durch den Erlöser passen vollkommen zueinander.«[674]

Auf die Frage der Entbehrlichkeit des Alten Testaments ist Schopenhauer, der erklärte Antitheist, immer wieder zurückgekommen. Das Judentum betrachtet er (mit unausgesprochener Bewunderung) als »ursprünglich die einzige ... rein monotheistische, einen wirklichen Gott-Schöpfer Himmels und der Erden lehrende Religion«, die konsequenterweise »keine Vergeltung nach dem Tode« kennt, »sondern bloß zeitliche Strafen und Belohnungen«[675]. Anstatt nun aber – was man füglich hätte erwarten können – im alttestamentlichen Bilderverbot ein Stück antimythologischer Aufklärung zu erblicken, verfällt Schopenhauer auf eine andere Interpretation: Es muß als Beleg dafür herhalten, daß dem Judentum (ausgenommen die Lehre von der Erbsünde) jegliche »metaphysische Tendenz«[676] fehle. Daß sich das Judentum, ausgestattet mit nüchternem Sinn für die Wirklichkeit, der erfahrbaren Welt zuwendet, wird ihm ausgerechnet von einem Philosophen vorgeworfen, der ebendies für geboten hält.

Interpretiert das Alte Testament Welt und Mensch als Werk eines transzendenten Gottes, so sieht das Neue Testament, »um zu lehren, daß Heil und Erlösung aus dem Jammer dieser Welt nur von ihr selbst ausgehen kann, sich genöthigt, jenen Gott Mensch werden zu lassen«[677]. Der überweltlich vorgestellte Gott des Alten Testaments wird in dieser – gelinde gesagt – gewaltsamen Auslegung der Inkarnation durch den Mensch gewordenen Gott einfach ersetzt. Das aber heißt für Schopenhauer: »Des Menschen Wille ist und bleibt es, wovon Alles für ihn abhängt ... Immer ist der Mensch auf sich selbst zurückgewiesen, wie in jeder, so in der Hauptsache. Vergebens macht er sich Götter, um von ihnen zu erbetteln und zu erschmeicheln was nur die eigene Willenskraft herbeizuführen vermag.«[678] Mit Aufschlüssen über sich und die Welt, die übernatürlichen Quellen entstammen, kann der Mensch nicht rechnen. »Es giebt keine andere Offenbarung, als die Gedanken der Weisen; wenn auch diese, dem Loose alles Menschlichen gemäß, dem Irrthum unterworfen, auch oft in wunderliche Allegorien und Mythen eingekleidet sind, wo sie dann Religionen heißen.«[679]

Obwohl Schopenhauer der Geschichte in spezifisch philosophischen Fragen kein Mitspracherecht zugesteht, kommt er immer wieder auf ungeklärte Probleme der Entstehungsgeschichte des Christentums zurück. Hierbei handelt es sich für Schopenhauer nicht um Archivstaub, sondern um Themen, die sein Selbstverständnis als Metaphysiker unmittelbar betreffen. So versucht er stets aufs neue, Dunkelheiten, selbst Widersinn im christlichen Dogma darauf zurückzuführen, daß es jüdischem, seinem eigentlichen Sinn – wie er meint – zutiefst fremdem Boden entsprossen ist: »Die so intrikate, krause, ja knollige *Mythologie des Christenthums*, mit dem stellvertretenden Versöhnungs-Tode *Christi*, der *Gnadenwahl*, der Rechtfertigung durch den Glauben u.s.w., ist das Kind zweier sehr heterogener Eltern: sie ist nämlich entstanden aus dem Konflikt der *gefühlten Wahrheit* mit dem *gegebenen* Jüdischen Monotheismus, der ihr wesentlich entgegensteht.«[680] Hieraus erklärt Schopenhauer auch den »Kontrast zwischen den *moralischen* Stellen im Neuen Testament, welche vortrefflich sind, allein nur etwan 10–15 Seiten desselben füllen, und allem Uebrigen, welches aus einer unerhört barocken[,] allem Menschenverstande zum Trotz forcirten Metaphysik und nächstdem aus Wundermährchen besteht«[681].

Alle Religionsstifter verrichten Wunder. Diese, sagt Schopenhauer, sind die für die meisten Menschen allein faßlichen Argumente. Er stellt vier Thesen darüber zusammen, daß Berichte von Ereignissen, die auf »ein *démenti*«[682] hinauslaufen, das die Natur sich selbst gibt, den Religionen stets mehr geschadet als genutzt haben: »Religionsurkunden enthalten Wunder, zur Beglaubigung ihres Inhalts: aber es kommt eine Zeit heran, wo sie das Gegentheil bewirken. – Die Evangelien wollten ihre Glaubwürdigkeit durch den Bericht von Wundern unterstützen, haben sie aber gerade dadurch unterminirt. – Die *Wunder* der Bibel sollen deren Wahrheit beweisen: aber sie wirken im entgegengesetzten Sinne. – Die Theologen suchen die *Wunder* der Bibel bald zu allegorisiren, bald zu naturalisiren, um sie irgendwie loszuwerden: denn sie fühlen, daß *miraculum sigillum mendacii.*«[683]

In seiner durchweg negativen Bewertung der Wundergeschichten des Neuen Testaments folgt Schopenhauer allgemein der Linie aufklärerischer Argumentation, in speziellen Fragen den Ergebnissen der von Reimarus und Strauß geübten historisch-philologischen Kritik. Dabei erprobt Schopenhauer – mit gelegentlichem Erfolg – eigenen Scharfsinn, gelangt aber auch zu amateurhaften Mutmaßungen und Konjekturen. Sie beziehen sich auf sein bevorzugtes Thema: die *indischen Quellen* des Neuen Testaments. Dennoch bewegt Schopenhauer sich hier keineswegs auf völlig ungesichertem Terrain. Die Frage, inwieweit das Christentum als Modifikation des Buddhismus gelten könne, hat schon 1853 der bedeutende Sanskritforscher Albrecht Weber untersucht. Sie ist seitdem in der religionswissenschaftlichen Literatur immer wieder aufgetaucht.[684] Schopenhauer sieht die indische Herkunft des Neuen Testaments bezeugt in seiner »die Moral in ... Askese überführende(n) Ethik«, in seinem »Pessimismus« und seinem »Avatar«.[685] Mit dem Alten Testament, lautet Schopenhauers (auch hier auf Abgrenzung bedachte) These, ist das neutestamentliche Christentum lediglich durch den Mythos vom Sündenfall verbunden. Die »aus Indischer Weisheit entsprungene Christuslehre«[686] mußte sich, so gut es ging, mit einem bereits vorhandenen Monotheismus vereinigen, dessen »Grundgehalt«[687] davon nicht unberührt blieb. Nur scheinbar setzt die christliche Gotteslehre die jüdische fort. In Wahrheit bildet sie diese so um, daß sie – substantiell – mit den alten Religionen Indiens übereinstimmt. Daß mit dem Christentum »ein wirklich Anderes«[688] entstanden sei, versucht Schopenhauer – auf den Spuren der Linkshegelianer Strauß und Feuerbach – anhand seines Gottesbegriffs zu belegen: »Der von der Welt gesonderte Schöpfer aus Nichts ist nämlich identificirt mit dem Heiland und durch ihn mit der Menschheit, als deren Stellvertreter dieser dasteht, da sie in ihm erlöst wird, wie sie im Adam gefallen war und seitdem in den Banden der Sünde, des Verderbens, des Leidens und des Todes verstrickt lag. Denn als alles Dieses stellt hier so gut wie im Buddhaismus, die Welt sich dar«[689].

Die in Strauß' umwälzender Schrift *Das Leben Jesu* (1835) ausgesprochene Einsicht, daß der historische Jesus, über den wir wenig Sicheres wissen, mit dem »mythischen« Christus (des Dogmas und

Glaubens) ebensowenig verwechselt werden darf, wie es, umgekehrt, statthaft ist, Mythos und Geschichte durch einen Abgrund zu trennen, verführt nun Schopenhauer zu abenteuerlichen Hypothesen hinsichtlich der Person Jesu, welche die Übereinstimmung seiner Lehre mit indischen Vorbildern erklären sollen. Man könnte, so sagt er, »annehmen, daß der evangelischen Notiz von der Flucht nach Aegypten etwas Historisches zum Grunde läge und daß Jesus, von Aegyptischen Priestern, deren Religion indischen Ursprungs gewesen ist, erzogen, von ihnen die indische Ethik und den Begriff des Avatars angenommen hätte und nachher bemüht gewesen wäre, solche daheim den jüdischen Dogmen anzupassen und sie auf den alten Stamm zu pfropfen. Gefühl eigener moralischer und intellektueller Ueberlegenheit hätte ihn endlich bewogen, sich selbst für einen Avatar zu halten und demgemäß sich des Menschen Sohn zu nennen, um anzudeuten, daß er mehr, als ein bloßer Mensch sei. Sogar ließe sich denken, daß, bei der Stärke und Reinheit seines Willens und vermöge der Allmacht, die überhaupt dem Willen als Ding an sich zukommt und die wir aus dem animalischen Magnetismus und den diesem verwandten magischen Wirkungen kennen, er auch vermocht hätte, sogenannte Wunder zu thun, d. h. mittelst des metaphysischen Einflusses des Willens zu wirken; wobei denn ebenfalls der Unterricht der Aegyptischen Priester ihm zu Statten gekommen wäre. Diese Wunder hätte dann nachher die Sage vergrößert und vermehrt.«[690]

Eine rein historisch kaum zu klärende Frage, auf die Schopenhauer mit Recht zu sprechen kommt, ist der Übergang von der irdischen Wirksamkeit Jesu zu den Kategorien der paulinischen Christologie. Wie kann Paulus, fragt Schopenhauer, angenommen seine Hauptbriefe sind echt, »einen damals noch so kürzlich, daß noch viele Zeitgenossen desselben lebten, Verstorbenen ganz ernstlich als inkarnirten Gott und als Eins mit dem Weltschöpfer darstellen ...; indem doch ernstlich gemeinte Apotheosen dieser Art und Größe vieler Jahrhunderte bedürfen, um allmälig heranzureifen. Andererseits aber könnte man daher ein Argument gegen die Aechtheit der Paulinischen Briefe überhaupt nehmen.«[691]

Daß die Evangelien ein »Original« oder wenigstens »Fragment« aus der Zeit und Umwelt Jesu selbst voraussetzen, bestreitet Schopenhauer nicht; dafür spricht gerade die unerfüllt gebliebene Prophezeiung des Weltendes und der Wiederkehr des Herrn, die sich noch zu Lebzeiten einiger ereignen sollten, die bei der Verheißung zugegen waren. Wären die Evangelien ein Jahrhundert später ohne schon vorliegende, kontemporäre Dokumente verfaßt worden, so hätte man sich fraglos gehütet, Prophezeiungen in sie aufzunehmen, von denen damals bereits feststand, daß sie sich nicht erfüllt hatten. Schopenhauers Gewährsmann in diesen Fragen ist der Aufklärer Reimarus, neben Lessing und Semler einer der ersten Kritiker des neutestamentlichen Kanons in Deutschland.[692] Reimarus' Schrift *Vom Zwecke Jesu und seiner Jünger* belegt für Schopenhauer einen historischen Kern der evangelischen Berichte. Seine Hypothese jedoch, aus dem »Ersten System der Jünger«[693] gehe hervor, daß Jesus zunächst nur als weltlicher Befreier der Juden aufgetreten sei, dessen Gestalt die Jünger nach dem Scheitern seiner Mission und dem Ausbleiben der von ihnen angekündigten Parusie in ein ideales Himmelswesen überführt hätten, leuchtet Schopenhauer nicht ein. Wollte man nämlich diese Hypothese im Ernst durchführen, »so müßte man annehmen, daß der religiöse und moralische Gehalt des Christenthums von alexandrinischen, der indischen und Buddhaistischen Glaubenslehren kundigen Juden zusammengestellt und dann ein politischer Held, mit seinem traurigen Schicksale, zum Anknüpfungspunkt derselben gemacht sei, indem man den ursprünglich irdischen Messias in einen himmlischen umschuf. Allerdings hat Dies sehr viel gegen sich.«[694]

Anders steht es um das von Strauß »aufgestellte mythische Princip«; es bleibt für Schopenhauer »zur Erklärung der evangelischen Geschichte, wenigstens für die Einzelheiten derselben, gewiß das richtige: und es wird schwer auszumachen seyn, wie weit es sich erstreckt«[695]. Die Grenzen von historisch Beglaubigtem und Mythischem sind fließend; denn die geschichtlichen, den christlichen Glauben vermeintlich tragenden Heilstatsachen erscheinen sämtlich bereits im Licht des Glaubens, ja gehören diesem immer schon an. An »weniger bedenklichen Beispielen« versucht Schopenhauer sich klarzumachen, was es überhaupt »mit dem Mythischen für eine Bewandtnis habe«[696]. Er erinnert an die fest umrissene Sagengestalt des König Arthur, über Jahrhunderte hinweg stehendes Thema der Dichter und Romanschreiber. Hinsichtlich des »Faktischen«, das den Mythen um jenen König zugrunde liegt, ergaben Nachforschungen, »daß, im Anfang des sechsten Jahrhunderts, in Wales, ein kleiner Häuptling, Namens Arthur, gelebt hat, der unverdrossen mit den eingedrungenen Sachsen kämpfte, dessen unbedeutende Thaten jedoch vergessen sind. Aus Dem also ist, der Himmel weiß warum, eine so glänzende, viele Jahrhunderte hindurch, in unzähligen Liedern, Romanzen und Romanen celebrirte Person geworden.«[697] Ähnlich verhält es sich mit Roland, dem Helden des ganzen Mittelalters, und mit dem berühmten Cid der Spanier. Was in solchen Fällen zumeist bleibt, ist »eine ferne, undeutliche Nebelgestalt, jedoch nicht ohne realen Kern«[698]. Was Jesus anbelangt, über dessen irdisches Dasein wir ebenfalls schlecht unterrichtet sind, so nennt Schopenhauer als außerchristliche Quelle lediglich seine knappe Erwähnung in den *Annalen* des Tacitus (Lib. XV, c. 44).[699]

Wenn Schopenhauer hinsichtlich der Herkunft des Christentums (wie seines Verständnisses von Religion überhaupt) sich der Strauß-schen Anwendung des Mythosbegriffs auf die neutestamentliche Exegese anschließt, so deshalb, weil Strauß – Mythisches mit historisch Unverbürgtem identifizierend – ihn in seiner tiefen Skepsis gegenüber aller Geschichte bestärkt. Diese zeugt von der Verlogenheit, nicht von der Wahrheitsliebe des Menschengeschlechts.[700] Strauß nun kennzeichnet im *Leben Jesu* die Eigenart seines textkritischen Verfahrens folgendermaßen: »Dem Verfasser ... schien es an der Zeit zu sein, an die Stelle der veralteten supranaturalen und natürlichen Betrachtungsweise der Geschichte Jesu eine neue zu setzen ... Der neue Standpunkt ... ist der mythische ... Wenn die altkirchliche Exegese von der doppelten Voraussetzung ausging, daß in den Evangelien erstlich Geschichte, und zwar zweitens eine übernatürliche, enthalten sei, wenn hierauf der Rationalismus die zweite dieser Voraussetzungen wegwarf, doch nur um desto fester an der ersten zu halten, daß in jenen Büchern lautere, wenngleich natürliche, Geschichte sich finde: so kann auf diesem halben Wege die Wissenschaft nicht stehen bleiben, sondern es muß auch die andere Voraussetzung fallengelassen und erst untersucht werden, ob und inwieweit wir überhaupt in den Evangelien auf historischem Grund und Boden stehen.«[701]

Die näheren Kriterien des Mythischen erblickt Strauß darin, daß ein Bericht unvereinbar ist mit den sonst allenthalben geltenden (physischen und psychologischen) Gesetzen des Geschehens und/

oder sich mit sich selbst oder anderen Berichten in kontradiktorischem Widerspruch befindet.[702] Im Falle Jesu verhält es sich Strauß zufolge so, daß »das einfache historische Gerüst« seines Lebens »mit den mannigfaltigsten und sinnvollsten Gewinden frommer Reflexionen und Phantasien umgeben (wurde), indem alle Ideen, welche die erste Christenheit über ihren entrissenen Meister hatte, in Tatsachen verwandelt, seinem Lebenslaufe eingewoben wurden. Den reichsten Stoff zu dieser mythischen Verzierung lieferte das Alte Testament, in welchem die erste, vornehmlich aus dem Judentum gesammelte Christengemeinde lebte und webte. Jesus als der größte Prophet mußte in seinem Leben und seinen Taten alles vereinigt und überboten haben, was die alten Propheten ... getan und erlebt hatten; er als der Erneuerer der hebräischen Religion durfte hinter dem ersten Gesetzgeber in keinem Stücke zurückgeblieben sein; an ihm, dem Messias, endlich mußte alles, was ... geweissagt war, in Erfüllung gegangen sein, er konnte nicht anders, als dem von den Juden im Voraus entworfenen Schema des Messias, so weit die in seinen historisch bekannten Schicksalen und Reden an diesem Schema gemachten Änderungen es erlaubten, entsprochen haben.«[703] Betrügerische Absichten oder schlaue Erfindungen, betont Strauß, haben bei dieser mythisierenden »Übertragung des Erwarteten in die Geschichte des wirklich Erfolgten«[704] keine Rolle gespielt. Die geschichtsartigen Einkleidungen urchristlicher Ideen, auf denen nach Strauß die neutestamentlichen Mythen beruhen, sind nicht das Werk einzelner, sondern der unbewußt, absichtslos dichtenden Phantasie und Vorstellungswelt der gläubigen Gemeinde. »Ein solches unmerkliches gemeinsames Produzieren«, hebt Strauß hervor, »wird dadurch möglich, daß dabei die mündliche Überlieferung das Medium der Mitteilung ist; denn während durch die Aufzeichnung das Wachstum der Sage sistiert oder doch nachweisbar gemacht wird, wieviel jedem folgenden Schreiber Anteil an den Zutaten gebühre: so kommt bei mündlicher Überlieferung die Sache so zu stehen, daß das Überlieferte im zweiten Munde vielleicht nur um Weniges anders sich gestaltet als im ersten, im dritten ebenfalls nur Weniges hinzukommt im Verhältnis zum zweiten, auch im vierten dem dritten gegenüber nichts Wesentliches geändert wird: und doch kann im dritten und vierten Munde der Gegenstand ein ganz anderer geworden sein, als er im ersten war, ohne daß irgendein einzelner

Erzähler diese Änderung auf bewußte Weise vorgenommen hätte, sondern sie kommt auf Rechnung aller zusammen, und entzieht sich eben um dieser Allmählichkeit willen dem Bewußtsein, wie dies schneeballartige Anwachsen der Traditionen schon von Lessing in bezug auf die evangelische Geschichte bemerkt worden ist.« [705]

Strauß' historisch-kritische Fragestellung – darüber belehrt neuere Forschung – ist in ihren Konsequenzen unabhängig von spezifischen Voraussetzungen der Hegelschen Philosophie.[706] Das erklärt die Unbefangenheit, mit der Schopenhauer sich den »mythischen Standpunkt« des *Leben Jesu* zu eigen macht. Mit Hegel teilt Strauß lediglich den (*mutatis mutandis* auch von Schopenhauer gebilligten) *Denkansatz*: »die Unterscheidung zwischen Vorstellung und Begriff in der Religion, welche bei verschiedener Form doch denselben Inhalt haben können. In dieser Unterscheidung fanden wir die Achtung vor den biblischen Urkunden und den kirchlichen Dogmen mit der Freiheit des Denkens denselben gegenüber auf eine Weise, wie sonst nirgends, in Einklang gebracht.«[707] Ein »Einklang« freilich, der sich bald als problematisch erweisen sollte. Daran läßt Strauß' Streitschrift von 1837, der die angeführte Stelle entstammt, keinen Zweifel. Strauß spricht hier den Grund seines Übergangs von der Spekulation zur historischen Kritik aus: Hegels Schwanken hinsichtlich der wichtigsten, von der exegetischen Situation auf die Tagesordnung gesetzten Frage, »in welchem Verhältnis zum Begriff die geschichtlichen Bestandteile der Bibel, namentlich die Evangelien, stehen: ob der historische Charakter zum Inhalt mitgehöre, welcher, für Vorstellung und Begriff derselbe, auch von dem letzteren Anerkennung fordere; oder ob er zur bloßen Form zu schlagen, mithin das begreifende Denken an ihn nicht gebunden sei.«[708] Den Schriften Hegels und seiner Schüler ließ sich hierüber nichts Verbindliches entnehmen. Die Frage enthüllte vielmehr die »Zweideutigkeit« des dialektischen Begriffs der Aufhebung: »Bald schien gegenüber von dem erreichten Begriff der Sache die Geschichte als bloß vorgestellte fallengelassen, bald mit der Idee auch die Historie festgehalten zu werden; es war nicht klar, ob das evangelische Faktum nur nicht in seiner Vereinzelung, sondern zusammen mit der ganzen weltgeschichtlichen Reihe von Verwirklichungen der Idee das Wahre oder ob die Konzentration der Idee in jenem einen Faktum nur eine Abbreviatur für das vorstellende Bewußtsein sein sollte.«[709]

An der Hegelschen Trennung der Formen des Absoluten von dessen Inhalt hält Strauß fest. Problematisch ist für ihn, ob die *philosophische* Begründung der Wahrheit des Christentums (daß es einer solchen bedarf, ist ihm evident) sich auch auf die *historischen* Bestandteile des neutestamentlichen Kanons erstreckt. Strauß fragt, mit anderen Worten, ob und inwieweit mit der christologischen Idee der Einheit göttlicher und menschlicher Natur auch die evangelische Geschichte als narrative Faktizität gegeben ist. Kann Philosophie mit ihren Mitteln Tatsächliches »deduzieren«, das heißt nachweisen, daß es *notwendig* geschehen ist – mit dieser Frage tritt Strauß an Hegel heran. Die Antwort kann nur lauten: Philosophie ist außerstande, von sich aus über die Faktizität dessen zu befinden, was in den Evangelien als historische Abfolge von Ereignissen geschildert wird. Indem Strauß die Entscheidung über alle Fragen, welche die historische Wahrheit der evangelischen Berichte betreffen, historisch-kritischer Wissenschaft überläßt, erschüttert er »das Gefüge des Hegelschen Systems«, weil damit dem Wirklichkeits- und Wahrheitsbegriff empirischer Forschung ein »Gewicht« verliehen wird, »das beide im Hegelschen System nicht haben konnten und durften«[710].

Als absoluter Idealist kann Hegel die in der Religion erreichte Stufe der »Vorstellung« so bestimmen, daß diese neben dem Mythischen und Positiven auch das Geschichtliche unter sich befaßt; gemeinsam bilden sie die dem religiösen Bewußtsein eigentümliche Form der »Verständlichkeit«[711]. Gleichordnen lassen Mythisches, Positives und Geschichtliches sich insofern, als sie – woran Hegel allein liegt – darin übereinstimmen, daß sie einen gedanklichen Inhalt, eine an sich seiende Wahrheit, ein unmittelbar Wirkliches *vorstellen*. Dabei kann es nicht bleiben. Philosophie hat die Weisen bloßen Vorstellens in vernünftige Bestimmungen zu überführen. »In allen Religionen«, sagt Hegel – nicht anders als Schopenhauer –, »ist Schwanken zwischen Bildlichem und Gedanken; eine solche Vermischung liegt noch außerhalb der Philosophie.« [712] Nur in ihr, die sich alles Zufälligen, Äußerlichen und Anschaulichen entäußert hat, gelangt die Wahrheit des Religiösen zur angemessenen Form.

Es charakterisiert Hegels Gleichordnung von Geschichte und Mythos auf der Stufe des Vorstellens, daß sie Geschichte im faktischen wie im nur vorgestellten Sinn unter der Kategorie unmittelbarer Gewißheit behandelt. Das entspricht dem Interesse einer idealistischen Philosophie, die darauf abzielt, den schlackenlos reinen Gedanken in seinem eigenen Medium darzustellen. Demgegenüber ist Strauß primär darauf bedacht, die von Hegel eingeebnete *Differenz* von Mythos und Geschichte in historisch-kritischer Absicht herauszuarbeiten. Damit insistiert er auf einem Wirklichkeits- und Wahrheitsbegriff, der in Hegels Philosophie »kein prinzipielles Gewicht haben kann und darf«[713]. Der von Strauß unbeirrt festgehaltene Gegensatz »einer ansichseienden Wirklichkeit in der Geschichte« und einer »bloß vorgestellten geschichtlichen Wirklichkeit im Mythos«[714] kann von Hegel nie als wahrer und endgültiger Gegensatz anerkannt werden. Strauß bewegt sich auf dem Boden empirischen Forschens. Er fragt, ob Berichtetes sich so zugetragen hat, wie es berichtet wird. Nur dann ist es »wahr«. Hegel dagegen muß die starre Differenz von Wirklichem und Vermeintlichem geradezu als ein Unwahres ansehen. Wenn er in historischen Zusammenhängen von »Wahrheit« und »Falschheit« spricht, dann nicht in »abbildrealistischer« Intention, sondern geschichtsphilosophisch: unter dem Aspekt der sich in der Wirklichkeit stufenweise realisierenden Idee. Für Hegel ist der von Strauß pointierte Gegensatz »abstrakt«; er verflüssigt sich in der dialektischen Bewegung. Daß auf der Stufe unmittelbarer Vorstellung ein subjektiv für wahr Gehaltenes zu einem bloß Gemeinten herabsinken kann, ist auch ihm bewußt. Ob nun eine Vorstellung mit ihrem Gegenstand übereinstimmt oder nicht – beides geschieht innerhalb der Sphäre sinnlichen Vorstellens, damit des Zufälligen und Unwesentlichen, womit – *sub specie* der spekulativen Idee – die im empirischen Sinn wahren wie falschen Vorstellungen gleichermaßen behaftet sind; mit einem Unwahren also, das erst der konkrete Begriff abstreift. Er stellt den – erkannten – ewigen Inhalt in geschichtlicher Form dar. Da für Hegel »Wirklichkeit« nur einem von der Idee her als »notwendig« Erwiesenen zukommt, ist das Straußsche Unternehmen seiner Philosophie schlechterdings fremd. Untersuchungen darüber, ob ein im Neuen Testament geschildertes Ereignis tatsächlich stattgefunden habe oder aber erdichtet sei, treiben sich im Endlichen, mithin Unwahren herum. Mit dem Übergang zur spekulativen Wahrheit, die Hegel zufolge auch den zeitlosen Gehalt der evangelischen Geschichte begreift, wird der Gedanke mit allen Zufälligen und Positiven auch der

Alternative ledig, ob etwas wahrhaft oder vermeintlich »historisch« sei.[715]

Hieraus erhellt, daß Strauß' Kritik der Evangelien die idealistische Spekulation weder verfälscht noch weiterführt, sondern verwirft.[716] Wohl nimmt sie Hegels Verständnis des Mythos als einer – vom Begriff unterschiedenen – Form der Vorstellung auf. Aber Strauß gerät insofern ins Fahrwasser der szientistischen, für sein Jahrhundert kennzeichnenden Gesinnung, als er den Hegelschen Gegensatz von Vorstellung und Begriff transponiert in den von »vorwissenschaftlichem Denken und Wissenschaft«[717]. Mit Recht spricht daher Lange von einer »Rückwendung zur Aufklärung«[718] bei Strauß, die sich hinsichtlich des Mythos darin äußert, daß er diesen – in klarem Gegensatz zu Hegel – nicht als »eine in der Erinnerung bleibend ›aufgehobene‹ Gestalt des Geistes« betrachtet, sondern als Hemmnis moderner Bildung; er »verdeckt die rein immanente Realität alles Irdischen, und der Glaube an ihn verhindert den Fortschritt des Geistes, indem er diesen an eine vergangene Zeit bindet«[719]. Lange resümiert die Aspekte dieses Bruchs mit Hegel wie folgt: »Da ... der Mythos für Strauß prinzipiell nur dogmatischer Mythos ist, liegt ihm auch keine Wirklichkeit zugrunde. Das bedeutet natürlich nicht, daß die Historizität Jesu bestritten würde, wohl aber, daß es keine Erscheinung Gottes in einer einzelnen menschlichen Person gibt. Damit ist die zweite Abweichung von Hegel gegeben: Während dieser die Vorstellung in der offenbaren Religion vor derjenigen auf der Stufe des sich entfremdeten Geistes dadurch unterschieden sah, daß ihr die objektiv reale Menschwerdung Gottes in der Gestalt Christi zugrundelag, fällt bei Strauß gerade dies der Kritik zum Opfer. Damit gehört die Vorstellung bei ihm nur noch dem sich entfremdeten Geist an. Sie ist allemal ›bloße‹ Vorstellung, oder: die Idee schafft auf der Stufe der offenbaren Religion nicht die geschichtliche Einheit von Gott und Mensch, sondern den Mythos von dieser Einheit.«[720]

Dementsprechend fällt Strauß' abschließende Stellungnahme zum Christentum aus, die uns zu Schopenhauers Rezeption seines bibelkritischen Verfahrens zurückführt. Im zweiten Teil seiner *Selbstgespräche*, veröffentlicht 1838 unter dem Titel *Vergängliches und Bleibendes im Christentum*, bezeichnet Strauß Christus als Ersten unter Gleichen, »von andern großen Geistern und Wohltätern der

Menschheit nicht der Art, nur dem Grade nach, nur quantitativ, nicht spezifisch verschieden«[721]. Sowenig die Menschen, heißt es hier weiter, je ohne Religion sein werden, so wenig werden sie je ohne ihn sein; und dieser »von der höchsten Gestaltung der Religion« unzertrennliche Christus »ist ein historischer, kein mythischer, ein Individuum, kein Symbol«[722]. Aber: »Zu diesem geschichtlich persönlichen Christus gehört nur dasjenige aus seinem Leben, worin sich seine religiöse Vollendung darstellte: seine Reden, sein sittliches Handeln und Dulden. Was in seinem Handeln mit dem Sittlichen nicht unmittelbar zusammenhängt, wie seine Wunder, noch mehr, was, statt aus seinem Innern hervorgegangen zu sein, nur äußerlich an ihn herantrat, wie sein Tod als äußere Tatsache und abgesehen von der an demselben erprobten Gesinnung Jesu, wie ferner seine Auferstehung, Himmelfahrt, kann einen religiösen Wert nur durch *symbolische Deutung* gewinnen«[723]. Diese wird sich »auf verschiedenen Entwicklungsstufen der Frömmigkeit und des Denkens«[724] bald so, bald anders darstellen.

Soweit also der Gestalt Jesu ein historischer, wunderfreier Kern zukommt, verweist dieser allein auf menschliche Größe. Als mythisch dagegen gelten Strauß die eigentlich christologischen Lehren, die er – darin Schopenhauer verwandt – symbolischer Interpretation anempfiehlt. Der »Gottmensch« – das »evangelische Faktum« schlechthin – ist kein Individuum, sondern die Menschheit in ihrer welthistorischen Gesamtentwicklung. Nur sie verkörpert die »Idee« der Einheit des Göttlichen und Menschlichen, die im Christentum noch mit deren gleichzeitiger Getrenntheit einhergeht. Das Christentum, betont Strauß, »ist ... das Diesseitigwerden des Göttlichen unter Voraussetzung seiner Jenseitigkeit, der Anfang des modernen Systems der Immanenz, aber noch auf dem Boden des alten Systems der Transzendenz«[725]. Strauß selbst vertritt einen wissenschaftlich begründeten Pantheismus, der sachlich zum Atheismus führt. Je genauer der forschende Geist in Natur und Geschichte »Ordnung und Regel, vernünftigen Gehalt überhaupt« entdeckt, desto enger schließt Ring sich an Ring »in der Kette des ursächlichen Zusammenhangs«[726] auf beiden Gebieten. Das kirchliche Jenseits wird um so entbehrlicher, je mehr der Geist »in der Anschauung des Natur- und Geschichts-Zusammenhangs sich befriedigt«[727] findet.

Diese Absage an eine religiöse Überwelt ist erstaunlicherweise bei Strauß – wie in Schopenhauers Philosophie – verbunden mit einer

Ethik, die sich mit der natürlichen Ordnung der Dinge nicht begnügt und den Menschen beharrlich daran erinnert, daß er kein bloß physisches Wesen ist.[728] Da Strauß' Ethik mit seiner symbolischen Interpretation der neutestamentlichen Mythen höchst lehrreich verknüpft ist, sei auf sie – wiederum im Hinblick auf Schopenhauer – kurz eingegangen. Hierzu bieten sich besonders die christologischen Erwägungen am Ende des zweiten Bandes seines *Leben Jesu* an. Hier heißt es: »Das ist der Schlüssel der ganzen Christologie, daß als Subjekt der Prädikate, welche die Kirche Christo beilegt, statt eines Individuums eine Idee, aber eine reale, nicht Kantisch unwirkliche, gesetzt wird. In einem Individuum, einem Gottmenschen, gedacht, widersprechen sich die Eigenschaften und Funktionen, welche die Kirchenlehre Christo zuschreibt: in der Idee der Gattung stimmen sie zusammen. Die Menschheit ist die Vereinigung der beiden Naturen, der menschgewordene Gott, der zur Endlichkeit entäusserte unendliche, und der seiner Unendlichkeit sich erinnernde endliche Geist; sie ist das Kind der sichtbaren Mutter und des unsichtbaren Vaters: des Geistes und der Natur; sie ist der Wunderthäter: sofern im Verlauf der Menschengeschichte der Geist sich immer vollständiger der Natur bemächtigt, diese ihm gegenüber zum machtlosen Material seiner Thätigkeit heruntergesetzt wird; sie ist der Unsündliche: sofern der Gang ihrer Entwicklung ein tadelloser ist, die Verunreinigung immer nur am Individuum klebt, in der Gattung aber und ihrer Geschichte aufgehoben ist; sie ist der Sterbende, Auferstehende und gen Himmel Fahrende: sofern ihr aus der Negation ihrer Natürlichkeit immer höheres geistiges Leben, aus der Aufhebung ihrer Endlichkeit als persönlichen, nationalen und weltlichen Geistes ihre Einigkeit mit dem unendlichen Geiste des Himmels hervorgeht. Durch den Glauben an diesen Christus, namentlich an seinen Tod und seine Auferstehung, wird der Mensch vor Gott gerecht: d. h. durch die Belebung der Idee der Menschheit in sich, namentlich nach dem Momente, daß die Negation der Natürlichkeit, welche selbst schon Negation des Geistes ist, also die Negation der Negation, der einzige Weg zum wahren geistigen Leben für den Menschen sei, wird auch der einzelne des gottmenschlichen Lebens der Gattung theilhaftig.«[729]

Hierin allein erblickt Strauß den »absolute(n) Inhalt der Christologie«[730], mag diese auch, rein historisch betrachtet, erheblichem

Zweifel unterliegen. Daß die Evangelien jenen Inhalt an die Person und Lebensgeschichte eines Individuums binden, erklärt Strauß aus dem Weltzustand und der Geistesstufe der Zeit Jesu. Die damaligen Menschen vermochten die »Idee der Menschheit« nur »in der konkreten Figur eines Individuums anzuschauen«[731], das sie als gottgesandt verehrt hatten und dessen Leiden und Tod den Glauben in ihnen erzeugten, es werde wiedererstehen. War in seiner Passionsgeschichte, lehrt Strauß, »die äussere Noth, welche die Menschheit bedrückte, concentrirt, und die innere abgebildet: so lag in seiner Wiederbelebung der Trost, daß in solchem Leiden der Geist sich nicht verliere, sondern erhalte, durch die Negation der Natürlichkeit sich nicht verneine, sondern in höherer Weise affirmire«[732]. Hatte Gott seinen Sohn »um der Sünde der Menschen willen« hingegeben, so war auch »diese äusserste Grenze der Endlichkeit« als notwendiges Moment des Göttlichen erkannt, und der von Sünde und Todesangst niedergedrückte Mensch konnte sich »in die göttliche Freiheit aufgenommen fühlen«[733]. – »Wie der Gott des Plato auf die Ideen hinschauend die Welt bildete: so hat der Gemeinde, indem sie, veranlaßt durch die Person und Schicksale Jesu, das Bild ihres Christus entwarf, unbewußt die Idee der Menschheit in ihrem Verhältnis zur Gottheit vorgeschwebt.«[734]

Demgegenüber, unterstreicht Strauß, weist historische Kritik nach, daß die Bezogenheit der Christologie auf ein konkretes Individuum nur zu ihrer »zeit- und volksmäßigen Form«[735] gehört. Der auf sinnliche Weise anhebende Glaube bedarf einer zeitlichen Geschichte; er erklärt für wahr, was sich als äußere, faktische Begebenheit zugetragen hat (oder haben soll). Dem Geist dagegen, der anläßlich dieses Äußeren »die Idee der mit Gott einigen Menschheit sich zum Bewußtsein« bringt, »hat sich der Gegenstand vollkommen verwandelt, ist aus einem sinnlich empirischen zu einem geistigen und göttlichen geworden, der nicht mehr in der Geschichte, sondern in der Philosophie seine Beglaubigung hat. Durch dieses Hinausgehen über die sinnliche Geschichte zur absoluten, wird jene als das Wesentliche aufgehoben, zum Untergeordneten herabgesetzt, über welchem die geistige Wahrheit auf eigenem Boden steht, zum fernen Traumbild, das nur noch in der Vergangenheit, und nicht wie die Idee in dem sich schlechthin gegenwärtigen Geiste vorhanden ist.«[736] Als praktisch wirkender Theologe ist Strauß sich der

Schwierigkeit bewußt, seine Ergebnisse den vielen Gläubigen mitzuteilen, die traditioneller Exegese zu folgen gewohnt sind: »Die Gemeinde bezieht die kirchliche Christologie auf ein zu gewisser Zeit geschichtlich dagewesenes Individuum: der speculative Theolog auf eine Idee, die nur in der Gesamtheit der Individuen zum Dasein gelangt; der Gemeinde gelten die evangelischen Erzählungen als Geschichte: dem kritischen Theologen guten Theils nur als Mythe.«[737]

Nicht zufällig bezeichnet Strauß, der sich hier noch ausdrücklich auf Hegels Religionsphilosophie beruft, die sein exegetisches Werk bestimmende »Ansicht« als eine »kritisch-speculative«[738]. Während Strauß – etwa seit 1840 – unter Feuerbachs Einfluß sich von aller Theologie abwendet, damit auch von dem hegelianischen Gedanken, das historisch-kritisch aufgelöste Dogma müsse sich vermittels des »Begriffs« wiederherstellen, zeigt er sich im *Leben Jesu* noch aufrichtig bemüht, dem »kritischen« Motiv ebenso gerecht zu werden wie dem »spekulativen«.[739] Daß sie einen unversöhnlichen Gegensatz bilden (worin sich der von empirischer Wirklichkeit und idealistischer Konstruktion abzeichnet), ist Strauß offenbar erst später bewußt geworden. Im *Leben Jesu* kommt es ihm darauf an, die zuvor vom Historischen kritisch abgehobenen, als mythisch erkannten Gehalte in einem zweiten Schritt symbolisch zu interpretieren: durch ihre Übersetzung in Hegelsche Kategorien. Wie diese im einzelnen ausfällt, haben wir belegt am prägnanten Beispiel der Christologie. Deren »absoluter«, aller empirischen Historie entkleideter »Inhalt« wird von Strauß als »Idee der Gattung« gefaßt. Dem entsprechen die verschiedenen, hier dargelegten Versuche Schopenhauers, das Kernstück des kirchlichen Dogmas zu überführen in Termini seiner Metaphysik. Bei Schopenhauer ist von der »Idee des Menschen in ihrer Einheit« die Rede. Dann aber trennen sich die Wege. Während Strauß den menschgewordenen Gott spekulativ als Vermittlung von Geist und Natur auslegt, liefert Schopenhauer eine gnostische Interpretation, indem er im (leibfrei gedachten) Gottmenschen Gnade, Erlösung und Willensverneinung symbolisiert sieht. Geht Schopenhauer über die neutestamentlichen Wundergeschichten, die er für belanglos hält, einfach hinweg, so verrichtet die Menschheit als Subjekt ihrer Geschichte Strauß zufolge insofern tatsächlich Wunder, als sie die Natur immer mehr »zum machtlosen Material« der Tätigkeit des Geistes herabsetzt. Betont Schopenhauer, darin härter, gleichsam reformatorischer als der protestantische Theologe Strauß, den schlechthin sündhaften Wesenskern der Welt und des Menschen, so verharmlost jener das Faktum der Sünde idealistisch-geschichtsphilosophisch, indem er den blutigen Gang des gattungsmäßigen Fortschritts in seiner Totalität als »tadellos« bezeichnet und dabei versichert, die »Verunreinigung« hafte stets nur am Individuum. – Am ehesten noch konvergieren beide Interpretationen hinsichtlich des Glaubens an den leidenden, sterbenden und auferstehenden Christus, den Strauß – Schopenhauer nicht unähnlich – mit der »Negation der Natürlichkeit« zusammendenkt, »welche selbst schon Negation des Geistes ist«, mit einer Negation der Negation also, die allein den Menschen »zum wahren geistigen Leben« führt.

Teil VI: Die Schopenhauersche Religionsphilosophie – ein Dokument des modernen Bewußtseins

Schon die ältere Literatur über Schopenhauer hebt seine mehrdeutige, komplizierte Stellung zur Religion hervor. Volkelt spricht von einer bis zur »Zwiespältigkeit« sich steigernden »Doppelseitigkeit«[740] und Ziegler vom »Zwielicht zwischen religiösem Mystizismus und illusionistischem Nihilismus«[741], in dem Schopenhauers System ende. Simmel dagegen wird, aus geistesgeschichtlicher Perspektive, der spezifischen Problematik des Schopenhauerschen Werks weitaus gerechter. Er erinnert daran, daß nach dem Zusammenbruch der antiken Welt das Christentum einen Sinn-Hintergrund stiftete, der den Menschen metaphysischen Halt verlieh und deshalb als »unbedingter Wert« galt, »als das definitive Ziel jenseits alles Einzelnen, Fragmentarischen«[742]. Von ihm haben sie gezehrt, bis das Christentum während der letzten Jahrhunderte seine Leuchtkraft immer mehr einbüßte. Damit aber, betont Simmel, ging das »Bedürfnis eines Endzwecks des Lebens« nicht einfach verloren. Erhalten blieb – als »Erbschaft des Christentums« – die »Sehnsucht nach einem absoluten Zweck«[743]. Die Metaphysik Schopenhauers nun registriert, so Simmel, »diesen inneren Zustand des modernen Menschen«[744] seismographisch. Der Wille ist ihr zufolge »die Substanz unseres subjektiven Lebens, wie und weil das Absolute des Seins überhaupt ein rastloses Drängen, ein stetes Übersichhinausgehen ist, das aber, gerade weil es der erschöpfende Grund aller Dinge ist, zu ewiger Unbefriedigtheit verurteilt ist«; denn außerhalb seiner kann der Wille nichts finden, woran er sein Genüge hätte: er ergreift, in zahllosen Verkleidungen, immer wieder nur sich selbst, fortgetrieben »von jedem scheinbaren Ruhepunkt seines endlosen Weges«[745]. Damit projiziert Schopenhauer die »Eingestelltheit der Existenz auf einen Endzweck und die gleichzeitige Versagtheit seiner in eine Gesamtweltanschauung«[746]. Gerade »die Absolutheit des Willens, mit dem das Leben identisch ist, läßt ihn nicht an irgendeinem Außerhalb-seiner zur Ruhe kommen, weil es kein Außerhalb-seiner gibt, und sie drückt ... die Lage der momentanen Kultur aus, wie sie von der Sehnsucht nach einem Endzweck des Lebens erfüllt ist, den sie als für immer entschwunden oder illusorisch empfindet«[747]. – Daher auch der mystische Horizont der Schopenhauerschen Philosophie; entsteht doch, nach Nietzsches Einsicht, Mystik überall dort, wo Skepsis und Sehnsucht sich begatten.

Was Simmel den großen Stil Schopenhauers nennt, gründet darin, daß er »die geheimnisvolle Beziehung zum Absoluten der Dinge« besitzt, die der bedeutende Denker »nur noch mit dem Künstler teilt, so daß er, in die Tiefen der eigenen Seele hineinhörend, den tiefsten Grund des Seins in sich zum Klingen bringt. Auch dieser Ton mag subjektiv gefärbt sein und nur in den von vornherein ebenso gestimmten Seelen weitertönen; das Entscheidende ist das Tiefenmaß des Hinunterreichens überhaupt, die Leidenschaft für das Ganze der Welt, während der nicht metaphysische Mensch in ihren Teilen hängen bleibt.«[748] Ein »Gerichtetsein auf den absoluten Grund der Dinge«[749], das auch die Ambiguität von Schopenhauers Verhältnis zur Religion erklärt. Seine Metaphysik, die ihr gegenüber die Würde des *sensu proprio* Wahren beansprucht, ist insofern selbst »religiös«, als sie sich nicht mit einem theoretischen Bild der Welt begnügt, sondern über diese immer schon ein moralisches Werturteil ausspricht. Ist nun der Wille »die eigentliche Qualität des Seins, so ist dieses ein sinn- und heilloses, seinem Begriffe nach alle Befriedigung von sich ausschließendes erst dann, wenn der Wille als ein in allen singulären Erscheinungen dennoch einheitlicher gelten darf«[750]. Derart, unterstreicht Simmel, wird die Welt zur »Darstellung des radikalen Widerspruchs: daß der metaphysische Wille nicht nur seinen Zielen ewig fern bleiben muß, sondern ... überhaupt keine hat – obgleich es sein Wesen und Sinn ist, Ziele zu haben; er ist das Begehren, dem nicht der Gewinn seines Gegenstandes, sondern ein Gegenstand überhaupt versagt ist«[751].

Es ist die Urschwierigkeit der Schopenhauerschen Metaphysik, daß sie – im vollen Bewußtsein der letztinstanzlichen Sinnwidrigkeit des Daseins – die Religionen zu überbieten trachtet, aber bei jener Sinnwidrigkeit verharrt und deshalb bloß die Moral der Verneinung jeglichen Lebenswillens übrigbehält. Während Nietzsche, dionysisch-weltfromm, *sub specie* des Entwicklungsgedankens den »Mensch(en) der Zukunft« als »Besieger Gottes *und* des Nichts«[752] feiert, ist Schopenhauer – bei gleicher Abkehr von sinnstiftender Transzendenz – der utopische Ausweg versperrt. Er steht daher den Religionen als volksmäßigem Ausdruck des »metaphysischen Bedürfnisses« zwar distanziert, nicht aber schlechthin verneinend gegenüber. Ebendies kreidet Nietzsche ihm an: »So gewiß man aus Schopenhauers religiös-moralischer Menschen- und Weltdeutung sehr viel für das Verständnis des Christentums und anderer Religionen gewinnen kann, so gewiß ist es auch, daß er über den *Wert der Religion für die Erkenntnis* sich geirrt hat. Er selbst war darin ein nur zu folgsamer Schüler der wissenschaftlichen Lehrer seiner Zeit, welche allesamt der Romantik huldigten und dem Geiste der Aufklärung abgeschworen hatten; in unsere jetzige Zeit hineingeboren, würde er unmöglich vom sensus allegoricus der Religion haben reden können; er würde vielmehr der Wahrheit die Ehre gegeben haben, wie er es pflegte, mit den Worten: *noch nie hat eine Religion, weder mittelbar noch unmittelbar, weder als Dogma noch als Gleichnis, eine Wahrheit enthalten.*«[753]

Nietzsches wenig differenziertes Urteil entstammt der »positivistischen« Phase seines Denkens, worin er – sich selbst Gewalt antuend – im Geist forcierter Wissenschaftlichkeit alles »Romantische« und »Idealistische« niederreißt. Dazu rechnet er, neben der Wagnerschen Musik, die Philosophie seines Lehrers. Der »Ernst des Symbolischen«, der Schopenhauers Erwägungen über religiöse Gegenstände durchzieht, ist Nietzsche zu dieser Zeit bereits fremd; er hält ihn für ein »Kennzeichen der niederen Kultur«[754]. Ob freilich Schopenhauer angesichts des naturwissenschaftlichen Fortschritts nach 1860 über Religion so abschätzig geurteilt hätte, wie Nietzsche vermutet, steht dahin. Für Schopenhauer bleibt nämlich die sachliche Notwendigkeit, von einer bloß physischen zur metaphysischen Weltansicht überzugehen, unberührt vom jeweiligen Stand der Einzelwissenschaften. Diese vermögen weder das Rätsel des Weltganzen noch das des (vom physischen Sterben zu unterscheidenden) Todes zu lösen.[755] Das allein dem Menschen »eigene *Bedürfniß einer Metaphysik*« [756] ist schlechterdings unausrottbar. Auf einem anderen Blatt steht, ob dieses Bedürfnis angemessen oder auf dürftige Art befriedigt wird. Die »metaphysische Fähigkeit«[757] entspricht seiner Intensität – worüber die Religionsgeschichte belehrt – keineswegs in allen Fällen. Schopenhauer geht davon aus, daß diejenigen, »welche der Entstehung des Menschengeschlechts und dem Urquell der organischen Natur bedeutend näher standen, als wir, auch noch theils größere Energie der intuitiven Erkenntnißkräfte, theils eine richtigere Stimmung des Geistes hatten, wodurch sie einer reineren, unmittelbaren Auffassung des Wesens der Natur fähig und dadurch im Stande waren, dem metaphysischen Bedürfniß auf eine würdige Weise zu genügen: so entstanden in den Urvätern der Brahmanen, den Rischis, die fast übermenschlichen Konceptionen, welche später in den Upanischaden der *Veden* niedergelegt wurden.«[758]

Die in den asiatischen Religionen und im Christentum enthaltene »Grundwahrheit«, nämlich »das Bedürfniß der Erlösung aus einem Dasein, welches dem Leiden und dem Tode anheimgefallen ist, und die Erreichbarkeit derselben durch Verneinung des Willens«, läuft – unbeschadet ihrer Wichtigkeit – »der natürlichen Richtung des Menschengeschlechts« derart zuwider und ist »nach ihren wahren Gründen«[759] so schwer zu fassen, daß sie den meisten unzugänglich bleibt. Deshalb, sagt Schopenhauer, bedurfte es, schon um die moralische »Anwendbarkeit« jener fundamentalen Wahrheit zu gewährleisten, »überall eines *mythischen Vehikels* derselben, gleichsam eines Gefäßes, ohne welches jene sich verlieren und verflüchtigen würde. Die Wahrheit mußte daher überall das Gewand der Fabel borgen und zudem stets sich an das jedesmal historisch Gegebene, bereits Bekannte und ... Verehrte anzuschließen bestrebt seyn.«[760] Der überwiegenden Mehrheit der Menschen aller Kulturen und Länder mußte das ihr *sensu proprio* Unerreichbare, »zum praktischen Behuf, *sensu allegorico* beigebracht werden«[761]. Die geschichtsartige, mythische Hülle einer Religion ist für Schopenhauer stets sekundär. Ihn interessiert deren in der »ethischen Tendenz« sich ausdrückender »Geist«[762]. So sieht er das ursprünglich asketische Christentum[763], sei's durch Herkunft, sei's durch Übereinstimmung verbunden mit der alten und erhabenen Glaubenswelt Indiens, die »im Gegensatz steht zu dem falschen, platten und verderblichen *Optimismus*, der sich im Griechischen Heidenthum, im Judenthum und im Islam darstellt«[764].

Schopenhauers Religionsphilosophie verbindet Kritik mit einer versöhnlichen Geste des Rettens. Sie mündet ein in eine Reflexion über die Zukunft der religiösen Lebensform in der modernen Welt. Am Ende des zweiten Bandes der *Welt als Wille und Vorstellung* lesen wir: »So sind denn die ... Glaubenslehren anzusehn als die heiligen Gefäße, in welchen die seit mehreren Jahrtausenden, ja, vielleicht seit dem Beginn des Menschengeschlechts erkannte und ausgesprochene große Wahrheit, die jedoch an sich selbst, in Bezug auf die Masse der Menschheit, stets eine Geheimlehre bleibt, dieser nach Maaßgabe ihrer Kräfte zugänglich gemacht, aufbewahrt und durch die Jahrhunderte weitergegeben wird. Weil jedoch Alles, was nicht durch und durch aus dem unzerstörbaren Stoff der lauteren Wahrheit besteht, dem Untergange ausgesetzt ist; so muß, so oft diesem ein solches Gefäß, durch die Berührung mit einer ihm heterogenen Zeit, entgegengeht, der heilige Inhalt irgendwie, durch ein anderes, gerettet und der Menschheit erhalten werden. Die Philosophie aber hat die Aufgabe, jenen Inhalt, da er mit der lauteren Wahrheit Eins ist, für die allezeit äußerst geringe Anzahl der zu denken Fähigen, rein, unvermischt, also bloß in abstrakten Begriffen, mithin ohne jenes Vehikel darzustellen. Dabei verhält sie sich zu den Religionen, wie eine gerade Linie zu mehreren, neben ihr laufenden Kurven: denn sie spricht *sensu proprio* aus, erreicht mithin geradezu, was jene unter Verhüllungen zeigen und auf Umwegen erreichen.«[765]

Schopenhauer resümiert hier noch einmal seine Interpretation des Verhältnisses von Religion und Philosophie nach Einheit und Differenz. Diese bleibt jedoch bei – letztlich – gleichem Inhalt beider entscheidend. Die Philosophie vermag der Religion Ort und Funktion zuzuweisen, nicht aber umgekehrt. Deshalb warnt Schopenhauer schon früh vor dem Trugschluß aller Dogmatiker und speziell Schellings, Philosophie sei mit Mythologie vereinbar, ja identisch, sofern diese nur abstrakt genug sei. Was Schelling in der (den Bruch seines Denkens mit der Romantik) einleitenden Schrift *Philosophie und Religion* von 1804 als »esoterische Religion« vorführt, ist in seinen Augen pure »Mythologie«, lediglich »eine etwas abstraktere«[766]. »Schellings ganzes System« , betont Schopenhauer, »ist nichts als Mythologie, vielleicht die abstrakteste, zu der man gelangen kann. Doch ist dies nur eine unwesentliche Eigenschaft und sie hat mit der allersinnlichsten dieselbe Natur.«[767] Von dieser frühen Absage an Mythologie, sobald diese mit philosophischem Ehrgeiz auftritt, ist Schopenhauer zeitlebens nicht mehr abgerückt. Daher sein ängstliches Bemühen, jeglichem Verdacht entgegenzuwirken, es handle sich bei der All-Einheit des Willens auch nur um eine Mythe; versucht er doch unentwegt darzutun, wie sehr seine Metaphysik sich im Einklang mit den Ergebnissen empirischer Wissenschaft befinde.[768]

Schopenhauers religionsphilosophischer Leitgedanke besagt, daß die Wahrheit von Glaubenssätzen »durchaus nur eine allegorische ist und seyn muß«, da ihr Gehalt dem Volk »nicht anders als im Bilde und Gleichniß faßlich werden kann, weil er in einer Religion liegt«, die seinem »Denken und Begreifen ganz unzugänglich ist«[769]. Jener Gehalt nun ist ein *moralischer*. Schopenhauer knüpft zwar äußerlich an die Tendenz der Aufklärung an, Religion auf Sittlichkeit zu reduzieren. Aber er geht zugleich – im Geist ihrer besten Wortführer und Fortbildner – insofern einen Schritt weiter, als er die Differenz von Moral und Metaphysik relativiert, damit nicht länger jene gegen diese ausspielt; die im (durchdachten Sinn) *moralische* ist stets auch die *metaphysische Weltordnung*. Unter diesem Aspekt weist Schopenhauer seiner Lehre einmal die Aufgabe zu, mit ihren begrifflichen Mitteln dasjenige zu bewahren, was in der Religion historischem Wandel widersteht; zum anderen hat sie, sollte jene *untergehen*, das Recht auf Erbantritt. Letztere Möglichkeit zeichnet sich für Schopenhauer schon zu seinen Lebzeiten ab. So jedenfalls schätzt er seine Lehre ein: »Die moralischen Resultate des Christenthums, bis zur höchsten Askese, findet man bei mir rationell und im Zusammenhange der Dinge begründet; während sie es im Christenthum durch bloße Fabeln sind. Der Glaube an diese schwindet täglich mehr; daher wird man sich zu meiner Philosophie wenden müssen.«[770]

Beschließen wir vorliegende Studie mit einer nochmaligen Diskussion der Frage, *wie* die von Schopenhauer behauptete *Identität* des Inhalts von Religion und Philosophie angesichts eines Formunterschieds beider zu verstehen sei, der sich – genauer untersucht – auf den von mythischer und rationaler Rede keineswegs reduzieren läßt. Schopenhauer selbst erwähnt immer wieder Bestandteile der Religion, die er nur mühsam unter jene Form zu subsumieren vermag, die er ihr definitorisch zuspricht. So versichert er zwar, die »Absurditäten des Dogmas« seien »der Stämpel und Abzeichen des Allegorischen und Mythischen«[771], muß aber doch, um sie zu erklären, wie sein Schüler Nietzsche zusätzlich darauf rekurrieren, »daß dem Menschengeschlechte das Absurde, in gewissem Grade, angemessen, ja, ein Lebenselement und die Täuschung ihm unentbehrlich ist; – wie Dies auch andere Erscheinungen bestätigen«[772].

Wir sind auf die hier diskutierte Frage – keineswegs zufällig – auch im Kontext der Straußschen Evangelienkritik gestoßen. Sie ergibt sich bei Strauß, der für Hegel steht, wie für dessen Verächter Schopenhauer daraus, daß beide die Gemeinsamkeit des Inhalts von Religion und Philosophie dadurch erzwingen, daß sie jene – vorweg – auf eine metaphysische »Grundwahrheit« reduzieren, die als Extrakt ihrer jeweils *philosophischen* Endabsicht erkennbar ist. Bei Hegel läuft sie darauf hinaus, die Identität von Subjekt und Objekt spekulativ darzutun; bei dem voluntaristischen Atheisten Schopenhauer auf »das höchste, von seiner sinnlichen Natur möglichst unabhängige Selbstbewußtseyn des Menschen«, das allein ihm geeignet erscheint, dem Begriff »Anschauung Gottes«[773] Sinn zu verleihen.

Beide Denker reagieren auf eine seit der Aufklärung unwiderruflich veränderte Stellung des Bewußtseins zur Religion. Während jedoch Hegel unbeschadet seiner Einsicht, daß Religion nur überlebt, wenn sie in den philosophischen Begriff flüchtet, das Christentum weiterhin als »absolute Religion« kennzeichnet[774], ist derlei für Schopenhauer undenkbar geworden. Sein Versuch, Religion zu retten, zeugt – mehr noch als der Hegelsche – vom brüchigen Boden der Moderne. Er sieht in den Religionen »Gefäße«, die eine »Grundwahrheit«, einen »heiligen Inhalt« über Jahrhunderte hinweg transportieren und ihn so der Menschheit erhalten. Dabei ergibt sich häufig die Notwendigkeit, ein »solches Gefäß« durch ein anderes zu ersetzen, sobald es sich – im Konflikt »mit einer ihm heterogenen Zeit« – als außerstande erweist, jenen »Inhalt« angemessen darzubieten. Aber selbst er ist gegen historischen Wandel keineswegs gefeit. Immer wieder setzt dieser »Inhaltliches«, das einmal als »heilig« galt, zur abstreifbaren »Form« herab.

Schopenhauers Hauptbestreben richtet sich darauf, das von ihm unter die asiatischen Weisheitslehren gerechnete Christentum philosophisch zu retten. »Bei keiner Sache«, betont er indes, »hat man so sehr den Kern von der Schaale zu unterscheiden, wie beim Christenthum. Eben weil ich diesen Kern hoch schätze, mache ich mit der Schaale bisweilen wenig Umstände: sie ist jedoch dicker, als man meistens denkt.«[775] Wir haben bereits dargetan, daß Schopenhauer (darin ungewollt Geistesverwandter Hegels) die inhaltliche Identität von Religion und Philosophie nur dadurch ertrotzt, daß er – von störendem Beiwerk abstrahierend – den zu bewahrenden »Kern« jener auf eine »Grundwahrheit« zurückführt, die seine eigene Metaphysik formelhaft resümiert. Horkheimer sieht denn auch die christliche Moral *gegen ihre theistische Begründung* durchgehalten und gerechtfertigt in Schopenhauers Gedanken, daß besser Nichts wäre als das, was ist: »Ist das Reich der Erscheinung, die erfahrbare Wirklichkeit, nicht das Werk von positiver göttlicher Macht, Ausdruck des an sich selber guten, ewigen Seins, sondern des in jedem Endlichen sich bejahenden, in der Vielheit verzerrt sich spiegelnden, jedoch zutiefst identischen Willens, dann hat ein jeder Grund, mit jedem anderen sich eins zu wissen, nicht mit seinen spezifischen Motiven, sondern mit seiner Verstrickung in Wahn und Schuld, dem Getriebensein, der Freude und dem Untergang. Leben und Schicksal des Stifters des Christentums werden zum Vorbild, nicht auf Grund von Geboten, sondern von Einsicht in das Innerste der Welt.«[776] In bewußtem Gegensatz zu rationalistischen Interpretationen im neueren Protestantismus erklärt Schopenhauer den »asketische(n) Geist« zur eigentlichen »Seele des Neuen Testaments«[777]. Dessen Übergang von der alttestamentlichen »Herrschaft des Gesetzes zur Herrschaft des Glaubens ... bedeutet, *sensu proprio*, den Uebergang von den bloß moralischen Tugenden zur Verneinung des Willens zum Leben«[778]. Im Hinblick auf die seine Lehre tragende These der »Verwerflichkeit der Welt«, sagt Schopenhauer, könnte man jene »die eigentliche Christliche Philosophie nennen; – so paradox Dies Denen vorkommen mag, die nicht auf den Kern der Sache gehn, sondern bei der Schaale stehn bleiben«[779].

Daraus, daß Religion für Schopenhauer »zwei Gesichter« hat: »ein sehr freundliches und ein sehr finsteres«[780], erklärt sich sein schwankendes, aber stets um Gerechtigkeit bemühtes Urteil. Lob und Tadel halten einander zumeist die Waage; letztlich überwiegt bei Schopenhauer die positive Einschätzung der Religion. Sein ihr gewidmeter Dialog im zweiten Band der *Parerga* dokumentiert im Für und Wider das Kopfzerbrechen, das sie ihm bereitet. Einerseits ist Religion, davon ist Schopenhauer überzeugt, als »Volksmetaphysik« völlig unentbehrlich; es muß sie geben, wie es eine in Sprichwörtern sich bekundende »Volksweisheit« und eine »Volkspoesie« gibt.[781] Der Mensch bedarf allemal einer »Auslegung des Lebens«[782], die den »Horizont seiner Gedanken«[783] umgrenzt. Da es ihm zumeist an Urteilskraft fehlt und die »von der Natur und ihrer Noth ihm aufgelegte Arbeit« ihm keine Zeit läßt, selbst nachzudenken, ist er »auf Glauben und Auktorität ... verwiesen«[784]. Als Richtschnur sittlichen Handelns, als Lebenshilfe, als Trost im Leiden wie im Tod leisten die Religionen Schopenhauer zufolge vielleicht ebensoviel, wie die philosophische Wahrheit leisten könnte – »wenn wir sie besäßen«[785]. Die Religionen sind »Schemata«[786], in denen das Volk sich auf die ihm gemäße Weise mit dem »Räthsel unseres Daseyns« beschäftigt. Ihre allegorisch eingekleidete, auf heilige Texte sich berufende Wahrheit »wendet sich zunächst an ... das theoretische Bedürfniß (des Menschen), welches aus dem ... Bewußtseyn hervorgeht, daß hinter dem Physischen der Welt irgendwie ein Metaphysisches stecken müsse, ein Unwandelbares, welches dem beständigen Wandel zur Grundlage dient; sodann aber an den Willen, an Furcht und Hoffnung der in steter Noth lebenden Sterblichen: sie schafft ihnen demnach Götter und Dämonen, die sie anrufen, die sie besänftigen, die sie gewinnen können; endlich aber wendet sie sich an ihr unleugbar vorhandenes moralisches Bewußtseyn, dem sie Bestätigung und Anhalt von außen verleiht, eine Stütze, ohne welche dasselbe, im Kampfe mit so vielen Versuchungen, sich nicht leicht würde aufrecht erhalten können ... Sonach gleicht die Religion Dem, der einen Blinden bei der Hand faßt und leitet, da er nicht selbst sehn kann und es ja nur darauf ankommt, daß er sein Ziel erreiche, nicht, daß er Alles sehe.«[787]

Dem stehen ebenso unbestreitbare Nachteile der Religion gegenüber. Sie ist niemals Sache rationaler Überzeugung, sondern eines Glaubens, der den Menschen früh und deshalb ungeprüft eingeimpft wird. Die Priester, halb Betrüger, halb Sittenlehrer, haben die Stärke und Unausrottbarkeit des metaphysischen Bedürfnisses der Menschen wohl erkannt. Gern stellen sie es in den Dienst ihrer irdischen Interessen, indem sie vorgeben, sie seien auf außergewöhnlichem Wege – durch Offenbarung – in den Besitz des alle Zweifel besiegenden Rätselworts gelangt. Das verschafft ihnen Autorität und willfährige Anhänger. Auch in moralischer Hinsicht haben namentlich die monotheistischen Religionen wenig Erbauliches geboten. »Religionskriege, Religionsverfolgungen und Ketzergerichte« gehen »wie auch ... Bilderstürmerei und Vertilgung fremder Götterbilder, Umstürzung Indischer Tempel und Aegyptischer Kolosse«[788] auf ihr Konto. Es ist, sagt Schopenhauer, »die schlimmste Seite der Religionen, daß die Gläubigen einer jeden gegen die aller andern sich Alles erlaubt halten und daher mit der äußersten Ruchlosigkeit und Grausamkeit gegen sie verfahren«[789]. Am ehesten noch üben polytheistische Götter Toleranz. Es entspricht dies ihrer Beschaffenheit: Sie »leben und lassen leben: zunächst dulden sie gern ihre Kollegen, die Götter der selben Religion, und nachher erstreckt diese Toleranz sich auch auf fremde Götter, die ... gastfrei aufgenommen werden und später bisweilen sogar das Bürgerrecht erlangen; wie uns zunächst das Beispiel der Römer zeigt, welche Phrygische, Aegyptische und andere fremde Götter willig aufnahmen und verehrten«[790].

Wer die Schattenseite der Religion kennen lernen will, braucht nur einen Blick auf die streng kirchlich geprägten Jahrhunderte zu werfen. Während dieses Zeitraums, betont Schopenhauer, liegt der Theismus »wie ein drückender Alp auf allen geistigen, zumal philosophischen Bestrebungen und hemmt, oder verkümmert jeden Fortschritt«[791]. Das beobachtende, experimentelle Studium der Dinge bleibt stecken in den ersten Anfängen: »Gott, Teufel, Engel und Dämonen verdecken den Gelehrten jener Zeiten die ganze Natur: keine Untersuchung wird zu Ende geführt, keiner Sache auf den Grund gegangen; sondern Alles, was über den augenfälligen Kausalnexus hinausgeht, durch jene Persönlichkeiten alsbald zur Ruhe gebracht«[792]. Dem entspricht Schopenhauers politisch-gesellschaftliches Urteil über jene ganze Epoche, das ihn, nebenbei gesagt, als aufgeklärten, antifeudalen Bürger kennzeichnet: »Im Mittelalter war das Volk (Bauer und Bürger) das Last- und Mastvieh der Ritter und Pfaffen. Jene herrschten durch offene Gewalt; diese durch Lug und Trug.«[793] Die »ganze Bürde des Lebens« wurde dem »dritten Stande«[794] auferlegt. »Faustrecht, Feudalismus und Fanatismus« hatten sich verbündet; »Unwissenheit und Geistesfinsterniß, ihr entsprechende Intoleranz, Glaubenszwiste, Religionskriege, Kreuzzüge, Ketzerverfolgungen und Inquisitionen«[795] gingen damit einher.

Neben solchen historisch belegbaren Zügen der Religion, die, moralisch gesehen, fragwürdig, ja abstoßend sind, führt Schopenhauer ihre Einsprengsel rohen Aberglaubens an, die den eigentlichen religiösen Motiven *in theoretischer Hinsicht* widerstreiten. Sie bringen Religion in Gegensatz zu ebenjener höheren Wahrheit, der verpflichtet zu sein sie unentwegt versichern muß. Derartige Einsprengsel rükken Religion in die Nähe des Schwindels, machen sie zu einem sonderbaren Gemisch aus Resten vorwissenschaftlichen Bewußtseins, dubiosen Dogmen und einer vermummten, vielleicht gerade deshalb von den Völkern respektierten Wahrheit. Schopenhauer betrachtet es geradezu als »Monogramm der moralischen Welt«, daß selbst die »wichtigste, höchste und heiligste Wahrheit nicht anders, als mit der Lüge versetzt, auftreten kann, ja, von dieser ... eingeführt werden muß, als Offenbarung«[796]. Und er fügt dem die – freilich schwache – Hoffnung hinzu, daß dereinst »die Wahrheit in einfacher und faßlicher Gestalt« an die Stelle der Religion treten werde. Dann nämlich wird diese »ihren Beruf erfüllt und ihre Bahn durchlaufen haben: sie kann ... das bis zur Mündigkeit geleitete Geschlecht entlassen, selbst aber in Frieden dahinscheiden«[797]. Solange jedoch Religion existiert, müssen wir mit ihrem Doppelcharakter rechnen. Dieser entspringt indes, näher untersucht, nicht allein »atheoretischen« Faktoren, die ihren Wahrheitsgehalt schmälern, sondern auch (und vor allem) der *spezifischen Form*, unter der sie erscheint: als gleichnishafte Rede, Mythos, Parabel oder Symbol. »Religion«, sagt Schopenhauer , ist »die allegorisch und mythisch ausgesprochene, und dadurch der Menschheit im Großen zugänglich und verdaulich gemachte Wahrheit«; dem Volk »kann der tiefe Sinn und das hohe Ziel des Lebens nur *symbolisch* eröffnet und vorgehalten werden«[798].

Dem beizupflichten wird auch wohlmeinenden Lesern dadurch erschwert, daß Schopenhauer in seiner Bewertung der bild- oder gleichnishaften Rede – nach ihm das »eigentliche Element der Religion«[799] – stark schwankt. Bald nämlich scheint es, als verzerrten Mythos und Allegorie den Wahrheitsgehalt des in ihnen Dargestellten, bald bezeichnet Schopenhauer alle Mythen und Fabeln unwirsch als »Schwall von Lügen«[800], bald – und zwar am häufigsten – als unentbehrliches »Vehikel«[801] einer dem naiven Bewußtsein nur so mitteilbaren Wahrheit. Hierbei fällt eine terminologische Unschärfe auf. Begriffe wie Mythos, Allegorie und Symbol verwendet Schopenhauer nebeneinander, ohne sich sonderlich um Zusammenhänge oder, wichtiger noch, Differenzen der durch sie ausgedrückten Sachverhalte zu kümmern. Feine Distinktionen und tiefsinnige Erklärungen hält er in Anbetracht des wesentlich moralischen Anliegens der Religionen für unnötig. Selbst seine eigene Auffassung, ihre »Wahrheit« sei *sensu allegorico* zu verstehen, stellt Schopenhauer zur Disposition. Man könne die Religionen auch, mit Kant, als »Hypothesen zu praktischem Zwecke« bezeichnen, sogar als solche im physikalischen Sinn, »welche man sich hütet, als objektiv wahr festzustellen, jedoch davon Gebrauch macht, um die Erscheinungen in Verbindung zu setzen, da sie in Hinsicht auf das Resultat und das Experimentiren ungefähr das Selbe leisten, als die Wahrheit selbst«[802]. – Von hier bis zu Nietzsches Vorschlag, Wahrheit überhaupt in eine Summe lebensförderlicher Fiktionen aufzulösen, ist der Weg kurz.

Wann immer Schopenhauer auf die spezifische Differenz von Philosophie und Religion zu sprechen kommt, erwähnt er als bleibendes Ärgernis, daß letztere sich zu ihrer lediglich allegorischen Wahrheit nicht offen bekennen dürfe, sondern mit dem Anspruch auftreten müsse, »geradezu und im ganz eigentlichen Sinne des Wortes wahr zu seyn«[803]. Wollte aber die Religion, fügt Schopenhauer dem sogleich hinzu, »eingestehn, daß bloß der allegorische Sinn ihrer Lehren das Wahre daran sei; so würde ihr dies alle Wirksamkeit benehmen, und ihr unschätzbar wohlthätiger Einfluß auf das Moralische und Gemüthliche im Menschen würde durch solchen Rigorismus verloren gehn«[804]. Indes hat in unserem Jahrhundert die Theologie Paul Tillichs, worauf Horkheimer nachdrücklich verweist[805], solche Bedenken beiseite geschoben und sich offen zu einem religiösen wie speziell christlichen Symbolismus bekannt, der Schopenhauers Ansatz – präzisierend – weiterführt. Da der Mensch, so Tillich, Offenbarung nur gemäß seiner Endlichkeit erfährt, ist religiöse Sprache von vornherein auf Mythen und Symbole verwiesen. »Gegenständlich« läßt sich über Gott nicht reden. Ein die biblischen Berichte wörtlich nehmender Glaube würde, beim gegenwärtigen Stand unseres Wissens, zu krudem Aberglauben. Darin knüpft Tillich – zumindest sachlich – an Schopenhauer an, bei dem es heißt: »Versteht man die Christliche Dogmatik *sensu proprio*; so behält Voltaire Recht. Hingegen allegorisch genommen, ist sie ein heiliger Mythos, ein Vehikel, mittelst dessen dem Volke Wahrheiten beigebracht werden, die ihm sonst durchaus unerreichbar wären. Man könnte dieselbe den Arabesken von Raphael, wie auch denen von Runge, vergleichen, welche das handgreiflich Widernatürliche und Unmögliche darstellen, aus denen aber dennoch ein tiefer Sinn spricht.«[806]

Nachdrücklich warnt Schopenhauer davor, das Erzählen von Geschichten als Philosophie auszugeben.[807] Deren Medium ist die Bildlosigkeit abstrakter Begriffe. Sie hat die Wahrheit rein, ohne mythisches Beiwerk darzustellen. Mag das Volk sich an Fabeln und Symbole halten. »Philosophie hingegen soll seyn wie die Eleusinischen Mysterien, für die Wenigen, die Auserwählten.« [808] Die »unverschleierte Wahrheit« ist der Menge »durchaus unzugänglich«[809]. Man kann ihr, sagt Schopenhauer, die »Wahrheit *sensu proprio*« nicht beibringen; ihr muß deren »mythisch-allegorischer Abglanz«[810] genügen: ein – zumal moralisch – »taugliches Surrogat ... der Wahrheit selbst«[811]. Dann wieder klingen Schopenhauers Formulierungen hinsichtlich der Differenz von Philosophie und Religion so, als gelte es, ein zerbrechliches Gut vor der Roheit des Volkes zu schützen: »Die nackte Wahrheit gehört nicht vor die Augen des profanen Vulgus: nur dicht verschleiert darf sie vor ihm erscheinen.«[812] Selbst der höher Gebildete, der sich die Religion, gleichsam zum Hausgebrauch, *cum grano salis* auslegt und sie schließlich durch irgendeine Philosophie ersetzt, ist für Schopenhauer noch längst nicht auf dem richtigen Weg, gibt es doch »allezeit eine niedrige Schulmetaphysik für den gelehrten Plebs, und eine höhere, für die Elite«[813]. Im reinen Offenbarungsglauben und reiner Metaphysik erblickt Schopenhauer Extreme, zwischen denen es – nach beiden Seiten – zahlreiche »Kombinationen und Gradationen«[814] gibt, die höchst verschiedene Bildungsstufen und Interessenlagen der Menschen reflektieren.

Der herablassend-freundliche, mitunter hochfahrende Ton, den Schopenhauer gegenüber der Religion anschlägt, wenn er, wie hier, bemüht ist, sie von der Philosophie abzugrenzen, erweist sich als trügerisch, wenn wir bedenken, daß er, von Philosophie sprechend, immer schon an seine eigene Lehre denkt. Schopenhauer ist sich des Triumphs der Philosophie weniger sicher, als es zunächst den Anschein hat. So hält er der Religion zugute, daß sie das metaphysische Bedürfnis des Menschen – innerhalb ihrer Grenzen – zuverlässig befriedigt und damit »die Stelle der, unendlich schwer und vielleicht nie zu erreichenden, reinen philosophischen Wahrheit (vertritt«)[815]. Sollte diese – selbst davor schreckt Schopenhauer nicht zurück – als »abstrakte, von allem Mythischen freie Wahrheit ... uns Allen, auch den Philosophen, auf immer unerreichbar bleiben«[816], so würde mit der unbefleckten Reinheit der begrifflichen Metaphysik auch deren Vorrang gegenüber der religiösen problematisch. Die Philosophen müßten einräumen, daß Wahrheit, wie bestimmte chemische Elemente, die »für sich allein« nicht darstellbar sind, »nur an andere Stoffe gebunden auftreten kann«[817]. Die lediglich »mythisch und allegorisch aussprechbare Wahrheit gliche dem Wasser, welches ohne Gefäß nicht transportabel ist; die Philosophen aber, welche darauf bestehn, sie unversetzt zu besitzen, glichen Dem, der das Gefäß zerschlüge, um das Wasser für sich allein zu haben. Vielleicht verhält es sich wirklich so.«[818]

Freilich hütet sich Schopenhauer, diese skeptischen Erwägungen unmittelbar auf seine eigene Lehre zu beziehen. Er ist nicht bereit, das begrifflich-argumentative Denken einem bildhaften, bloß ahnenden aufzuopfern. Als »mittheilbare Erkenntniß«[819] muß Philosophie *Rationalismus* sein. Aber insgeheim ist Schopenhauer sich der Brüchigkeit einer jeden nachkantischen Metaphysik bewußt, die den Weltkern: Kants Ding an sich zu bestimmen trachtet, ohne dabei »spekulativ« im idealistischen Sinn Fichtes, Schellings und Hegels vorzugehen. Ihr Anspruch auf *objektive Wahrheit* kann nur der eines die Erfahrung von Welt »entziffernden«, »auslegenden« und »abbildenden« Denkens[820] sein, das zudem einer gewissen *Metaphorik* nie entraten wird.[821] Wohl ist Philosophie, im unaufhebbaren Gegensatz zur Religion, verpflichtet, die Wahrheit *sensu proprio* auszusprechen. Inwieweit ihr das gelingt, ist jedoch eine andere Frage. Vielleicht muß sie sich für immer mit einem Lessingschen Streben nach Wahrheit begnügen. Dem steht im Falle Schopenhauers entgegen, daß er die Frage nach dem Ding an sich nicht offenhält, sondern klar beantwortet: Es ist die All-Einheit des Willens. »Er ist das Innerste, der Kern jedes Einzelnen und eben so des Ganzen: er erscheint in jeder blindwirkenden Naturkraft: er auch erscheint im überlegten Handeln des Menschen; welcher Beiden große Verschiedenheit doch nur den Grad des Erscheinens, nicht das Wesen des Erscheinenden trifft.«[822]

Derartige Formulierungen erklären, weshalb Schopenhauers Interpreten, darunter solche von Rang wie Simmel und Horkheimer, den Willen – die im Universum sich manifestierende Ur- oder Naturkraft – als das (moralisch freilich negativ zu bewertende) Absolutum seiner Philosophie betrachtet haben. Daß sich dabei ein Vergleich mit den Nachkantianern anbot, liegt auf der Hand. Schopenhauer selbst verachtet das »ganze Gerede vom Absoluten, dieses fast alleinige Thema der seit Kant versuchten Philosophien«[823].

Dahinter steckt nämlich nichts als »der kosmologische Beweis *incognito*«[824]. Dieser darf sich – nach der von Kant an ihm geübten Kritik – »in seiner wahren Gestalt nicht mehr zeigen, tritt daher in allerlei Verkleidungen auf«, ob sie nun »intellektuale Anschauung«, »reines Denken«[825] oder wie immer heißen. »Wollen die Herren absolut ein Absolutum haben«, fügt Schopenhauer dem ironisch hinzu, »so will ich ihnen eines ... geben, welches allen Anforderungen an ein Solches viel besser genügt, als ihre erfaselten Nebelgestalten: es ist die Materie. Sie ist unentstanden und unvergänglich, also wirklich unabhängig und *quod per se est et per se concipitur*: aus ihrem Schooß geht Alles hervor und Alles in ihn zurück: was kann man von einem Absolutum weiter verlangen?«[826]

Die Materie, Stoff der Welt wie des in ihr sich objektivierenden Willens, darf jedoch sowenig wie dieser *vorkritisch* verstanden werden; ihr real-ontologischer Status enthebt sie nicht ihrer Vermitteltheit durch erkennende Subjektivität. Daher ist für Schopenhauer die »Lösung des Räthsels der Welt« zwar möglich, aber nur »innerhalb gewisser Schranken, die von unserer endlichen Natur unzertrennlich sind, mithin so, daß wir zum richtigen Verständnis der Welt selbst gelangen, ohne jedoch eine abgeschlossene und alle ferneren Probleme aufhebende Erklärung ihres Daseyns zu erreichen«[827]. Wohl ist *Wille* das »Wort des Räthsels«[828]. Ob aber die durch es bezeichnete Realität jene des Kantischen Dinges an sich erschöpft, bleibt für Schopenhauer unausgemacht. Die Frage, was die Welt außer dem, daß sie Wille ist, sei, läßt sich nicht beantworten. Eine letzte, schmerzliche Ungewißheit – damit entläßt uns Schopenhauer – müssen wir akzeptieren: »Welche Fackel wir auch anzünden und welchen Raum sie auch erleuchten mag; stets wird unser Horizont von tiefer Nacht umgränzt bleiben.«[829] Daher auch Schopenhauers Zögern, dem Willen die Würde des Absoluten zuzuerkennen. Diejenigen aber, die versichern, der ersten und letzten Gründe der Dinge habhaft zu sein, ein »Urwesen« oder »Absolutum« zu erkennen, »treiben Possen, sind Windbeutel, wo nicht gar Scharlatane«[830]. Schopenhauer sieht seine Philosophie, die kein dogmatischer Standpunkt ist, »in der Mitte zwischen der Allwissenheitslehre der frühern Dogmatik und der Verzweiflung der Kantischen Kritik«[831]. Weder verzichtet sie auf Metaphysik, noch wähnt sie sich frei von menschlicher Bedingtheit. »Meine Philosophie«, schreibt Schopenhauer, »lehrt, was die Erscheinung sei, und was das Ding an sich. Dieses aber ist Ding an sich blos *relativ*, d. h. in seinem Verhältnis zur Erscheinung: – und diese ist Erscheinung bloß in ihrer Relation zum Ding an sich. Außerdem ist sie ein Gehirnphänomen. Was aber das Ding an sich *außerhalb* jener Relation sei, habe ich nie gesagt, weil ich's nicht weiß: *in* derselben aber ist's Wille zum Leben.«[832]

Die Briefstelle aus dem Jahre 1852 verrät die Absicht Schopenhauers, jeden Gedanken an etwaige Unstimmigkeiten seiner Lehre von vornherein zu verscheuchen. Sie überdeckt eine sachliche Schwierigkeit, auf die wir schon mehrfach gestoßen sind. Schopenhauer hat sie – letztlich – nicht bewältigt. Der metaphysische Aspekt seines Denkens widerstreitet dessen erkenntniskritischer Grundlage und umgekehrt. Schopenhauer interpretiert, mit Kant, die »Erscheinung« phänomenalistisch und hebt, auch hierin Kantianer, am Ding an sich das von Erkenntnis unabhängige, *naiv-realistische* Moment hervor. Während jedoch Kant bei diesem Dualismus und der mit ihm gesetzten Unerkennbarkeit des Dinges an sich stehen bleibt, überschreitet Schopenhauer die kritizistische Grenze. Er bestimmt das Ding an sich als den in der Natur – als ihr innerstes Wesen – »erscheinenden« Willen. Dieser ist »das *ohne Vermittelung des Intellekts* Wirkende, Treibende, Schaffende«[833]. Indem aber Schopenhauer lehrt, die empirische Welt sei, »gerade als Erscheinung, die Manifestation Desjenigen …, was erscheint«[834]: das Ding an sich, kann er – wie immer seine Vorbehalte lauten mögen – nicht mehr ohne weiteres von jener Welt als »bloßer« Erscheinung reden. Schopenhauers ursprünglicher Phänomenalismus hat sich unversehens in eine »spekulative« Ontologie verwandelt, die (unter dem hier diskutierten Aspekt) an Hegels *Wissenschaft der Logik* erinnert. Erscheint nämlich das Wesen (das Ding an sich), und ist, umgekehrt, die Erscheinung wesentlich, so erweist sich die von Schopenhauer angeführte Wechselbezüglichkeit von erscheinender und an sich seiender Welt als *Selbstbezüglichkeit* der letzteren, die – worauf Schopenhauer selbst beharrt – keiner subjektiven Vermittlung bedarf. Der »absolute« Wille: das Eine, Identische, Wesenhafte spiegelt sich in der Vielheit seiner Erscheinungen. Ein sie Transzendierendes kann es nicht geben.

Wenn Schopenhauer gleichwohl zögert, in die hier skizzierte, seinen Reflexionen über die Erkennbarkeit des Dinges an sich immanente Dialektik wirklich einzutreten, so deshalb, weil er sich – angesichts der Endlichkeit des Menschen – eingesteht, keine unanfechtbare Gewähr dafür zu besitzen, daß seine Willenslehre mehr erkennt als »ein relativ Letztes«[835]. Vielleicht ist »Wille« nur eine die Reichweite redlichen Bemühens um Einsicht kennzeichnende Metapher. Das in der Erscheinung sich darstellende »Metaphysische« könnte in dem Sinn *problematisch* sein, daß es in jene bloß teilweise eingeht. Über den dann verbleibenden, »jenseitigen« Rest ist nichts auszumachen.

Dadurch, daß Schopenhauer mit dem – spekulativen – Übergang zur Metaphysik des All-Einen die kritizistische Differenz von Erscheinung und Ding an sich zu vereinbaren sucht, gefährdet er den *systematischen* Anspruch seiner Philosophie. Deren Brüchigkeit spricht Schopenhauer (ungewollt) selbst aus, indem er sie als »immanenten Dogmatismus«[836] bezeichnet. Sie verbinde dogmatische, den Willen betreffende Lehrsätze mit strenger, auf die erscheinende Welt sich beschränkender *Immanenz*. Obwohl Schopenhauer versichert, er verstehe darunter, mit Kant, Bewußtseins-Immanenz, geht diese in seinem System immer wieder trübe in metaphysische Immanenz über und umgekehrt. So ist einerseits der Wille (das Ding an sich), dessen Sein kein »objektives«, durch den vorstellenden Intellekt vermitteltes Sein ist, sondern ein »ganz anderartiges, ein metaphysisches«[837], eben deshalb von der Welt als Vorstellung – diese transzendierend – völlig verschieden. Es gibt zwischen dem An-sich und dem Für-uns keine Brücke. Andererseits dagegen lehrt Schopenhauer, daß der Wille sich in jener vorgestellten Welt objektiviert, ihr recht eigentlich Realität verleiht. Was immer »erscheint«, setzt ein Erscheinendes voraus. Die »Erscheinung« changiert so bei Schopenhauer zwischen einem (dem Traum verwandten) »Gehirnphänomen« und einer transsubjektiven Realität, in der sich das Wesen der Welt darstellt. Wenn Schopenhauer im angeführten Brief behauptet, er habe über dieses Wesen »außerhalb« seiner Relativität auf die erscheinende Welt, damit auf den sie bedingenden Intellekt nie etwas ausgesagt, so trifft das nicht uneingeschränkt zu. Doch zeugen die in Kapitel 25 des zweiten Bandes seines Hauptwerks angestellten »transscendenten Betrachtungen« über das Ding an sich von prohibitiven Schwierigkeiten. »Die ... jenseits der Erscheinung liegende *Einheit jenes Willens*«, heißt es hier, »in welchem wir das Wesen an sich der Erscheinungswelt erkannt haben, ist eine metaphysische, mithin die Erkenntniß derselben transscendent, d. h. nicht auf den Funktionen unsers Intellekts beruhend und daher mit diesen nicht eigentlich zu erfassen. Daher kommt es, daß sie einen Abgrund der Betrachtung eröffnet, dessen Tiefe keine ganz klare und in durchgängigem Zusammenhang stehende Einsicht mehr gestattet, sondern nur einzelne Blicke vergönnt, welche dieselbe in diesem und jenem Verhältniß der Dinge, bald im Subjektiven, bald im Objektiven, erkennen lassen, wodurch jedoch wieder neue Probleme angeregt werden, welche alle zu lösen ich mich nicht anheischig mache.«[838]

Wenn Schopenhauer bei aller polemischen Schärfe, deren er fähig ist, letztlich Milde gegenüber der Religion walten läßt, so liegt die Erklärung dafür in den quälenden Fragen, auf welche Philosophie – und speziell seine eigene – die Antwort schuldig bleibt. Wohl hält Schopenhauer zeitlebens daran fest, daß Philosophie auch der fortgeschrittensten Religion vorzuziehen sei. Selbst sie setzt noch eine Bewußtseinsstufe voraus, der die unverfälscht philosophische, nicht mythisch-allegorisch verkleidete Wahrheit unerreichbar ist. Aber gerade sein Werk, das die Differenz von Philosophie und Religion zwar keineswegs aufhebt, doch – zumindest hinsichtlich der »letzten Fragen« – *relativiert*, steht ein für die Möglichkeit, ohne falsche Anbiederei über den wenig befriedigenden Gegensatz zweier Wahrheiten, einer erster und einer zweiter Klasse, hinauszugelangen. Das oft von Schopenhauer genannte Bindeglied zwischen Philosophie und Religion ist die *Moral*. Diese bedarf eines sie stützenden Dogmas. Deshalb nimmt man, sagt Schopenhauer, »so lange man das wahre nicht kennt, ein mythisches, allegorisches, und statt eines gewußten ein geglaubtes«[839]. Nun ist auch eine profane Moral denkbar, die auf jedes Dogma verzichtet. »Kann man sie«, fragt Schopenhauer, »da sie doch angeboren ist, nicht sich selber überlassen, und hinsichtlich der erzwingbaren Pflichten der Justiz und Polizei vertrauen, neben welche noch die Ehre wirkt, d. h. die Rücksicht auf die Meinung Andrer?«[840] Sieht man näher zu, so wird der rein rhetorische Charakter dieser Frage deutlich. Schopenhauer hält, wenn es sich um die Begründung des Sittlichen handelt, nichts von vortheoretischen, bloß pragmatischen Instanzen. Der eigentliche Wert einer Ethik, ob religiös oder philosophisch, beruht ihm zufolge darauf, daß unser Wille im Widerstreit mehrerer Motive »mit voller Besonnenheit«[841] wählen kann. Entscheidend dabei ist für Schopenhauer, daß die »unmittelbare Wirkung« des Ethischen »an Anschauung gebunden ist, aber an Anschauung der Idee des Lebens, welche das *princ[ipium] indivi[duationis]* aufhebend unsre Identität mit Andern uns offenbart woraus Liebe hervorgeht und ebendadurch auch alles Leiden der Menschen zu unserm eignen macht, woraus Verneinung des Willens zum Leben hervorgeht«[842]. Diese anschauliche Erkenntnis, betont Schopenhauer, ist bislang noch nie »rein philosophisch *in abstracto*« dargelegt worden; man drückte sie, philosophisch oder mythisch, in einer »abstrakte(n) Formel«[843] aus: in Kants kategorischem Imperativ oder unter Berufung auf die Vollkommenheit oder den Willen Gottes. In fortwährenden Konflikt mit »egoistischen Motiven« kann das »Ethische Motiv, eigentlich Quietiv« erst geraten, nachdem es sich mit einer solchen »Formel« verbunden hat. Schopenhauer nun schmeichelt sich, jene »Anschauung der Idee des Lebens« auf ihren philosophischen Begriff gebracht zu haben: »Die fortschreitende Aufklärung vernichtet ... allmählig jede falsche Formel, und soll dann nicht auch ihr ethischer Gehalt für falsch gelten, so muß eine richtigere an ihre Stelle treten: die letzte, von mir ausgesprochene als die der vollendeten philosophischen Erkenntniß, kann nicht falsch befunden werden, setzt aber die höchste Besonnenheit der Menschheit voraus, den Gipfel der Aufklärung und Phil[osophie].«[844]

Diesem emphatischen Bekenntnis zur Aufklärung, das heißt zur Eigenständigkeit philosophischen Denkens entspricht nun bei Schopenhauer eine starke Sympathie für die indische Lehre von der Metempsychose (Seelenwanderung). Er stellt sie hoch über jedes andere – Leben und Tod betreffende – mythische Dogma: »Der Mythos von der Seelenwanderung ist so sehr der gehaltreichste, bedeutendste, der philosophischen Wahrheit am nächsten stehende, von allen Mythen die je ersonnen worden, daß ich ihn für das *non plus ultra* der mythischen Darstellung halte. Daher auch haben ihn Pythagoras und Platon verehrt und angewandt: und das Volk bei welchem er als Volksglaube allgemein herrscht und auf das Leben entschiedenen Einfluß hat, ist eben deshalb als das *mündigste* anzusehn, wie es auch das älteste ist.«[845] Schopenhauer rechnet die (seit Lessing und der Romantik immer wieder erörterte) Metempsychose unter die

Hauptdogmen aller indischen Philosophie, zu denen die »Nothwendigkeit der Erlösung aus einem traurigen Daseyn« und »Erkenntniß« als deren »Grundbedingung«[846] gehören. Ihr *moralischer Sinn*, an dem Schopenhauer vor allem liegt, ist nicht bloß, »daß wir jedes Unrecht, welches wir verüben, in einer folgenden Wiedergeburt abzubüßen haben; sondern auch, daß wir jedes Unrecht, welches uns widerfährt, ansehn müssen als wohlverdient, durch unsere Missethaten in einem früheren Dasein«[847].

Die augustinische, von Luther fortgebildete Lehre von der Prädestination und Gnade, die auf ein »bei der Geburt erhaltenes ... Privilegium, und zwar in der allerwichtigsten Angelegenheit, hinausläuft«, ist deshalb so anstößig und widersinnig, weil sie auf der alttestamentlichen Prämisse beruht, »daß der Mensch das Werk eines fremden Willens und von diesem aus dem Nichts hervorgerufen sei«[848]. Demgegenüber findet Schopenhauer die augustinisch-reformatorische Lehre vernünftiger begründbar unter der indischen Voraussetzung einer Seelenwanderung, »nach welcher was Einer, bei Geburt, also aus einer andern Welt, und einem früheren Leben mitbringt und vor den Andern voraushat, nicht ein fremdes Gnadengeschenk, sondern die Früchte seiner eigenen, in jener andern Welt vollbrachten Thaten sind«[849]. Was Schopenhauer am Mythos von der Seelenwanderung besonders beeindruckt, ist der Umstand, daß dieser keine Elemente enthält, die in der empirischen Wirklichkeit nicht vorkommen: »Er lehrt, daß alle Leiden, welche man im Leben über andere Wesen verhängt, in einem folgenden Leben auf eben dieser Welt, genau durch die selben Leiden wieder abgebüßt werden müssen; welches so weit geht, daß wer nur ein Thier tödtet, einst in der unendlichen Zeit auch als eben ein solches Thier geboren werden und den selben Tod erleiden wird. Er lehrt, daß böser Wandel ein künftiges Leben, auf dieser Welt, in leidenden und verachteten Wesen nach sich zieht ... Alle Quaalen, die der Mythos droht, belegt er mit Anschauungen aus der wirklichen Welt, durch leidende Wesen, welche auch nicht wissen, wie sie ihre Quaal verschuldet haben, und er braucht keine andere Hölle zu Hülfe zu nehmen. Als Belohnung aber verheißt er dagegen Wiedergeburt in besseren, edleren Gestalten, als Brahmane, als Weiser, als Heiliger.«[850] Die höchste Belohnung, die der Mythos nur negativ ausdrücken kann, besteht darin, gar nicht wiedergeboren zu werden.

Philosophie im Sinn Schopenhauers ist die zum Quietiv des Willens werdende Erkenntnis des Wesens der Welt. In dem Maße, wie religiöse Mythen sich dieser Erkenntnis annähern, werden sie von Schopenhauer akzeptiert, im Fall der indischen Lehre von der Seelenwanderung sogar hochgeschätzt. Als »metaphysische Auslegungen der Welt« entspringen die Religionen – darin von Philosophie nicht unterschieden – unserem »Wissen um den Tod« sowie der »Betrachtung des Leidens und der Noth des Lebens«[851]. Das dürfte erklären, weshalb Schopenhauer, angelangt auf der Paßhöhe seines (von Selbstzweifeln wahrlich geplagten) Denkens, sich weigert, der Religion eine schroffe Absage zu erteilen. Er vertraut nicht nur dem kargen Bescheid seiner eigenen Metaphysik: Ewigkeit des – zu verneinenden – Willens zum Leben, Vergänglichkeit des lediglich »in und mit dem Ganzen der Natur«[852] fortbestehenden Individuums. Sondern Schopenhauer befragt auch, ohne in ihr Lager überzuwechseln, die Heilslehren großer Religionen. Angesichts der redlicherweise einzuräumenden Begrenztheit philosophischer Erkenntnis verringert sich deren Abstand zur religiösen Metaphysik, wovon Schopenhauers Denken Zeugnis ablegt. Ist ein ungetrübter Blick aufs Seiende im ganzen uns verwehrt, weil wir, eingesperrt ins Gehäuse unserer Subjektivität, menschlichem Maß verhaftet bleiben, so entsprechen dem – seitens einer geläuterten Religion – Goethes »Grenzen der Menschheit«[853], die er im Gedicht *Prooemion* wie folgt ausspricht:

»Und deines Geistes höchster Feuerflug
Hat schon am Gleichnis, hat am Bild genug ...«[854].

Anmerkungen

1 Als Hauptquellen für Schopenhauers religionsphilosophische Ansichten kommen in Betracht: Kapitel 17 des zweiten Bandes der *Welt als Wille und Vorstellung (Ueber das metaphysische Bedürfniß des Menschen)*; Kapitel 15 des zweiten Bandes der *Parerga und Paralipomena (Ueber Religion)*; der *Handschriftliche Nachlaß*, IV, herausgegeben von Eduard Grisebach, Kapitel 14 *(Ueber Religion)*; ferner das vierte Buch der *Welt als Wille und Vorstellung* in beiden Bänden. – Das in fünf Bänden unter dem Titel *Der handschriftliche Nachlaß*, Frankfurt am Main 1966ff., von Arthur Hübscher veröffentlichte Material bietet, textkritisch gesichtet und chronologisch geordnet, wertvolle Quellen für das hier zu behandelnde Thema.

2 Schopenhauer, *Sämtliche Werke*, herausgegeben von Arthur Hübscher, Band 3, Wiesbaden 1949, S. 701.

3 Ibid.

4 Ibid., S. 704.

5 Ibid., S. 203.

6 Ibid., S. 202.

7 Ibid., S. 202f. (Hervorhebungen von Schopenhauer).

8 Ibid., S. 204.

9 Ibid.

10 Ibid.

11 Ibid., S. 205; cf. hierzu auch S. 206.

12 Ibid., S. 205.

13 Schopenhauer, *Sämtliche Werke*, Band 2, Wiesbaden 1949, S. 99.

14 Schopenhauer, *Sämtliche Werke*, Band 3, l. c., S. 3.

15 Ibid., S. 12.

16 Ibid., S. 4.

17 Ibid., S. 214 (Hervorhebungen von Schopenhauer).

18 Schopenhauer, *Sämtliche Werke*, Band 2, l. c., S. 33.

19 Schopenhauer, *Sämtliche Werke*, Band 3, l. c., S. 3ff.

20 Schopenhauer, *Sämtliche Werke*, Band 2, l. c., S. 9; cf. hierzu auch S. 4.

21 Schopenhauer, *Sämtliche Werke*, Band 3, l. c., S. 216.

22 Ibid.

23 Ibid., S. 214.

24 Ibid., Band 2, l. c., S. 118.

25 Ibid., S. 118f.

26 Ibid., S. 119 (Hervorhebungen von Schopenhauer).

27 Ibid.

28 Ibid.

29 Ibid., S. 120.

30 Ibid., S. 121.

31 Ibid., S. 122.

32 Ibid., S. 125 (Hervorhebung von Schopenhauer).

33 Ibid., S. 126.

34 Ibid., S. 323.

35 Cf. hierzu die Studie von Johannes Volkelt *Arthur Schopenhauer. Seine Persönlichkeit, seine Lehre, sein Glaube,* Stuttgart 1901, S. 139ff.

36 Hegel, *Wissenschaft der Logik,* herausgegeben von Georg Lasson, Zweiter Teil, Leipzig 1950, S. 101.

37 Volkelt, *Arthur Schopenhauer,* l. c., S. 139.

38 *Arthur Schopenhauers handschriftlicher Nachlaß. Philosophische Vorlesungen,* herausgegeben von Franz Mockrauer, in: *Arthur Schopenhauers sämtliche Werke,* herausgegeben von Paul Deussen, Zehnter Band, München 1913, S. 367.

39 *Schopenhauers handschriftlicher Nachlaß,* herausgegeben von Eduard Grisebach, II, Leipzig o. J., S. 66f. (Hervorhebungen von Schopenhauer).

40 Schopenhauer, *Sämtliche Werke,* Band 2, l. c., cf. S. 379.

41 Brief Schopenhauers vom 3. April 1818 an F. A. Brockhaus, in: Schopenhauer, *Gesammelte Briefe,* herausgegeben von Arthur Hübscher, Bonn 1978, S. 31.

42 Brief Schopenhauers vom 16. September 1850 an Julius Frauenstädt, in: ibid., S. 246.

43 Ibid., S. 247.

44 Schopenhauer, *Sämtliche Werke,* Band 3, l. c., S. 222.

45 Schopenhauer, *Sämtliche Werke,* Band 6, Wiesbaden 1947, S. 101.

46 Schopenhauer, *Sämtliche Werke,* Band 3, l. c., S. 214.

47 Ibid., S. 407.

48 Schopenhauer, *Sämtliche Werke,* Band 6, l. c., S. 106.

49 Schopenhauer, *Sämtliche Werke,* Band 5, Wiesbaden 1946, S. 55 (Hervorhebungen von Schopenhauer).

50 Schopenhauer, *Sämtliche Werke,* Band 3, l. c., S. 664.

51 Ibid. (Hervorhebung von Schopenhauer).

52 Ibid.

53 Ibid., S. 665 (Hervorhebung von Schopenhauer).

54 Ibid., S. 719.

55 Schopenhauer, *Sämtliche Werke,* Band 5, l. c., S. 124.

56 Ibid., S. 126.

57 Cf. hierzu *Schopenhauer's Gespräche,* herausgegeben von Eduard Grisebach, Berlin 1902, S. 78.

58 Schopenhauer, *Sämtliche Werke,* Band 3, l. c., cf. S. 175ff.

59 Ibid., S. 164f.

60 Ibid., S. 176f.

61 Ibid., cf. S. 692ff.

62 *Schopenhauers handschriftlicher Nachlaß*, II, l. c., S. 66 (Hervorhebungen von Schopenhauer).

63 Ibid.

64 Cf. hierzu Hermann Siebeck, *Lehrbuch der Religionsphilosophie*, Freiburg im Breisgau und Leipzig 1893, S. 232f.

65 *Schopenhauers handschriftlicher Nachlaß*, II, l. c., S. 62f.

66 Ibid., S. 63.

67 Schopenhauer, *Sämtliche Werke*, Band 2, l. c., S. 217 (Hervorhebung von Schopenhauer).

68 Ibid., S. 211.

69 Ibid., S. 217.

70 Ibid., S. 219 (Hervorhebungen von Schopenhauer).

71 Ibid.

72 Ibid., S. 304.

73 Ibid. (Hervorhebungen von Schopenhauer); cf. hierzu auch S. 310.

74 Ibid., S. 218.

75 Ibid., S. 315.

76 Ibid.

77 Ibid., S. 316.

78 Ibid.

79 Ibid., S. 336.

80 Schopenhauer, *Sämtliche Werke*, Band 4, Wiesbaden 1950, S. 196 (Hervorhebung von Schopenhauer).

81 Ibid., S. 203.

82 Ibid., S. 204.

83 Ibid., S. 208.

84 Ibid.

85 Ibid. (Hervorhebungen von Schopenhauer).

86 Ibid., S. 209 (Hervorhebungen von Schopenhauer).

87 Schopenhauer, *Sämtliche Werke*, Band 2, l. c., S. 481.

88 Ibid., S. 336 (Hervorhebung von Schopenhauer).

89 Ibid., S. 338.

90 Ibid.

91 Ibid., S. 339.

92 Ibid.

93 Ibid; cf. hierzu auch S. 340; S. 355.

94 Ernst Bloch, *Leipziger Vorlesungen zur Geschichte der Philosophie*, Band 4, Frankfurt am Main 1985, S. 385.

95 Schopenhauer, *Sämtliche Werke*, Band 2, l. c., S. 367f.; S. 368; cf. hierzu

ferner S. 383.

96 Ibid., S. 369.

97 Ibid., S. 379f.

98 Schopenhauer, *Sämtliche Werke*, Band 3, l. c., S. 16.

99 Brief vom 28. Juni 1856 an Julius Frauenstädt, in: Schopenhauer, *Gesammelte Briefe*, l. c., S. 395 (Hervorhebungen von Schopenhauer).

100 *Schopenhauer's Gespräche*, l. c., S. 72.

101 Ibid., S. 77.

102 Schopenhauer, *Sämtliche Werke*, Band 3, l. c., S. 194.

103 Schopenhauer, *Sämtliche Werke*, Band 2, l. c., cf. S. 497.

104 Schopenhauer, *Sämtliche Werke*, Band 3, l. c., S. 677 (Hervorhebungen von Schopenhauer).

105 Ibid., S. 678f. (Hervorhebungen von Schopenhauer).

106 Ibid., S. 679 (Hervorhebung von Schopenhauer).

107 Schopenhauer, *Sämtliche Werke*, Band 2, l. c., cf. S. 414ff.

108 Ibid., S. 415.

109 Ibid.

110 Ibid., S. 419 (Hervorhebungen von Schopenhauer).

111 Schopenhauer, *Sämtliche Werke*, Band 3, l. c., S. 180.

112 Ibid., S. 177.

113 Ibid., S. 178.

114 Cf. ibid., S. 179f.

115 Ibid., S. 180.

116 Ibid. (Hervorhebungen von Schopenhauer).

117 Ibid., S. 181.

118 Ibid.

119 Ibid.

120 Schopenhauer, *Sämtliche Werke*, Band 6, l. c., S. 383f.

121 Schopenhauer, *Sämtliche Werke*, Band 3, l. c., S. 181.

122 Ibid.

123 Ibid., S. 209 (Hervorhebung von Schopenhauer).

124 Cf. hierzu Heinrich Hasse, *Schopenhauers Religionsphilosophie und ihre Bedeutung für die Gegenwart*, Frankfurt am Main 1924, S. 4.

125 Schopenhauer, *Sämtliche Werke*, Band 6, l. c., S. 344.

126 Ibid.

127 Ibid., S. 343.

128 Ibid., S. 356.

129 Ibid., S. 355.

130 Ibid., S. 356.

131 Ibid.

132 Ibid., S. 345.

133 Ibid., S. 349.
134 Ibid., S. 351; 352 (Hervorhebungen von Schopenhauer).
135 Hasse, *Schopenhauers Religionsphilosophie und ihre Bedeutung für die Gegenwart,* l. c., S. 6 (Hervorhebungen von Hasse). – Hasse betont die »ausgesprochen intellektualistische Deutung«, die Schopenhauer den »Tatsachen des religiösen Lebens« gibt (ibid.).
136 Schopenhauer, *Sämtliche Werke,* Band 3, l. c., S. 186.
137 Ibid.
138 Schopenhauer, *Sämtliche Werke,* Band 6, l. c., S. 434.
139 Ibid.
140 Ibid., S. 434f.
141 Ibid., S. 435.
142 Ibid.
143 Ibid.
144 Schopenhauer, *Sämtliche Werke,* Band 3, l. c., S. 183.
145 Ibid.
146 Schopenhauer, *Sämtliche Werke,* Band 6, l. c., S. 355.
147 Cf. hierzu Hasse, l. c., S. 6f.
148 Schopenhauer, *Sämtliche Werke,* Band 3, l. c., S. 183 (Hervorhebungen von Schopenhauer).
149 Ibid., S. 184.
150 Ibid.
151 Ibid.
152 Schopenhauer, *Sämtliche Werke,* Band 2, l. c., S. 420.
153 Schopenhauer, *Sämtliche Werke,* Band 3, l. c., S. 184.
154 Schopenhauer, *Sämtliche Werke,* Band 6, l. c., S. 353.
155 Ibid., S. 354.
156 Schopenhauer, *Sämtliche Werke,* Band 3, l. c., S. 185.
157 Ibid.
158 Ibid.
159 Schopenhauer, *Sämtliche Werke,* Band 6, l. c., S. 352.
160 Ibid., S. 353.
161 Ibid.
162 Schopenhauer, *Sämtliche Werke,* Band 3, l. c., S. 204.
163 Ibid.
164 Ibid., S. 203.
165 Schopenhauer, *Sämtliche Werke,* Band 6, l. c., S. 353.
166 Schopenhauer, *Sämtliche Werke,* Band 3, l. c., S. 204.
167 Schopenhauer, *Sämtliche Werke,* Band 2, l. c., S. 507.
168 Ibid.
169 Ibid.

170 Schopenhauer, *Sämtliche Werke,* Band 5, l. c., S. 229.
171 Ibid., S. 214.
172 Ibid., S. 126.
173 Schopenhauer, *Sämtliche Werke,* Band 6, l. c., S. 366 (Hervorhebung von Schopenhauer); cf. zum Reichtum der Gesichtspunkte der Schopenhauerschen Religionskritik auch Hasse, l. c., S. 9ff.
174 Schopenhauer, *Sämtliche Werke,* Band 3, l. c., S. 349.
175 Schopenhauer, *Sämtliche Werke,* Band 6, l. c., S. 412.
176 Ibid.
177 Schopenhauer, *Sämtliche Werke,* Band 3, l. c., S. 187f.
178 Schopenhauer, *Sämtliche Werke,* Band 6, l. c., S. 411.
179 Ibid., S. 413.
180 Ibid.
181 Ibid.
182 Ibid., S. 414.
183 Ibid. (Hervorhebungen vom Verfasser).
184 Ibid.
185 Ibid., S. 415.
186 Ibid., S. 416; 417.
187 Ibid., S. 417.
188 Max Horkheimer, *Religion und Philosophie,* in: *Zur Kritik der instrumentellen Vernunft. Aus den Vorträgen und Aufzeichnungen seit Kriegsende,* herausgegeben von Alfred Schmidt, Frankfurt am Main 1967, S. 233.
189 Schopenhauer, *Sämtliche Werke,* Band 3, l. c., S. 708.
190 Schopenhauer, *Sämtliche Werke,* Band 6, l. c., S. 333.
191 Ibid.
192 Ibid., S. 333f.
193 Ibid., S. 371.
194 Schopenhauer, *Sämtliche Werke,* Band 3, l. c., S. 716.
195 Ibid., S. 707.
196 Schopenhauer, *Sämtliche Werke,* Band 6, l. c.; cf. S. 361.
197 Schopenhauers geschichtsphilosophische Skepsis darf nicht darüber hinwegtäuschen, daß seine Philosophie insgesamt sich zur westeuropäischen Aufklärung bekennt. Das »ehrwürdige Wort Aufklärung«, heißt es in seiner Schrift *Ueber den Willen in der Natur,* »ist eine Art Schimpfwort geworden, die größten Männer des vorigen Jahrhunderts, Voltaire, Rousseau, Locke, Hume, werden verunglimpft, diese Heroen, diese Zierden und Wohlthäter der Menschheit« (*Sämtliche Werke,* Band 4, l. c., S. 16). – Daß Schopenhauer sich weigert, den *Gesamtverlauf* der Geschichte nach einem ihr immanenten Plan zu »konstruieren«, bedeutet keineswegs, daß er jeden konkreten Fortschritt leugnet. So charakterisiert er im Dialog *Ueber Religion* das Mittel-

alter in den Kategorien bürgerlicher Kritik, wenn er es »die Zeit« nennt, »da die Kirche die Geister und die Gewalt die Leiber gefesselt hatte, damit Ritter und Pfaffen ihrem gemeinsamen Lastthiere, dem dritten Stande, die ganze Bürde des Lebens auflegen konnten. Da findest du Faustrecht, Feudalismus und Fanatismus im engen Bunde, und in ihrem Gefolge gräueliche Unwissenheit und Geistesfinsterniß, ihr entsprechende Intoleranz, Glaubenszwiste, Religionskriege, Kreuzzüge, Ketzerverfolgungen und Inquisitionen« (in: *Sämtliche Werke*, Band 6, l. c., S. 370).

198 Cf. hierzu die Studie von Ernest Seillière, *Arthur Schopenhauer als romantischer Philosoph*, Berlin 1912, insbesondere das 2. Kapitel des Zweiten Teils: *Anleihen bei der christlichen Mystik ohne die kirchliche Kontrolle*, S. 66ff.

199 Schopenhauer, *Sämtliche Werke*, Band 3, l. c., S. 190.

200 Ibid., cf. S. 711.

201 Schopenhauer, *Sämtliche Werke*, Band 6, l. c., S. 361; 362.

202 Ibid., S. 362.

203 Schopenhauer, *Sämtliche Werke*, Band 2, l. c., S. 420.

204 Schopenhauer, *Sämtliche Werke*, Band 5, l. c., S. 152.

205 Schopenhauer, *Sämtliche Werke*, Band 1, Wiesbaden 1948, S. 129.

206 Schopenhauer, *Sämtliche Werke*, Band 5, l. c., S. 153.

207 Schopenhauer, *Sämtliche Werke*, Band 3, l. c., S. 702f.

208 Cf. hierzu die instruktive Studie von Henry Walter Brann *Schopenhauer und das Judentum*, Bonn 1975, S. 5ff.

209 Schopenhauer, *Sämtliche Werke*, Band 3, l. c., S. 194.

210 Schopenhauer, *Sämtliche Werke*, Band 2, l. c., S. 427.

211 Ibid.

212 Georg Lukács, *Die Zerstörung der Vernunft*, Berlin 1954, S. 172.

213 Ibid., S. 173; cf. hierzu auch S. 174f. – Lukács erlaubt sich hier grobe Vereinfachungen. Schopenhauers Atheismus, der von der Unerschaffenheit und Ewigkeit des Willens als des Dinges an sich ausgeht, argumentiert zugleich insofern »materialistisch«, als er mehrfach die Unvereinbarkeit der theistischen Lehre von der *creatio ex nihilo* mit dem kopernikanischen Weltsystem hervorhebt. – Soweit Schopenhauer den Materialismus (dessen relatives Recht im Rahmen seiner »idealistischen Grundansicht« er nie bestreitet) kritisiert, geschieht dies auf erkenntnistheoretischer Ebene und – was Lukács außer Betracht läßt – vor allem deshalb, weil er ihm ungeeignet erscheint, eine Ethik zu fundieren, die den Egoismus, das Prinzip nackter Selbsterhaltung, überschreitet. Wenn die materialistische Anthropologie der Aufklärung das praktische Vorherrschen dieses Prinzips im Verhalten der Menschen nachweist, so beziehen ihre – von Schopenhauer anerkannten – Wahrheiten sich auf die empirische, nicht aber auf die an sich seiende Ordnung der Dinge. – Cf. zur Frage nach materialistischen Gehalten der Philo-

sophie Schopenhauers, die sich in seinem Selbstverständnis nicht (oder nur unzulänglich) reflektieren, die Untersuchung des Verfassers *Schopenhauer und der Materialismus,* in: *Drei Studien über Materialismus,* München/Wien 1977.

214 Lukács, *Die Zerstörung der Vernunft,* l. c., S. 172. – Lukács berührt hier einen für die Rezeptionsgeschichte Schopenhauers, zumal in Deutschland, wesentlichen Punkt. Seine Philosophie empfiehlt sich während des Zeitabschnitts zwischen dem Sieg über Frankreich und dem Vorabend des Ersten Weltkriegs jenen Teilen eines halbwegs liberal gebliebenen Bürgertums, das sich ebenso gegen die Sozialdemokratie wie gegen konservativ-kirchliche Aspekte des Wilhelminismus abgrenzt. Indem sie sich an den Erfahrungswissenschaften orientiert, ohne dem Materialismus mehr als ein relatives Recht einzuräumen, und – fern kirchlicher Dogmatik – religiöse Fragen (in metaphysischer Form) auch für diejenigen sichtbar werden läßt, die sich der positiven Religion entfremdet haben, wird Schopenhauers Lehre zu dieser Zeit vorzugsweise von geistig unabhängigen Kaufleuten, Lehrern, Privatgelehrten, Advokaten und Ärzten »weltanschaulich« rezipiert. Frauenstädt gegenüber hat Schopenhauer sich zur Krise des religiösen Bewußtseins folgendermaßen geäußert: »Theologie und Philosophie ... sind wie zwei Waagschalen. Je mehr die eine sinkt, desto mehr steigt die andere. Je größer der Unglaube in unserer Zeit wird, desto stärker erwacht das Bedürfniß nach Philosophie, nach Metaphysik, und da müssen sie zu mir kommen« (in: *Schopenhauer's Gespräche,* herausgegeben von Eduard Grisebach, l. c., S. 52).

215 Seillière, *Arthur Schopenhauer als romantischer Philosoph,* l. c., S. 66; 72.

216 Ibid., S. 102; 108.

217 *Nietzsche. Briefwechsel.* Kritische Gesamtausgabe, herausgegeben von Giorgio Colli und Mazzino Montinari, I 2, Berlin/New York 1975, S. 322 (Brief vom 8. Oktober 1868 an Erwin Rohde).

218 Hasse, l. c., S. 18.

219 Schopenhauer, *Sämtliche Werke,* Band 3, l. c., S. 701 f.

220 Ibid. (Hervorhebungen von Schopenhauer).

221 Schopenhauer, *Sämtliche Werke,* Band 2, l. c., S. 458.

222 Schopenhauer, *Sämtliche Werke,* Band 3, l. c., S. 702.

223 Ibid.

224 Ibid., S. 703 (Hervorhebung von Schopenhauer).

225 Ibid.

226 Ibid. – Das hier bei Schopenhauer anklingende Thema einer »atheistischen Mystik« hat sich für die Moderne als wichtig erwiesen. Cf. dazu den Sammelband *Mystik ohne Gott? Tendenzen des 20. Jahrhunderts,* herausgegeben von Wolfgang Böhme, Herrenalber Texte 39, Karlsruhe 1982.

227 Schopenhauer, *Sämtliche Werke,* Band 3, l. c., S. 704.

228 Ibid.

229 Ibid. – Insofern hat Seillière recht, wenn er von den »mastischen Grundlagen« des Schopenhauerschen Systems spricht (l. c., S. 80).

230 Schopenhauer, *Der handschriftliche Nachlaß,* IV. Band, Erster Teil, herausgegeben von Arthur Hübscher, Frankfurt am Main 1974, S. 103 (Hervorhebungen von Schopenhauer). – Cf. hierzu auch Brann, *Schopenhauer und das Judentum,* l. c., S. 8f.

231 Ibid., S. 102 (Hervorhebung von Schopenhauer).

232 Ibid., S. 170 (Hervorhebungen von Schopenhauer).

233 Ibid., S. 121. – Cf. zu Schopenhauers Kritik des Pantheismus, den er als *unaufrichtigen* Atheismus betrachtet, auch ibid., S. 190, wo es heißt: »Die Uebel und die Schlechtigkeit der Welt stimmen schon nicht zum *Theismus:* daher sucht dieser allerlei Ausreden und Theodiceen: aber der *Pantheismus* ist jenen schlimmen Seiten der Welt gegenüber ganz unhaltbar.« Daß »diese Welt des Leidens und Todes« überhaupt als »Selbstdarstellung eines Gottes« ausgegeben werden konnte, hängt nach Schopenhauer vornehmlich damit zusammen, daß man den »Vorwurf des Atheismus« zu fürchten hatte. »Weil man also nicht direkt die Existenz eines weltschaffenden Gottes leugnen durfte, that man es indirekt, indem man sagte, er sei selbst die Welt: und obwohl man so ihn aufhob und bloß die Welt unter einem andern (freilich sehr unpassenden) Namen stehn ließ, so war dies doch hinreichend zur Beruhigung des an Worten klebenden *Vulgus*« (ibid., S. 143; Hervorhebungen von Schopenhauer); cf. zur Schopenhauerschen Kritik des Pantheismus auch ibid., S. 51, 142; 190; 198.

234 Schopenhauer, *Der handschriftliche Nachlaß,* III. Band, herausgegeben von Arthur Hübscher, Frankfurt am Main 1970, S. 69f.

235 Ibid., S. 70.

236 Schopenhauer, *Der handschriftliche Nachlaß,* IV. Band, Erster Teil, l. c., cf. S. 304; cf. hierzu auch S. 154f.

237 Ibid., S. 284.

238 Ibid., S. 282.

239 Ibid., S. 104 (Hervorhebungen von Schopenhauer). – Theismus wie Pantheismus gleichermaßen abhold, verzichtet Schopenhauer darauf, den faktischen Weltzusammenhang spekulativ zu überschreiten. Demgegenüber ist es lehrreich, an den späteren, für das »Nichtseinsollende in der Welt« (Bloch, *Leipziger Vorlesungen,* Band 4, l. c., S. 219) entschieden sensibilisierten Schelling zu erinnern (der freilich nicht, wie Schopenhauer, die Verneinung der Welt selbst fordert). Schelling interpretiert den Hervorgang der Welt aus Gott, gemäß der Mythologie vom Abfall Luzifers und vom Sündenfall, als »Urzufall«. Schelling verneint, wie Bloch sagt, »den Logos als Schöpfer und setzt eine Art Urverbrechen, den finster-bösen Partikularwillen, an die Quelle des Seins« (in: *Das Prinzip Hoffnung,* Frankfurt am Main 1959,

S. 220). Das »Wirklichwerden der Idee« ist nicht im Hegelschen Sinn zu verstehen, sondern »ist an seinem unvordenklichen Ursprung partikulärer Wille, als ›Abfall von der Idee‹, und zwar einer, der bereits in Gott selbst geschieht, im Abgrund oder Ungrund des göttlichen Grundes« (ibid.). Oder, wie Schelling selbst den Sachverhalt ausdrückt: »Mit einem Wort, vom Absoluten zum Wirklichen gibt es keinen stetigen Übergang, der Ursprung der Sinnenwelt ist nur als vollkommenes Abbrechen von der Absolutheit, durch einen Sprung, denkbar« (ibid.).

240 Seillière, l. c., S. 68 (Hervorhebung von Seillière). – Der französische Forscher interpretiert die rätselhafte Selbstentzweiung des Schopenhauerschen Willens als Selbstentzweiung *Gottes*. Er ist nämlich davon überzeugt, daß der »Lebenswille« in Schopenhauers System »überall an Stelle des Christengottes (tritt), mit Ausnahme der Schöpfermacht, für die er die pantheistische Auffassung von der Objektivation ... in der Erscheinungswelt setzt. Deshalb kommen wir weder in Gefahr, uns zu irren, noch die Absichten des Denkers zu verfälschen – was auch gewisse Buchstabengläubige seiner Lehre dagegen einwenden mögen –, wenn wir das allmächtige metaphysische Prinzip, von dem er bei seinen theoretischen Darlegungen ausgeht, als *Gott-Willen* behandeln (ibid.; Hervorhebung von Seillière).

241 Schopenhauer, *Sämtliche Werke*, Band 6, l. c., S. 320 (Hervorhebungen von Schopenhauer); cf. hierzu auch ibid., S. 322, wo es heißt: »Der rechte Maaßstab zur *Beurtheilung eines jeden Menschen* ist, daß er eigentlich ein Wesen sei, welches gar nicht existiren sollte, sondern sein Daseyn abbüßt durch vielgestaltetes Leiden und Tod: – was kann man von einem solchen erwarten? Sind wir denn nicht Alle zum Tode verurtheilte Sünder? Wir büßen unsere Geburt erstlich durch das Leben und zweitens durch das Sterben ab. – Dies allegorisirt auch die *Erbsünde*« (Hervorhebungen von Schopenhauer).

242 Schopenhauer, *Sämtliche Werke*, Band 6, l. c., S. 323 (Hervorhebung von Schopenhauer).

243 *Arthur Schopenhauers handschriftlicher Nachlaß*, herausgegeben von Franz Mockrauer, in: l. c., S. 136; cf. hierzu auch Seillière, l. c., S. 69f.

244 Schopenhauer, *Der handschriftliche Nachlaß*, Band IV, Erster Teil, l. c., S. 60.

245 *Arthur Schopenhauers handschriftlicher Nachlaß*, herausgegeben von Franz Mockrauer, in: l. c., S. 386 (Hervorhebungen von Schopenhauer).

246 Zitiert nach: Hans Richert, *Schopenhauer. Seine Persönlichkeit, seine Lehre, seine Bedeutung*, Leipzig und Berlin [4]1920, S. 118.

247 Dagegen spricht schon – was Lukács unbeachtet läßt – der unbestreitbare Einfluß der romantischen Naturphilosophie des jungen Schelling auf das qualitativ-gestufte, teleologische Naturbild Schopenhauers, der – ungeachtet erheblicher Vorbehalte gegenüber Schelling insgesamt – immer-

hin anerkannt hat, daß dieser die neuen naturwissenschaftlichen Resultate des neunzehnten Jahrhunderts dazu benutzt, »den Spinoza'schen abstrakten Pantheismus zu beleben. Spinoza nämlich, ohne alle Kenntniß der Natur, hatte bloß aus abstrakten Begriffen ... sein Lehrgebäude aufgeführt. Dieses dürre Skelett mit Fleisch und Farbe bekleidet, ihm, so gut es gehen wollte, Leben und Bewegung ertheilt zu haben ..., dies ist das nicht abzuleugnende Verdienst Schellings in seiner Naturphilosophie, die eben auch das Beste unter seinen mannigfachen Versuchen und neuen Anläufen ist« (in: Schopenhauer, *Sämtliche Werke,* Band 5, l. c., S. 26f.). – Daß Schopenhauer selbst der Unmöglichkeit innegeworden ist, den Willen als schlechthin irrational zu interpretieren, geht unter anderem daraus hervor, daß er bisweilen in die Terminologie seines Todfeindes Hegel verfällt, wenn er den Willen als »Weltgeist« oder »Naturgeist« bezeichnet.

248 Bloch betont den – im materialistischen Sinn – objektiven Charakter der Welt als Wille im Vergleich zur Welt als Vorstellung: »Die Willenswelt steigt durchaus vom Mechanismus über Chemismus, Animalität und dergleichen zum Bewußtsein auf; die Stufen dieses Aufstiegs aber heißen – ganz ohne Bezug zum Subjekt – ›Objektitäten‹ oder ›Objektivationen‹ des Willens« (in: *Das Materialismusproblem, seine Geschichte und Substanz,* Frankfurt am Main 1972, S. 273).

249 Schopenhauer, *Sämtliche Werke,* Band 5, l. c., S. 333.

250 Ibid.

251 Ibid.

252 Schopenhauer, *Sämtliche Werke,* Band 3, l. c., cf. S. 729ff.

253 Nietzsche, *Jenseits von Gut und Böse,* Stuttgart 1953, S. 60.

254 Ibid. (Hervorhebung von Nietzsche).

255 Schopenhauer, *Sämtliche Werke,* Band 4, l. c., S. 202.

256 Ibid., cf. S. 98.

257 Ibid., S. 96 (Hervorhebungen von Schopenhauer).

258 Ibid., S. 97.

259 Ibid. (Hervorhebungen von Schopenhauer). – Schopenhauers Lehre von der »transzendentalen Freiheit« verweist nicht nur auf Kants Moralphilosophie zurück, sondern auch auf Schellings Schrift *Über das Wesen der menschlichen Freiheit* von 1809. Hier heißt es: »Dadurch ... daß ... die Selbstheit (des Menschen, A. S.) Geist ist, ist sie zugleich aus dem Kreatürlichen ins Überkreatürliche gehoben, sie ist Wille, der sich selbst in völliger Freiheit erblickt, nicht mehr Werkzeug des in der Natur schaffenden Universalwillens, sondern über und außer aller Natur ist« (Stuttgart 1968, S. 78). Anderswo sagt Schelling: »Aber ... jene innere Notwendigkeit (der einzelnen Handlung, A. S.) ist selber die Freiheit; das Wesen des Menschen ist wesentlich *seine eigne Tat«* (ibid., S. 102; Hervorhebungen von Schelling).

260 Schopenhauer, *Sämtliche Werke,* Band 4, l. c., S. 96.

261 Schopenhauer, *Sämtliche Werke,* Band 2, l. c., S. 476.

262 Ibid., S. 477.

263 Ibid. (Hervorhebung von Schopenhauer).

264 Ibid.

265 Ibid.

266 Ibid.

267 Ibid., S. 478 (Hervorhebungen von Schopenhauer).

268 Ibid. (Hervorhebungen von Schopenhauer); cf. hierzu auch S. 477 und 479.

269 Ibid., S. 479.

270 Schopenhauer, *Sämtliche Werke,* Band 6, l. c., S. 341.

271 Cf. dazu auch die bedeutende Dissertation von Hans Naegelsbach *Das Wesen der Vorstellung bei Schopenhauer,* Heidelberg 1927, S. 144.

272 Schopenhauer, *Sämtliche Werke,* Band 2, l. c., S. 129.

273 *Arthur Schopenhauers handschriftlicher Nachlaß. Philosophische Vorlesungen,* herausgegeben von Franz Mockrauer, l. c., S. 451 (Hervorhebungen von Schopenhauer).

274 An Schelling wird hier abermals erinnert, um zu zeigen, daß Schopenhauer, ein notorischer Gegner der nachkantischen Spekulation, dieser sachlich mehr verdankt, als er wort haben will. Bei Schelling (l. c., S. 72) heißt es: »Nach der ewigen Tat der Selbstoffenbarung ist ... in der Welt, wie wir sie jetzt erblicken, alles Regel, Ordnung und Form; aber immer liegt noch im Grunde das Regellose, als könnte es einmal wieder durchbrechen, und nirgends scheint es, als wären Ordnung und Form das Ursprüngliche, sondern als wäre ein anfänglich Regelloses zur Ordnung gebracht worden. Dieses ist an den Dingen die unergreifliche Basis der Realität, der nie aufgehende Rest, das, was sich mit der größten Anstrengung nicht in Verstand auflösen läßt, sondern ewig im Grunde bleibt. Aus diesem Verstandlosen ist im eigentlichen Sinne der Verstand geboren.«

275 Cf. hierzu Naegelsbach, *Das Wesen der Vorstellung bei Schopenhauer,* l. c., S. 69f.

276 Feuerbach, *Über den »Anfang der Philosophie«,* in: *Gesammelte Werke,* herausgegeben von Werner Schuffenhauer, Band 9, Berlin 1970, S. 151.

277 Cf. hierzu die gründliche Studie von Heinrich Hasse, *Schopenhauer,* München 1926, S. 445f.

278 Schopenhauer, *Sämtliche Werke,* Band 3, l. c., S. 188.

279 Schmidt, *Drei Studien über Materialismus,* l. c., cf. S. 15f.

280 *Arthur Schopenhauers handschriftlicher Nachlaß. Philosophische Vorlesungen,* herausgegeben von Franz Mockrauer, in: l. c., S. 451.

281 Ibid., S. 532.

282 Walter Schulz, *Der Grundansatz von Schopenhauers Philosophie,* in: *Studien zum Deutschtum im Osten,* Heft 16, herausgegeben von F.B. Kaiser und B. Stasiewszki, Köln/Wien 1983, S. 64.

283 Cf. hierzu die instruktive Dissertation von Heinz Maus, *Kritik am Justemilieu. Eine sozialphilosophische Studie über Schopenhauer,* die in den Kapiteln IV–VIII unter ideologiekritischen Gesichtspunkten die Kategorien der Schopenhauerschen Welt- und Zeitkritik analysiert (in: *Die Traumhölle des Justemilieu. Erinnerung an die Aufgaben der Kritischen Theorie,* herausgegeben von Michael Th. Greven und Gerd van de Moetter, Frankfurt am Main 1981). – Schopenhauers Kulturkritik hat in der Moderne bei Tolstoi, Ibsen, den Russen und im Naturalismus tiefe Spuren hinterlassen. Nachweisbar sind sie nicht zuletzt im Früh- und Spätwerk Max Horkheimers.

284 Schopenhauer, *Sämtliche Werke,* Band 2, l. c., S. 479.

285 Ibid., S. 485.

286 Ibid.

287 Ibid., S. 486.

288 Ibid.

289 Ibid., S. 487.

290 Ibid.

291 Schopenhauer, *Der handschriftliche Nachlaß,* I. Band, herausgegeben von Arthur Hübscher, Frankfurt am Main 1966, S. 392.

292 Schopenhauer, *Sämtliche Werke,* Band 3, l. c., S. 174.

293 Schopenhauer, *Der handschriftliche Nachlaß,* I. Band, l. c., S. 393.

294 Ibid., S. 245 (Hervorhebung von Schopenhauer). – Schellings Satz »Wollen ist Urseyn« hat Schopenhauer, empfindlich in Fragen der Priorität, als »bloßen Vorspuk« seiner eigenen Lehre abgetan (in: *Sämtliche Werke,* Band 5, l. c., cf. S. 142). Gleichwohl konnten wir mehrfach sachlich relevante Bezüge seiner Metaphysik zur Denkentwicklung Schellings feststellen. Das gilt auch von Schopenhauers »Übergang ins Nichts«. Ob er die 1811 und 1813 im Druck erschienenen Urfassungen der Schellingschen *Weltalter*-Fragmente gekannt hat, ist nicht mit Bestimmtheit auszumachen. Auffällig ist jedoch (abgesehen von der »theistisch« gefärbten Ausdrucksweise Schellings) ein terminologisch bis zur Identität gehender Gleichklang. Alles Entzweite, im Widerspruch miteinander Befindliche, heißt es hier, verlangt zurück nach dem »hinter allem Leben« beharrenden Widerspruchslosen. Dieses ist »das Wesen der Ewigkeit«, die über aller Zeit ist, so wie letztere »nichts als ein beständiges Suchen nach der Ewigkeit« ist. Das »Unbedingte«, »das Ich der ewig unanfänglichen Gottheit selber«, ist »rein in sich betrachtet« ein »lauterer Wille überhaupt«, aber »nach seiner Gleichgültigkeit gegen Seiendes und Sein« betrachtet: »Wille, der nichts will«. – »Seyn als wäre man nicht, haben, aber als hätte man nicht; das ist im Menschen,

das ist in Gott das Höchste.« – Die Gottheit ist »ein Nichts, aber wie lautere Freyheit ein Nichts ist; wie der Wille, der nichts will, der keiner Sache begehrt, dem alle Dinge gleich sind ... Ein solcher Wille ist Nichts und Alles. Er ist Nichts, inwiefern er weder selbst wirkend zu werden begehrt noch nach irgend einer Wirklichkeit verlangt. Er ist Alles, weil ... von ihm als der ewigen Freyheit allein alle Kraft kommt, weil er alle Dinge ... beherrscht und von keinem beherrscht wird« (in: Schelling, *Die Weltalter. Fragmente,* herausgegeben von Manfred Schröter, München 1946, S. XXII; XXIII; 132; 133).

295 Johann Eduard Erdmann, *Versuch einer wissenschaftlichen Darstellung der neuern Philosophie,* Band 7, Stuttgart 1931, S. 115.

296 Naegelsbach, *Das Wesen der Vorstellung bei Schopenhauer,* l. c., cf. S. 173.

297 Schopenhauer, *Der handschriftliche Nachlaß,* I. Band, l. c., S. 239; cf. hierzu auch *Sämtliche Werke,* Band 3, l. c., S. 678, wo Schopenhauer – ganz im Stil der Kierkegaardischen Kritik an Hegels Geschichtskonstruktion – sich folgendermaßen äußert: »Im gleichen Sinne wurde dann (von Hegel und seinen Anhängern, A. S.) behauptet, die Ethik solle nicht das Thun der Einzelnen, sondern das der Volksmassen zum Stoff haben, nur dieses sei ein Thema ihrer würdig. Nichts kann verkehrter seyn, als diese auf dem plattesten Realismus beruhende Ansicht. Denn in jedem Einzelnen erscheint der ganze ungetheilte Wille zum Leben, das Wesen an sich, und der Mikrokosmos ist dem Makrokosmos gleich. Die Massen haben nicht mehr Inhalt als jeder Einzelne. Nicht vom Thun und Erfolg, sondern vom *Wollen* handelt es sich in der Ethik, und das Wollen selbst geht stets nur im Individuo vor. Nicht das Schicksal der Völker, welches nur in der Erscheinung daist, sondern das des Einzelnen entscheidet sich *moralisch.* Die Völker sind eigentlich bloße Abstraktionen: die Individuen allein existiren wirklich« (Hervorhebungen von Schopenhauer).

298 Schopenhauer, *Der handschriftliche Nachlaß,* I. Band, l. c., S. 239.

299 Richert, l. c., S. 114.

300 Schopenhauer, *Sämtliche Werke,* Band 4, l. c., S. 122.

301 Ibid., cf. § 4 (S. 120ff.), der die »imperative Form« der Ethik Kants untersucht.

302 Ibid., S. 112.

303 Ibid.

304 Ibid., S. 118.

305 Ibid., S. 120.

306 Ibid. (Hervorhebung von Schopenhauer).

307 Ibid. (Hervorhebungen von Schopenhauer).

308 Ibid., S. 121 (Hervorhebung von Schopenhauer).

309 Ibid., cf. S. 125.

310 Ibid., S. 130.

311 Ibid., S. 109.

312 Schopenhauer, *Sämtliche Werke,* Band 3, l. c., S. 677 (Hervorhebungen von Schopenhauer).

313 Ibid., S. 678 (Hervorhebung von Schopenhauer).

314 Ibid., S. 679 (Hervorhebung von Schopenhauer).

315 Ibid., S. 676 (Hervorhebung von Schopenhauer).

316 Ibid.

317 Ibid. (Hervorhebung von Schopenhauer).

318 Ibid. (Hervorhebung von Schopenhauer).

319 Ibid., S. 198.

320 Schopenhauer, *Sämtliche Werke,* Band 4, l. c., S. 131.

321 Ibid., S. 132.

322 Ibid., S. 133.

323 Ibid. (Hervorhebungen von Schopenhauer).

324 Ibid., S. 133f. (Hervorhebungen von Schopenhauer).

325 Ibid., S. 134. – Schopenhauer bezieht sich auf den 1. Brief des Paulus an die Korinther, 13,3: »Und wenn ich alle meine Habe den Armen gäbe und ließe meinen Leib brennen, und hätte der Liebe nicht, so wäre mir's nichts nütze.«

326 Cf. hierzu ibid., S. 136.

327 Ibid., S. 137. – Die deutsche Übersetzung dieses Schopenhauerschen Moralprinzips lautet: »Verletze niemanden, vielmehr hilf allen, soweit du kannst.«

328 Ibid., S. 138.

329 Zitiert nach: ibid., S. 141.

330 Ibid., S. 142 (Hervorhebung von Schopenhauer).

331 Ibid.

332 Ibid., S. 143 (Hervorhebung von Schopenhauer).

333 Ibid., S. 150.

334 Ibid.

335 Ibid., S. 150f.

336 Ibid., cf. S. 152ff.

337 Ibid., S. 185.

338 Ibid.

339 Ibid.

340 Ibid., S. 186.

341 Ibid., S. 195.

342 Ibid., S. 196.

343 Ibid., S. 208.

344 Ibid., S. 209.

345 Ibid., S. 246; cf. hierzu auch Schopenhauers Belege aus den Schriften

Rousseaus (S. 245ff.). – Das überschwengliche, hier von Schopenhauer ausgesprochene Lob des Moralisten Rousseau steht in sonderbarem Kontrast zu der schroffen Ablehnung, die Schopenhauer (der sich hier zu Voltaire bekennt) der deistischen Denkweise Rousseaus zuteil werden läßt. So spricht er von der *Profession du foi du vicaire Savoyard* als »einer flachen, protestantischen Pastorenphilosophie« und erklärt: »Ja, der Grundzug ... der ganzen Philosophie Rousseau's ist Dieses, daß er an die Stelle der christlichen Lehre von der Erbsünde und der ursprünglichen Verderbtheit des Menschengeschlechts, eine ursprüngliche Güte und unbegränzte Perfektibilität desselben setzt, welche bloß durch die Civilisation und deren Folgen auf Abwege gerathen wäre, und nun darauf seinen Optimismus und Humanismus gründet« (in: *Sämtliche Werke,* Band 3, l. c., S. 672). – Das Lob der Moral Rousseaus bei gleichzeitiger Ablehnung der aufklärerischen Basis, die sie bei Rousseau hat, ist ein – unbeabsichtigter – Beleg Schopenhauers dafür, daß das »ethische Urphänomen« des Mitleids nicht mit der von ihm verfochtenen Eindeutigkeit nach einer *willensmetaphysischen* Interpretation verlangt, sondern auch anders, etwa mit einer Geschichtsphilosophie des – kritisch reflektierten – Fortschritts verknüpft werden kann.

346 Schopenhauer, *Sämtliche Werke,* Band 4, l. c., S. 261.
347 Ibid. (Hervorhebungen von Schopenhauer).
348 Ibid., S. 262.
349 Ibid.
350 Ibid., S. 262f.
351 Ibid., S. 263.
352 Ibid., S. 209.
353 Ibid., S. 266 (Hervorhebung von Schopenhauer).
354 Ibid.
355 Ibid. (Hervorhebungen von Schopenhauer).
356 Ibid., S. 266f.
357 Ibid., S. 267.
358 Ibid.
359 Ibid., S. 267f. (Hervorhebungen von Schopenhauer).
360 Ibid., cf. S. 272.
361 Ibid.
362 Ibid.
363 Ibid., S. 274.
364 Ibid., S. 273.
365 Ibid.
366 Naegelsbach, *Das Wesen der Vorstellung bei Schopenhauer,* l. c., S. 144.
367 Ibid., cf. S. 145; cf. auch S. 144.
368 Ibid., S. 146.

369 Ibid., S. 104.

370 Ibid., S. 146.

371 Schopenhauer, *Sämtliche Werke,* Band 3, l. c., S. 357.

372 Bloch, *Das Materialismusproblem, seine Geschichte und Substanz,* l. c., S. 276f.

373 Ibid., S. 277. – Schopenhauers Kritiker haben seit je auf Widersprüche und Unvereinbarkeiten seiner Philosophie hingewiesen. So betont Adolph Cornills Schrift *Arthur Schopenhauer, als Uebergangsformation von einer idealistischen in eine realistische Weltanschauung dargestellt* (Heidelberg 1856) das eigentümliche Schwanken des Philosophen »zwischen idealistischen Principien und materialistischen Anschauungen«, dem es nicht gelingt, die gegensätzlichen Tendenzen des Zeitgeistes zu versöhnen: »Schopenhauer ... ist nicht eigentlich Realist, und dennoch macht sich kaum in irgend einem Systeme so sehr ein realistischer Zug geltend, wie bei ihm; ja er ist in den Consequenzsätzen seines Systemes in einem so hohen Grade von demselben ergriffen, daß er sich bis zu den extremsten Ansichten des Materialismus hinreißen läßt. Und dennoch nennt er sich den reinsten Idealisten, kämpft auf's entschiedenste gegen den Materialismus an, und wirft demselben die gröbste Ignoranz über die fundamentalen Vorgänge des Erkenntnißprocesses vor ... Eine solche Ansicht befriedigt aber weder den Idealisten, welcher Schopenhauer stets leicht für einen Materialisten halten wird, noch den Materialisten, dem er stets als Idealist erscheinen muß« (In: *Materialien zu Schopenhauers »Die Welt als Wille und Vorstellung«*, herausgegeben, kommentiert und eingeleitet von Volker Spierling, Frankfurt am Main 1984, S. 344; 341; 345). – In seiner hier bereits angeführten Studie *Das Wesen der Vorstellung bei Schopenhauer* (l. c., S. 111) sagt Naegelsbach: »Sicher ist, daß Schopenhauer nicht als Materialist betrachtet werden kann; aber als ebenso sicher erscheint es auch, daß Schopenhauer es nicht nötig hat, durch eine milde Betrachtung seiner Widersprüche ... vom Vorwurf des Materialismus freigesprochen zu werden.« Indem Schopenhauer die erkenntnistheoretische Korrelativität von Subjekt und Objekt in die metaphysische von Intellekt und Materie umdeutet, das heißt diese aus jenem und umgekehrt genetisch abzuleiten bestrebt ist, setzt er – wie Naegelsbach nachweist – seinen Gedanken der gänzlichen »Diversität des Idealen und des Realen« einer für sein System gefährlichen Kritik aus. Ihm droht jedesmal eine »Vernichtung« von derjenigen Seite der Korrelation, die zum »Ausgangspunkt der Erklärung« gemacht wird: »so droht auf der einen Seite das Reale, nach Schopenhauer der alogische blinde Wille, vom Idealen her vernichtet zu werden, in einer Art von magisch-spiritualistischem Subjektivismus, auf der anderen Seite das Ideale vom Realen her, in einer Art von voluntaristischem Materialismus. Das Bewußtsein, dem ersten Extrem verfallen zu können, ist bei Schopenhauer weniger

ausgebildet ...; in einem bedeutend klareren Verhältnis steht Schopenhauer zum Materialismus, zumal sich das Interesse des naturalistischen Willens mit ihm verbindet« (l. c., S. 113). Naegelsbachs Fazit: Materialismus und Idealismus »ergänzen« einander in Schopenhauers System – doch so, daß sie sich wechselseitig aufheben (cf. ibid., S. 112).

374 Schopenhauer, *Sämtliche Werke,* Band 2, l. c., S. 487; 484.

375 Ibid., Band 3, S. 174.

376 Schulz, *Der Grundansatz von Schopenhauers Philosophie,* l. c., S. 65.

377 Naegelsbach, *Das Wesen der Vorstellung bei Schopenhauer,* l. c., S. 62; cf. hierzu auch S. 24.

378 Schopenhauer, *Sämtliche Werke,* Band 3, l. c., S. 372.

379 Schopenhauer, *Der handschriftliche Nachlaß,* IV. Band, Erster Teil, l. c., S. 73.

380 Schopenhauer, *Sämtliche Werke,* Band 3, l. c., S. 195.

381 Schopenhauer, *Der handschriftliche Nachlaß,* IV. Band, Erster Teil, l. c., S. 43; cf. hierzu auch S. 21.

382 Naegelsbach, *Das Wesen der Vorstellung bei Schopenhauer,* l. c., S. 26.

383 Cf. ibid., S. 27. – Es bietet sich hier Gelegenheit, darauf hinzuweisen, daß die Doppeldeutigkeit der Schopenhauerschen Metaphysik in einem tragenden Motiv der Kritischen Theorie wiederkehrt. Wie für Schopenhauer der Wille stets beides ist: metaphysischer Kern der Welt (in ihrer Unabhängigkeit von menschlichem Erkennen) und Inbegriff des Verwerflichen, moralisch zu Verneinenden, so ist auch für den Horkheimer der *Zeitschrift für Sozialforschung* die materialistische Geschichtsauffassung insofern eine negative, vorläufige Wahrheit, als in ihren Kategorien ein »unwahrer«, aufzuhebender Zustand der Gesellschaft erscheint. Der Marxsche Satz, das gesellschaftliche Sein der Menschen bestimme ihr Bewußtsein, impliziert in seiner Horkheimerschen Akzentuierung das Postulat, es dabei nicht zu belassen, sondern die Gesellschaft so einzurichten, daß die Menschen in Mündigkeit und Solidarität über ihr Sein gebieten, das heißt ihre Geschichte aus blinder Verstricktheit in »Natur« befreien.

384 Naegelsbach, *Das Wesen der Vorstellung bei Schopenhauer,* l. c., S. 147.

385 Es ist klar, daß Schopenhauer mit dieser moralischen Bewertung des Gesamtcharakters von »Welt« nicht zur positiven Religiosität eines kirchlich vermittelten Christentums übergeht. Aber deutlich wird doch, daß er – hierin dem ungeliebten Schleiermacher sich nähernd – in seinem (sei's auch impliziten) Verständnis von Religion über deren »ausgesprochen intellektualistische Deutung« hinausgeht, von der Hasse spricht (*Schopenhauers Religionsphilosophie,* l. c., S. 6), wenn er ausführt, daß nach Schopenhauer auch die Religion, als »Volksmetaphysik«, dem »Verstande Aufschlüsse erteilen will« (ibid.). – Es reflektiert die geistige Atmosphäre der Jahrhundertwende,

daß Volkelt (*Arthur Schopenhauer,* l. c., S. 358) am Schluß seines Buches prophezeit, daß Schopenhauers Philosophie »bei vielen ihrer Bekenner und Freunde einen fruchtbaren Boden für das Entspringen und Gedeihen ... religiöser Stimmungen und Gefühle ... bilden wird. Namentlich der überschwengliche Ausblick, den Schopenhauer am Schlusse seines Systems, dort, wo die Verneinung des Willens zum Leben eingetreten ist, eröffnet, muss jede verwandt gestimmte Seele geradezu auffordern, sich dem grossen Geheimnis des letzten Hintergrundes der Dinge gefühlsmäßig zu nahen. So kommt also auch im Hinblick auf die Entwicklung der religiösen Gefühle ausserhalb der kirchlichen Religionen dem Weiterwirken der Philosophie Schopenhauers keine geringe Bedeutung zu.«

386 Cf. hierzu Schopenhauer, *Der handschriftliche Nachlaß,* IV. Band, Erster Teil, S. 87.

387 Schopenhauer, *Sämtliche Werke,* Band 3, l. c., S. 209.

388 Schopenhauer, *Der handschriftliche Nachlaß,* IV. Band, Erster Teil, S. 119 (Hervorhebungen von Schopenhauer).

389 Schopenhauer, *Sämtliche Werke,* Band 3, l. c., S. 204.

390 Ibid.; cf. hierzu auch S. 205.

391 Schopenhauer, *Der handschriftliche Nachlaß,* IV. Band, Erster Teil, l. c., S. 113.

392 Cf. zu Schopenhauers Einschätzung der Rolle der Intuition *Sämtliche Werke,* Band 3, l. c., S. 76ff.

393 Schopenhauer, *Sämtliche Werke,* Band 2, l. c., S. 91. – Cf. zur *cognitio intuitiva* auch die Untersuchung von Samuel Rappaport *Spinoza und Schopenhauer,* Berlin 1899, S. 12.

394 Schopenhauer, *Der handschriftliche Nachlaß,* IV. Band, Erster Teil, l. c., S. 147 (Hervorhebungen von Schopenhauer).

395 Nietzsche, *Werke.* Kritische Gesamtausgabe, herausgegeben von Giorgio Colli und Mazzino Montinari, III, 1, Berlin/New York 1972, S. 127.

396 Schulz, *Der Grundansatz von Schopenhauers Philosophie,* l. c., S. 66.

397 Cf. Schopenhauer, *Sämtliche Werke,* Band 3, l. c., S. 191ff.

398 Ibid., S. 190.

399 Ibid., S. 194.

400 Ibid.

401 Was Schopenhauer an Kant bemängelt: daß er, unter dem Anschein, Moral durch Metaphysik zu begründen, nicht selten gerade das Gegenteil tut, gilt auch für ihn selbst.

402 Schopenhauer, *Sämtliche Werke,* Band 3, l. c., S. 354.

403 Ibid., cf. S. 193.

404 Ibid., S. 242.

405 Ibid., S. 455.

406 Ibid., S. 562.

407 Ibid., S. 242.

408 Ihren literarischen Niederschlag finden Schopenhauers physiologische Studien in seinen anschließend publizierten Arbeiten; so in der Schrift *Ueber den Willen in der Natur* (1836); in der zweiten Auflage des Hauptwerks (1844), zumal in dessen zweitem, zusätzlich herausgegebenem Band, der hier vorzugsweise herangezogen wird; schließlich in der zweiten Auflage der Dissertation (1847).

409 Cf. dazu Schopenhauer, *Sämtliche Werke,* Band 3, l. c., S. 207ff.

410 Ibid., S. 193f. (Hervorhebungen von Schopenhauer).

411 »Als Ding an sich«, unterstreicht Naegelsbach (l. c., S. 140f.), »wird der Wille blind und dumpf, ziellos und unvernünftig; nachdem Schopenhauer die Frage nach der Bedeutung der Vernunft-Ansprüche und Wertforderungen, die der Mensch der Welt gegenüber stellt, durch die materialistische Konsequenz abgetan hat, der Intellekt sei ja nichts als eine Funktion des Gehirns, wie die Verdauung eine Funktion des Magens sei, gelingt es seiner Beredsamkeit mitunter nur allzu gut, seine Leser die Welt lediglich in ihrer elementaren Gebundenheit sehen zu lassen: der Mensch ist nichts als eine Objektivation des Geschlechtstriebes, steht also als Wollender durchaus im Dienste der Unvernunft des Lebens.« – Naegelsbachs These lautet: Schopenhauers Erklärung der Welt aus einem realistischen, ohne Vermittlung des sekundären Intellekts wirkenden Prinzip mündet ein in lückenlosen Naturalismus.

412 Schopenhauer, *Sämtliche Werke,* Band 3, l. c., S. 177.

413 Ibid., S. 203.

414 Ibid.

415 Ibid.

416 Ibid., S. 350.

417 Bloch, *Das Materialismusproblem, seine Geschichte und Substanz,* l. c., S. 275; 276.

418 Schopenhauer, *Sämtliche Werke,* Band 6, l. c., S. 634 (Hervorhebungen vom Verfasser).

419 Schopenhauer, *Sämtliche Werke,* Band 3, l. c., S. 354.

420 Ibid., S. 339 (Hervorhebungen von Schopenhauer).

421 Zur Teleologie cf. ibid., S. 372ff.

422 Schopenhauer, *Sämtliche Werke,* Band 6, l. c., S. 634 (Hervorhebungen von Schopenhauer).

423 Schopenhauer, *Sämtliche Werke,* Band 2, l. c., S. 485.

424 Ibid., S. 486.

425 Schopenhauer, *Sämtliche Werke,* Band 3, l. c., S. 315.

426 Ibid. (Hervorhebung von Schopenhauer).

427 Ibid.

428 Ibid., S. 316 (Hervorhebungen von Schopenhauer).

429 Ibid., S. 230; cf. hierzu auch S. 245f.

430 Cf. hierzu Naegelsbach, *Das Wesen der Vorstellung bei Schopenhauer,* l. c., S. 102f.

431 Schopenhauer, *Sämtliche Werke,* Band 3, l. c., S. 250f.

432 Ibid., S. 251 (Hervorhebungen von Schopenhauer).

433 Ibid., cf. S. 150ff.

434 Ibid., S. 263.

435 Ibid., S. 187f.

436 Ibid., S. 4.

437 Kant, *Werke in zwölf Bänden,* herausgegeben von Wilhelm Weischedel, Band VII, Wiesbaden 1956, S. 90.

438 Ibid., S. 94; 95f.; 97 (Hervorhebungen von Kant).

439 Schopenhauer, *Sämtliche Werke,* Band 2, l. c., S. 495.

440 Ibid.

441 Schopenhauer, *Der handschriftliche Nachlaß,* I. Band, l. c., S. 150.

442 Dem »Willen« fällt bei Schopenhauer die Rolle zu, das Problem der »Substanz« im vorkritischen, naiv-realistischen Sinn zu lösen. In dem Maße freilich, wie die – Schopenhauer verhaßte – nachkantische Spekulation ihrerseits auf Fragestellungen der Metaphysik des siebzehnten Jahrhunderts rekurriert, läßt sich auch Schopenhauers Lehre, das Ding an sich sei erkennbar als der sich stufenweise objektivierende Wille, als *Spielart jener Spekulation* interpretieren.

443 Volkelt, *Arthur Schopenhauer,* l. c., S. 170. – Der hier von Volkelt formulierte Widerspruch ist in der Literatur immer wieder erwähnt worden. Karl Jaspers etwa spricht ihn folgendermaßen aus: »Der Wille, dieser Schlüssel zur Welterkenntnis im eigenen Innern, ist doch selber Erscheinung in der Zeit. Schopenhauer schwankt: einmal wird ihm alle Erscheinungshaftigkeit abgesprochen, er ist das Ding an sich, meistens wird das mit Einschränkung gesagt: Er kann die Erscheinung nicht abstreifen, er zeigt sich, nur ›in der allerleichtesten Verhüllung‹. Selber zeitlos, ist er doch auch für unsere intuitive Erkenntnis immer zeitlich« (in: *Die großen Philosophen. Nachlaß 2,* herausgegeben von Hans Saner, München/Zürich 1981, S. 998). – Die Schopenhauersche Lehre bietet sich dem Nachweis ungeschlichteter »Widersprüche« geradezu an. Selten freilich wird von Kritikern, die innere Unstimmigkeiten in philosophischen Werken auf bloße Denkfehler zurückführen, beachtet, daß logisch Widerspruchsvolles metaphysisch möglich sein kann: als Ausdruck einer Erfahrung von Welt, die über den *common sense* hinausgeht. »Wer Schopenhauer seine großen Widersprüche vorhalten will«, bemerkt Naegelsbach (l. c., S. 98), »mag bedenken, daß in seiner Philosophie

mehr Erlebnis steckt als gedankliche Klärung; und daß es gerade die großen Widersprüche des Lebens sind, an denen sich der philosophische Geist entzündet.« – Cf. zur Frage der Widersprüche bei Schopenhauer auch Georg Simmel, *Schopenhauer und Nietzsche,* München/Leipzig [3]1923, S. 52f.

444 Cf. hierzu Naegelsbach, *Das Wesen der Vorstellung bei Schopenhauer,* l. c., S. 60.

445 Einiges Kopfzerbrechen bereitet denn auch Schopenhauers – transzendente – These, das Ding an sich sei der Wille, »sofern er noch nicht objektivirt, noch nicht Vorstellung geworden ist« (in: *Sämtliche Werke,* Band 2, l. c., S. 206).

446 Schopenhauer, *Sämtliche Werke,* Band 3, l. c., S. 204.

447 Ibid., S. 221 (Hervorhebung von Schopenhauer); cf. hierzu auch S. 222, wo es heißt: »Wäre der Wille das Ding an sich schlechthin und absolut; so wäre auch dieses Nichts (als Resultat freier Aufhebung des Willens, A. S.) ein *absolutes«* (Hervorhebung von Schopenhauer).

448 Ibid., cf. dazu S. 367.

449 Zu diesen – im engeren Sinn – transzendenten Problemen rechnet Schopenhauer das der Fortdauer nach dem Tode, Geisterseherei sowie die Frage nach der inneren Planmäßigkeit einer individuellen Lebensgeschichte.

450 Volkelt, *Arthur Schopenhauer,* l. c., S. 171f. (Hervorhebungen von Volkelt).

451 Cf. dazu die instruktive Studie von Theodor Lorenz *Zur Entwicklungsgeschichte der Metaphysik Schopenhauers,* Leipzig 1897; ferner die von Arthur Hübscher unter dem Titel *Der junge Schopenhauer,* München 1938, herausgegebenen und kommentierten Materialien; Volkelt (l. c., S. 173ff.) untersucht die wechselnde Einstellung Schopenhauers zum Kantischen Ding an sich.

452 Schopenhauer, *Der handschriftliche Nachlaß,* I. Band, l. c., S. 7f.

453 Ibid., S. 10.

454 Ibid., S. 21.

455 Ibid., S. 21f. (Hervorhebung von Schopenhauer).

456 Ibid., S. 22.

457 Schopenhauer, *Der handschriftliche Nachlaß,* II. Band, herausgegeben von Arthur Hübscher, Frankfurt am Main 1967, S. 313.

458 Ibid., S. 364.

459 Ibid.

460 Diese Herkunft des Schopenhauerschen Willensbegriffs dürfte die mit ihm – atmosphärisch – einhergehende Ambivalenz erklären, einerseits der Welt moralische Bedeutsamkeit zu verleihen, andererseits ihren alogisch-naturalen »Grund« zu bezeichnen, der sich aller Moral schlechterdings widersetzt.

461 Schopenhauer, *Sämtliche Werke,* Band 3, l. c., S. 700 (Hervorhebung von Schopenhauer).

462 Ibid.

463 Hegel, *Phänomenologie des Geistes,* herausgegeben von Johannes Hoffmeister, Hamburg 1952, S. 163. – Aus diesen Zusammenhängen erklärt sich auch die Eigenart der religionsphilosophisch relevanten Erwägungen in Horkheimers Spätwerk. Indem Horkheimer hier – Schopenhauers Vorstellungslehre folgend – die objektive Welt (hinsichtlich ihrer formalen Bestimmtheit) auf die Struktur des menschlichen Erkenntnis-Apparats zurückführt, entsteht die Möglichkeit, Theologisches zu bedenken. »Theologie« ist jedoch für Horkheimer keine »Wissenschaft von Gott«, sondern »das Bewußtsein davon, daß die Welt Erscheinung ist, daß sie nicht die absolute Wahrheit, das Letzte ist«. Da Horkheimer – angesichts des Weltlaufs und abermals im Einklang mit Schopenhauer – sich weigert, Transzendenz positiv zu setzen, kann Theologie, als »Ausdruck einer Sehnsucht«, nur in der Hoffnung bestehen, »daß der Mörder nicht über das unschuldige Opfer triumphieren möge« (*Die Sehnsucht nach dem ganz Anderen.* Gespräch mit Helmut Gumnior, in: *Gesammelte Schriften,* herausgegeben von Alfred Schmidt und Gunzelin Schmid Noerr, Band 7, Frankfurt am Main 1985, S. 389).

464 Nietzsche, *Götzen-Dämmerung,* Stuttgart 1955, cf. S. 99f.

465 Cf. dazu Albert Schweitzer, *Die Mystik des Apostels Paulus,* Tübingen 1981 (Neudruck der Erstauflage 1930), S. 285ff.

466 Schopenhauer, *Sämtliche Werke,* Band 3, l. c., cf. Kapitel 49.

467 Ibid., cf. S. 209.

468 Schopenhauer, *Der handschriftliche Nachlaß,* IV. Band, Erster Teil, l. c., S. 308.

469 Ibid., S. 301.

470 Ibid.

471 Ibid., S. 208.

472 Schopenhauer, *Sämtliche Werke,* Band 5, l. c., S. 153.

473 Ibid.

474 Ibid., S. 153f. (Hervorhebung von Schopenhauer). – Als besonders fragwürdigen Repräsentanten des (aus opportunistischen Gründen frömmelnden) Zeitgeistes empfindet Schopenhauer den späten Schelling, dessen Berliner Auftreten er mit einer satirischen Schärfe beurteilt, die an die linkshegelianische Polemik gegen den »Philosophen der Restauration« erinnert. Schopenhauer erwähnt in seinen kritischen Betrachtungen der Philosophie an deutschen Universitäten »das Nachspiel zu der großen Hegel-Farce, nämlich die gleich darauf folgende, so überaus zeitgemäße Konversion des Herrn v. Schelling vom Spinozismus zum Bigottismus und seine darauf folgende Versetzung von München nach Berlin, unter Trompetenstößen aller

Zeitungen, nach deren Andeutungen man hätte glauben können, er bringe dahin den persönlichen Gott, nach welchem so großes Begehr war, in der Tasche mit; worauf denn der Zudrang der Studenten so groß wurde, daß sie sogar durch die Fenster in den Hörsaal stiegen; dann, am Ende des Kursus, das Groß-Mannsdiplom, welches eine Anzahl Professoren der Universität, die seine Hörer gewesen, ihm unterthänigst überbrachten, und überhaupt die ganze, höchst glänzende und nicht weniger lukrative Rolle desselben in Berlin, die er ohne Erröthen durchgespielt hat; und das im hohen Alter, wo die Sorge um das Andenken, das man hinterläßt, in edleren Naturen jede andere überwiegt« (l. c., S. 56).

475 Schopenhauer, *Der handschriftliche Nachlaß,* IV. Band, Erster Teil, l. c., S. 286 (Hervorhebungen von Schopenhauer).

476 Ibid., S. 220 (Hervorhebungen von Schopenhauer).

477 Ibid., S. 200 (Hervorhebungen von Schopenhauer).

478 Ibid.

479 Schopenhauer, *Sämtliche Werke,* Band 6, l. c., S. 149; 150 (Hervorhebung von Schopenhauer).

480 Schopenhauer, *Der handschriftliche Nachlaß,* IV. Band, Erster Teil, l. c., S. 153.

481 Ibid., S. 155.

482 Ibid., S. 156.

483 Ibid., S. 177.

484 Ibid., S. 155 (Hervorhebungen von Schopenhauer).

485 Ibid., S. 124.

486 Ibid.

487 Ibid.

488 Ibid.

489 Das konnte selbst einen Kenner – und Jünger – Schopenhauers wie Paul Deussen dazu verführen, das Werk des Meisters (aus der Perspektive der Schellingschen Freiheitsschrift) unmittelbar religiös (im pantheisierenden Sinn) zu deuten. »Gott«, schreibt er, »ist nicht ein dem Menschen als ein anderes, fremdes gegenüberstehendes Wesen, Gott ist unsere eigene, ansichseiende Natur, von welcher wir in der Erscheinung abgeirrt sind, und zu welcher wir auf dem Wege der Moralität zurückstreben« (zitiert nach: Cay von Brockdorff, *Die Differenz zwischen Schopenhauer und den Nachkantianern,* Kiel / Leipzig 1919, S. 23). – Neben Deussen haben auch Interpreten wie Seillière und Volkelt die systematische Notwendigkeit betont, Schopenhauers Willenslehre – seinem Selbstverständnis zuwider – pantheistisch auszulegen.

490 Schopenhauer, *Sämtliche Werke,* Band 6, S. 106.

491 Schopenhauer, *Der handschriftliche Nachlaß,* IV. Band, Erster Teil, l. c., S. 126.

492 Schopenhauer, *Sämtliche Werke,* Band 6, l. c., S. 108.

493 Schopenhauer, *Der handschriftliche Nachlaß,* IV. Band, Erster Teil, l. c., S. 142 (Hervorhebungen von Schopenhauer).

494 Ibid., S. 143.

495 Ibid., S. 190 (Hervorhebungen von Schopenhauer).

496 Ibid., S. 295.

497 Cf. dazu die kritisch-historische Untersuchung von Rappaport *Spinoza und Schopenhauer,* l. c.; ferner Max Grunewald, *Spinoza in Deutschland,* Berlin 1897, § 109 (S. 247ff.), der sich mit Schopenhauers Verhältnis zu Spinoza beschäftigt; cf. dazu auch Volkelt, *Arthur Schopenhauer,* l. c., S. 176; 343f.; außerdem Naegelsbach, *Das Wesen der Vorstellung bei Schopenhauer,* l. c., S. 30ff. – Der Aufsatz von Otto Weiss *Schopenhauers Monismus* (in: *Der Monismus,* herausgegeben von Arthur Drews, Band II, Jena 1908, S. 60ff.) behandelt die Präsenz der spinozistischen All-Einheitslehre in Schopenhauer mehr unter dem Aspekt indischer Einflüsse. Der von Dieter Henrich herausgegebene Sammelband *All-Einheit. Wege eines Gedankens in Ost und West,* Stuttgart 1985, enthält charakteristischerweise keinen Beitrag über Schopenhauer. Dessen atheistische, den Materialismus streifende Version des Gedankens der All-Einheit wird von jenen, die seine traditionelle Geschichte erforschen, offenbar als »atypisch« empfunden. – Cf. zur Geschichte der All-Einheitslehre auch den Aufsatz des Verfassers *Giordano Bruno als Wegbereiter eines spekulativen Materialismus,* Nachwort zu: Giordano Bruno, *Über die Ursache, das Prinzip und das Eine,* übersetzt von Philipp Rippel, Stuttgart 1986, S. 176–199.

498 Schopenhauer, *Der handschriftliche Nachlaß,* IV. Band, Erster Teil, l. c., cf. S. 10.

499 Ibid., S. 202; 203.

500 Ibid., S. 203 (Hervorhebungen von Schopenhauer).

501 Ibid., cf. S. 198.

502 Ibid., S. 250 (Hervorhebungen von Schopenhauer).

503 Ibid., S. 251. – »Sogar ... der simple Theismus«, sagt Schopenhauer, »schließt vom Daseyn der Welt auf ihr vorheriges Nichtseyn, d. h. faßt sie auf als etwas Zufälliges« (ibid.). Cf. zu Schopenhauers Einschätzung Spinozas auch *Sämtliche Werke,* Band 3, l. c., S. 188f.

504 Schopenhauer, *Der handschriftliche Nachlaß,* IV. Band, Erster Teil, l. c., S. 121.

505 Ibid., S. 80f. (Hervorhebungen von Schopenhauer).

506 Ibid., S. 81 (Hervorhebungen von Schopenhauer).

507 Schopenhauer, *Sämtliche Werke,* Band 3, l. c., S. 362.

508 Horkheimer, *Die Aktualität Schopenhauers,* in: *Zur Kritik der instrumentellen Vernunft,* l. c., S. 256; 165; 266.

509 Cf. hierzu Siebeck, *Lehrbuch der Religionsphilosophie,* l. c., S. 233.

510 Schopenhauer, *Sämtliche Werke,* Band 3, l. c., S. 372.

511 Ibid., S. 741 f. (Hervorhebungen von Schopenhauer).

512 Volkelt, *Arthur Schopenhauer,* l. c., S. 343.

513 Ibid.

514 Schopenhauer, *Sämtliche Werke,* Band 2, l. c., cf. S. 124. – Theobald Ziegler kennzeichnet den erkenntnistheoretischen, zum »Illusionismus« sich steigernden Idealismus Schopenhauers folgendermaßen: »Mit Hilfe des Satzes vom zureichenden Grunde als des Prinzipiums *essendi, fiendi, agendi* und *cognoscendi* weben wir uns den vierfachen Schleier der Maja, der diese Bewußtseins- und Erscheinungswelt als eine wirkliche uns vorspiegelt. Darin aber geht Schopenhauer doch weit über Kant und Fichte hinaus, daß er die Sinnenwelt, die zunächst nur in dem vorstellenden Subjekt existiert, den Gebilden unserer Träume nahe rückt, so daß zwischen dem, was wir träumen und wachend erleben, eine feste Grenze und Scheidelinie nicht zu ziehen ist. Schon das erinnert uns daran, daß diese ... Philosophie in Wahrheit älter, ein Kind der romantischen Periode und mit Novalis' magischem Idealismus an einem Stamme gewachsen war. Auch Schopenhauers steigende Gläubigkeit und Kritiklosigkeit gegen das ›Geistersehn und was damit zusammenhängt‹ deutet auf diese Herkunft hin« (in: *Die geistigen und sozialen Strömungen des XIX. Jahrhunderts,* Berlin 1910, S. 335). Cf. zu Schopenhauers romantischem »Illusionismus« auch Naegelsbach, *Das Wesen der Vorstellung bei Schopenhauer,* l. c., S. 29; ferner Karl Joels grundlegende Studie *Schopenhauer und die Romantik,* in: *Nietzsche und die Romantik,* Jena/Leipzig 1905, S. 202–278.

515 Schopenhauer, *Sämtliche Werke,* Band 2, l. c., S. 124.

516 Ibid., S. 118.

517 Naegelsbach, *Das Wesen der Vorstellung bei Schopenhauer,* l. c., S. 127.

518 Schopenhauer, *Sämtliche Werke,* Band 3, l. c., cf. S. 184.

519 Volkelt, *Arthur Schopenhauer,* l. c., S. 343 f.

520 Cf. hierzu Naegelsbach (l. c., S. 80), bei dem es heißt: »Mit der Wendung zum Subjektivismus, die sich in der weiteren Behandlung des Satzes ›die Welt ist meine Vorstellung‹ herausstellt, tut Schopenhauer den ersten Schritt zur Metaphysik.«

521 Ibid., S. 151 f.

522 Schopenhauer, *Sämtliche Werke,* Band 2, l. c., S. 3.

523 Ibid., S. 17.

524 Ibid.

525 Naegelsbach, *Das Wesen der Vorstellung bei Schopenhauer,* l. c., cf. 161.

526 Eine Terminologie, die in den gedruckten Schriften von Schopenhauer nicht wiederaufgenommen wird.

527 Schopenhauer, *Der handschriftliche Nachlaß,* I. Band, l. c., S. 38.

528 Ibid., S. 38; 39.

529 Ibid., S. 39. – Cf. zu den platonisierenden Anfängen der Schopenhauerschen Ethik auch Lorenz, *Zur Entwicklungsgeschichte der Metaphysik Schopenhauers,* l. c., S. 20ff. – Wir stoßen auch hier auf die Wurzeln der Urschwierigkeit Schopenhauers, die darin liegt, daß er einerseits den Willen ins Zentrum der Erscheinungswelt selbst verlegt, also von Kants strenger Unterscheidung von Erscheinung und Ding an sich abrückt, andererseits aber an ihr festhält, so daß – wie Volkelt (l. c., S. 168) notiert – »alles Wesen und alle Wirklichkeit in den einen Willen fällt, die Erscheinungsfülle dagegen nur Vorstellung, Schein und Traum ist. Die Erscheinungen sind nach den Prinzipien Schopenhauers keineswegs Wesensoffenbarungen, Lebensauswirkungen der Urkraft; dies werden sie bei ihm nur durch ... Inkonsequenz; grundsätzlich sind sie ... flatternde Umhängsel und wallende Nebelhüllen des Ureinen ... So steht der Wille dem Reichtum der Erscheinungswelt im Grunde beziehungslos und gleichgültig gegenüber, ohne die Fähigkeit, ihn an sich zu knüpfen und zu ordnen. Die Erscheinungswelt ist eine seltsame äußerliche Hülle, in die sich der Weltwille kleidet.«

530 Schopenhauer, *Der handschriftliche Nachlaß,* I. Band, l. c., S. 44 (Hervorhebungen von Schopenhauer).

531 Ibid., S. 45.

532 Ibid., S. 42 (Hervorhebung von Schopenhauer).

533 Cf. hierzu Joel, *Schopenhauer und die Romantik,* in: *Nietzsche und die Romantik,* l. c., S. 226f.; ferner S. 224f.

534 Cf. dazu Schopenhauer, *Der handschriftliche Nachlaß,* I. Band, l. c., S. 40.

535 Naegelsbach, *Das Wesen der Vorstellung bei Schopenhauer,* l. c., S. 151.

536 Ibid., S. 161f. – Kein Wunder, daß Schopenhauer sich stets mit polemischem Eifer für die erste Auflage der *Kritik der reinen Vernunft* ausspricht und die zweite Auflage ablehnt, die eine Widerlegung des »dogmatischen Idealismus« (Berkeley) enthält.

537 Volkelt, *Arthur Schopenhauer,* l. c., S. 344.

538 Naegelsbachs Dissertation *Das Wesen der Vorstellung bei Schopenhauer* (l. c., S. 75ff.) geht der problematischen Beziehung von Materialismus und Subjektivismus in Schopenhauers Philosophie ebenso detailliert wie scharfsinnig nach. So heißt es auf S. 95f.: »Mit dem Gedankengang, der Schopenhauer zur Materialisierung des Intellekts führt, gegenüber der vom Idealismus drohenden Intellektualisierung der Materie erweist sich als verbunden das Interesse, die Realität des Willens als eines blinden und alogischen zu sichern in seiner Diversität von der Idealität der Erscheinung, welche ... vom magischen Subjektivismus her gefährdet zu werden drohte; das ist zutiefst der Grund, daß die materialistische Tendenz sich bei Schopenhauer

immer verbindet mit dem Interesse des naturalistischen Willens. Erkenntnistheoretisch betrachtet gewinnt mit der positiven Behandlung des Ding-an-sich-Gedankens (die immer eine naive sein muß) der naive Realismus erneute Bedeutung, der als atavistischer Rest auch in der negativen Verwendung des Ding-an-sich-Begriffs noch schlummert; so erweisen sich drei Tendenzen der Schopenhauerschen Philosophie als in enger Beziehung zueinander stehend: Materialismus, Naturalismus und naiver Realismus; alle drei sind sie Standpunkte des sich selbst vergessenden Geistes. Die Beziehung zwischen Materialismus und Realismus hat Schopenhauer erkannt ... Nur führt der Realismus nicht notwendigerweise zum Materialismus, wie allerdings der Materialismus den Realismus involviert ... Aber wie ... der Gedanke der Realität des Willens in seiner Diversität vom Idealen gefährdet wurde durch einen extremen subjektivistischen Idealismus, so wird derselbe Gedanke hier durch die materialistische Tendenz gefährdet. Der Wille hat Realität in der Objektivation der Materie; sie ist zunächst sekundär wie dort der Intellekt; wie dort eine Intellektualisierung des Willens, so droht hier eine Materialisierung, indem hier wie dort der Wille aufzugehen droht in seiner Objektivation. Dort vernichtete sich der Gedanke der Realität an der konsequent durchgeführten Betrachtung der Idealität; hier vernichtet sich der Gedanke der Idealität am Gedanken der Realität, welche sich, vom Willen abgleitend, in der Materie als dem ewig unvergänglichen Substrat aller Erscheinungen zu konsolidieren neigt.« Cf. zum materialistischen Aspekt der Willenslehre auch Bloch, *Das Materialismusproblem,* l. c., S. 273f.; ferner den Aufsatz des Verfassers *Schopenhauer und der Materialismus,* in: *Drei Studien über Materialismus,* l. c., S. 56ff.

539 Schopenhauer, *Sämtliche Werke,* Band 4, l. c., S. 2.

540 Ibid.

541 Schopenhauer, *Der handschriftliche Nachlaß,* IV. Band, Erster Teil, l. c., S. 218.

542 Anläßlich der Restauration von Begriffen, die für Schopenhauer philosophisch durch Kant, empirisch durch die moderne Naturforschung abgetan und erledigt sind, stellen sich bei ihm – unbeschadet seiner konservativen Grundhaltung – immer wieder antimonarchistische Verdächte ein, die ihn (ungewollt und *partiell*) zum Bundesgenossen der naturwissenschaftlichen Materialisten des Nachmärz machen. So schreibt er: »Auf allerhöchsten Specialbefehl ist ein persönlicher Gott und eine individuelle Seele, welche aus der Philosophie abhanden gekommen waren, in selbige wieder eingeführt worden. – Freilich, wer aus jedem Stück Papier einen Tausendthalerschein machen kann, wird ja auch wohl so ein Paar *entia metaphysica* wieder auf die Beine bringen können« (ibid.).

543 Ibid., S. 105.

544 Ibid., S. 165 (Hervorhebungen von Schopenhauer); cf. hierzu auch S. 116.

545 Schopenhauer, *Sämtliche Werke*, Band 3, l. c., S. 309; 308.

546 Ibid., S. 308; 309.

547 Ibid., S. 223.

548 Schopenhauer, *Der handschriftliche Nachlaß*, IV. Band, Erster Teil, l. c., S. 72.

549 Ibid., S. 73.

550 Schopenhauer, *Sämtliche Werke*, Band 3, l. c., S. 196; cf. dazu auch ibid., Band 4, S. Xff.

551 In seinem – offen theologisierenden – Vortrag *Menschenschöpfung und Seelensubstanz* vom 18. September 1854 griff der Göttinger Physiologe Rudolph Wagner materialistische Tendenzen innerhalb der zeitgenössischen Naturforschung an, durch die er die sittliche Weltordnung gefährdet sah. Dabei dachte er namentlich an den – abwesenden – Gießener Zoologen und demokratischen Politiker Carl Vogt, mit dem er sich seit einiger Zeit in einer Pressefehde befand. Wider Erwarten verlangten mehrere Kollegen einen Disput über Wagners spiritualistische Thesen, dem dieser sich entzog. Vogts Streitschrift *Köhlerglaube und Wissenschaft* von 1855 wandte sich gegen Wagners Anleihen beim Bibelglauben sowie gegen seine Behauptung, es existiere unabhängig von allen materiellen Befunden eine unsterbliche Seelensubstanz. Die 1847 erschienenen *Physiologischen Briefe* Vogts enthalten eine berühmt-berüchtigte Formulierung, die noch heute als typisch für den »Vulgärmaterialismus« gilt. Sie lautet: »Ein jeder Naturforscher wird wohl ... bei einigermaßen folgerechtem Denken auf die Ansicht kommen, daß alle jene Fähigkeiten, die wir unter dem Namen der Seelentätigkeiten begreifen, nur Funktionen der Gehirnsubstanz sind; oder, um mich einigermaßen grob hier auszudrücken, daß die Gedanken in demselben Verhältnis etwa zu dem Gehirne stehen wie die Galle zu der Leber oder der Urin zu den Nieren. Eine Seele anzunehmen, die sich des Gehirnes wie eines Instrumentes bedient, mit dem sie arbeiten kann, wie es ihr gefällt, ist ein reiner Unsinn« (in: Vogt/Moleschott/Büchner, *Schriften zum kleinbürgerlichen Materialismus in Deutschland*, herausgegeben und eingeleitet von Dieter Wittich, Band I, Berlin 1971, S. 17f.). Cf. zum »Materialismusstreit« auch die sachkundige Darstellung in Zieglers Buch *Die geistigen und sozialen Strömungen des XIX. Jahrhunderts*, l. c., S. 317ff. – Die nahezu wörtliche Übereinstimmung der Vogtschen Formulierungen mit dem, was Schopenhauer »objektive Ansicht des Intellekts« nennt, erklärt sich daraus, daß beider Gewährsmann Cabanis ist, in dessen Werk *Rapports du physique et du moral de l'homme* es – drastisch genug – heißt: »Pour se faire une idée juste des opérations dont résulte la pensée, il faut considerer le cerveau comme un organe particulier, destiné spécialement à la

produire, de même que l'estomac et les intestins à opérer la digestion, le foie à filtrer la bile, les parotides et les glandes maxillaires et sublinguales à préparer les sucs salivaires« (zitiert nach der Ausgabe Paris 1830, S. 171).

552 Schopenhauer, *Der handschriftliche Nachlaß*, IV. Band, Erster Teil, l. c., S. 226 (Hervorhebungen von Schopenhauer). – Der hier apostrophierte Zoologe Wagner ist der unter Anmerkung 551 erwähnte Widersacher Vogts.

553 Obwohl Schopenhauer, geschichtlichem Denken insgesamt abhold, den Entwicklungsgedanken auf biologischem Gebiet schon in seiner lamarckistischen und romantischen Vorform verworfen hat und die eigentliche Diskussion der Darwinschen Abstammungslehre erst nach seinem Tode einsetzte, ist sein Naturbild, eher pandämonisch als pantheistisch, dem Darwinschen durchaus verwandt. Auch er lehrt – unter der metaphysischen Hülle des sich selbst zerfleischenden Willens – den ewigen, erbarmungslosen Kampf ums Dasein in der Natur, die tödliche Feindschaft ihrer auf Selbsterhaltung bedachten Geschöpfe. – Inwieweit es Schopenhauer gelingt, diese Tatbestände mit seiner Lehre vom *consensus naturae*, der äußeren und inneren Zweckmäßigkeit der Natur, zu vereinbaren, steht dahin.

554 Engels, *Herrn Eugen Dührings Umwälzung der Wissenschaft*, in: Marx/Engels, *Werke*, Band 20, Berlin 1968, S. 41.

555 Schopenhauer, *Der handschriftliche Nachlaß*, IV. Band, Erster Teil, l. c., S. 200.

556 Ibid., S. 252.

557 Ibid., S. 204 (Hervorhebung von Schopenhauer).

558 Horkheimer, *Theismus-Atheismus*, in: *Zur Kritik der instrumentellen Vernunft*, l. c., S. 227.

559 Ibid.

560 Ibid.

561 Horkheimer, *Die Aktualität Schopenhauers*, in: ibid., S. 262.

562 Ibid.

563 Ibid., S. 263f.

564 Schopenhauer, *Sämtliche Werke*, Band 3, l. c., S. 202.

565 Ibid., S. 203 (Hervorhebungen von Schopenhauer).

566 Ibid.

567 Was Schopenhauer das »Problem der Metaphysik« nennt, ergibt sich einmal aus der eigentümlichen Stellung des Menschen im Ganzen der Dinge, zum anderen daraus, daß dieses durch die »absolute Physik« der naturalistischen (und materialistischen) Schulen weder angemessen erklärt noch moralisch beurteilt werden kann. Es bedarf nach Schopenhauer angesichts der Grenzen einer rein mechanischen Weltansicht der Metaphysik, die auf die Möglichkeit einer höheren, den bloßen Naturzusammenhang transzendierenden Ordnung verweist. Es gehört nun zu den Paradoxien in Scho-

penhauer, daß seine eigene Metaphysik selbst noch so »naturalistisch« ausfällt, daß jene moralisch höhere Ordnung nur auf der *Verneinung* ihres tragenden Prinzips, des Willens, beruhen kann, der sich im menschlichen Egoismus zum Inbegriff der antimoralischen Motive steigert.

568 Schopenhauer, *Sämtliche Werke,* Band 3, l. c., S. 198.

569 Ibid.

570 Schopenhauer, *Der handschriftliche Nachlaß,* IV. Band, Erster Teil, l. c., S. 302 (Hervorhebungen von Schopenhauer).

571 Schopenhauer, *Sämtliche Werke,* Band 2, l. c., S. 98; cf. hierzu auch S. 320.

572 Ibid., S. 99.

573 Ibid.

574 Schopenhauer, *Sämtliche Werke,* Band 3, l. c., S. 220.

575 Ibid. – Vermöge der unabstreifbaren Form der Zeit erkennt ein jeder nach Schopenhauer seinen Willen nicht im ganzen (an und für sich), sondern nur in der Abfolge seiner einzelnen Akte. Daher auch die stets bruchstückhafte Kenntnis, die der einzelne von seinem Charakter besitzt.

576 Ibid., S. 221 (Hervorhebungen von Schopenhauer).

577 Ibid., S. 221 f. (Hervorhebungen von Schopenhauer); cf. zur intuitiven Erkenntnis, die Schopenhauer zufolge der Philosophie den anderen Wissenschaften gegenüber eine Sonderstellung zuweist, auch Naegelsbach, *Das Wesen der Vorstellung bei Schopenhauer,* l. c., S. 137–139.

578 Aus der Fülle systematischer Untersuchungen des Verhältnisses der Schopenhauerschen Philosophie zur asiatischen Geisteswelt seien genannt: Max F. Hecker, *Schopenhauer und die indische Philosophie,* Köln 1897; Franz Mockrauer, *Schopenhauer und Indien,* in: *Fünfzehntes Jahrbuch der Schopenhauer-Gesellschaft* (1928), S. 3–26; Heinrich Zimmer, *Schopenhauer und Indien,* in: *Fünfundzwanzigstes Jahrbuch der Schopenhauer-Gesellschaft* (1938), S. 266–273; Helmuth von Glasenapp, *Schopenhauer und Indien,* in: *Sechsunddreißigstes Jahrbuch der Schopenhauer-Gesellschaft* (1955), S. 32–48; ders., *Die Weisheit Indiens bei Schopenhauer und in der heutigen Forschung,* in: *42. Schopenhauer-Jahrbuch* (1961), S. 52–60; Paul Hacker, *Schopenhauer und die Ethik des Hinduismus,* in: *Saeculum* 12/1961, S. 366–399; B. V. Kishan, *Schopenhauer and Buddhism,* in: *Schopenhauer. His Philosophical Achievement,* edited by Michael Fox, Sussex/New Jersey 1980, S. 255–261; Icilio Vecchiotti, *Schopenhauer im Urteil der modernen Inder* (1976), in: *Schopenhauer,* herausgegeben von Jörg Salaquarda, *Wege der Forschung,* Band 602, Darmstadt 1985, S. 177–189.

579 Naegelsbach, *Das Wesen der Vorstellung bei Schopenhauer,* l. c., S. 147.

580 Schopenhauer, *Sämtliche Werke,* Band 2, l. c., S. 497; 496.

581 Max F. Hecker, *Schopenhauer und die indische Philosophie,* Köln 1897, S. 5.

582 Ibid.

583 Ibid.

584 Cf. zu Quellen, Art und Umfang der indologischen Studien Schopenhauers ibid., S. 7ff.; ferner Naegelsbach, *Das Wesen der Vorstellung bei Schopenhauer,* l. c., S. 147ff.; sodann Arthur Hübschers Aufsatz *Schopenhauer und die Religionen Asiens,* der am gründlichsten unterrichtet, in: *60. Schopenhauer-Jahrbuch* (1979), S. 1–16. – Schopenhauer hielt den Petersburger Orientalisten Isaak Jakob Schmidt für den gründlichsten Kenner des Buddhismus in Europa; cf. dazu *Sämtliche Werke,* Band 1, l. c., S. 126f.

585 Schopenhauer, *Sämtliche Werke,* Band 2, l. c., cf. S. XII. – Dahingestellt bleibe, ob Schopenhauers Interpretationen der Veden und Upanishaden der damaligen respektive heutigen Quellenlage religionswissenschaftlich in jedem Betracht gewachsen sind. Die Diskussion darüber ist unabgeschlossen und wird von Fachleuten geführt (cf. dazu die unter Anmerkung 578 genannten Arbeiten von Kishan und Vecchiotti). Hier wird Schopenhauers Rezeption der indischen Texte in dem Maße berücksichtigt, wie sie Schopenhauers *philosophisches Selbstverständnis* nachweislich bestimmt hat.

586 Cf. dazu Naegelsbach, *Das Wesen der Vorstellung bei Schopenhauer,* l. c., S. 149; 152.

587 Schopenhauer, *Sämtliche Werke,* Band 1, Wiesbaden 1948, S. 125.

588 Schopenhauer, *Sämtliche Werke,* Band 3, l. c., S. 186. – Schopenhauer verweist hier ausdrücklich auf das Verzeichnis der in seiner Schrift *Ueber den Willen in der Natur* unter der Rubrik *Sinologie* genannten Arbeiten über den Buddhismus (in: *Sämtliche Werke,* Band 4, l. c., S. 128–139). Da Schopenhauer mit Sicherheit die hier genannten Bücher gelesen hat, reflektiert jenes Verzeichnis recht genau den Stand seiner Kenntnisse auf diesem Gebiet.

589 Cf. dazu den Aufsatz *Schopenhauer und die Religionen Asiens* von Arthur Hübscher, in: *60. Schopenhauer-Jahrbuch* (1979), S. 5.

590 Das geht nicht nur aus manchen Äußerungen in den (dieser Zeit entstammenden) Nachlaßpapieren hervor, sondern auch daraus, daß Schopenhauer gleich zu Beginn des ersten Bandes seines Hauptwerks im Anschluß an W. Jones auf »das Grunddogma der Vedantaschule« zu sprechen kommt; es »bestand nicht im Ableugnen des Daseyns der Materie, d. h. der Solidität, Undurchdringlichkeit und Ausdehnung (welche zu leugnen Wahnsinn wäre), sondern in der Berichtigung des gewöhnlichen Begriffs derselben, durch die Behauptung, daß sie kein von der erkennenden Auffassung unabhängiges Daseyn habe; indem Daseyn und Wahrnehmbarkeit Wechselbegriffe seien.« – Schon hier okuliert Schopenhauer Kants Lehre vom »Zusammenbestehn der empirischen Realität mit der transzendentalen Idealität« in die indische Maja-Lehre hinein (in: *Sämtliche Werke,* Band 2, l. c., S. 4; cf. auch S. 9).

591 Hecker, *Schopenhauer und die indische Philosophie,* l. c., S. 9f.

592 Schopenhauer, *Sämtliche Werke,* Band 6, l. c., S. 422.

593 Schopenhauer, *Sämtliche Werke,* Band 2, l. c., S. 419.

594 Schopenhauer, *Sämtliche Werke,* Band 6, l. c., S. 422.

595 Hübscher, *Schopenhauer und die Religionen Asiens,* in: *60. Schopenhauer-Jahrbuch* (1979), S. 8; cf. dazu auch S. 11.

596 Ibid., S. 7.

597 So heißt es in Helmuth von Glasenapps Standardwerk *Die Philosophie der Inder,* Stuttgart [2]1958, S. 428f.: »Arthur Schopenhauer bekannte, das Beste seiner eigenen Entwicklung nächst dem Eindruck der anschaulichen Welt den Werken Kants und Platons sowie den heiligen Schriften der Hindus zu verdanken. Tatsächlich geht er sowohl mit dem idealistischen Vedânta wie mit dem Buddhismus in entscheidenden Punkten zusammen, so in der geschichtslosen Betrachtung des Weltprozesses, in der Überzeugung von der Sinnlosigkeit und dem leidvollen Charakter des Daseins, in der Annahme einer Wiedergeburt in immer erneuten Daseinsformen, in der Hochschätzung der Askese und in der Hoffnung auf eine Erlösung. Mit dem Vedânta Shankaras hat er die illusionistische Grundansicht und die All-Einheitslehre, mit dem Buddhismus den Atheismus und die Leugnung von immateriellen, ihrer Substanz nach unveränderlichen Seelen gemein. Gleichwohl kann man ihn weder als Vedântin noch als Buddhisten bezeichnen, denn seine Hauptlehre vom Willen als dem Ding an sich ist weder mit der Lehre des Vedânta vom ewig-ruhigen, ewig-seligen und ewig-erlösten Brahma als dem einzigen realen Kern von allem, noch mit der buddhistischen Theorie von den in funktioneller Abhängigkeit voneinander entstehenden und gesetzmäßig wieder vergehenden Daseinsfaktoren (dharma) vereinbar.« Auch hinsichtlich des »Pessimismus« weist von Glasenapp auf Differenzpunkte hin (ibid., S. 411 f.): »Diese Darlegungen (der – relativen – »Geringwertigkeit des Daseins«, A. S.) bieten manche Parallelen zu dem Pessimismus Schopenhauers, doch kann man, streng genommen, diesen Terminus auf indische Systeme nicht anwenden, weil keines von ihnen behauptet, daß die Welt, in der wir leben, die schlechteste von allen möglichen sei, da es ja nach indischer Vorstellung noch viele Welten (Höllen usw.) gibt, welche viel schlechter sind als unsere Menschenwelt. Gleich dem Danziger Philosophen sind die indischen Metaphysiker insofern Optimisten, als sie eine Erlösung aus dem leidvollen Dasein für möglich halten; es sind dies sogar insofern noch in höherem Maße, als sie nicht einen blinden Weltwillen als letztes Prinzip annehmen, sondern zumeist des Glaubens sind, daß hinter der vergänglichen leidvollen Welt ein unvergängliches und wonnevolles Sein stehe, das uns unser Wahn und unsere Leidenschaft verbirgt, das aber zum Durchbruch kommt, wenn alle trübenden, negativen, intellektuellen und moralischen Faktoren beseitigt werden. Einzig der Hînayâna-Buddhismus leugnet die Existenz eines seligen Urgrundes der

Welt und faßt das Nirvâna als das allem Wandel entrückte ›Ganz andere‹ auf; im Mahâyâna ist diese Vorstellung dann aber im Sinne einer akosmistischen All-Einheitslehre weitergebildet worden.«

598 Hübscher, *Schopenhauer und die Religionen Asiens,* in: ibid., S. 7.

599 Ibid., S. 7f. – Cf. auch S. 8f., wo Hübscher die Gemeinsamkeiten der Schopenhauerschen Philosophie und der Weisheitsreligionen Indiens zusammenstellt.

600 Paul Deussen, *Vedânta, Platon und Kant,* Wien 1917, S. 23.

601 Schopenhauer, *Sämtliche Werke,* Band 3, l. c., S. 187f.

602 Ibid., S. 188.

603 Ibid.

604 Ibid., S. 186.

605 Ibid.

606 Schopenhauer, *Sämtliche Werke,* Band 2, l. c., S. 421.

607 Schopenhauer, *Der handschriftliche Nachlaß,* III. Band, l. c., S. 654f. (Hervorhebungen von Schopenhauer).

608 Schopenhauer, *Sämtliche Werke,* Band 6, l. c., S. 402.

609 Ibid. (Hervorhebungen von Schopenhauer).

610 Schopenhauer, *Der handschriftliche Nachlaß,* IV. Band, Erster Teil, l. c., S. 127.

611 Schopenhauer, *Sämtliche Werke,* Band 6, l. c., S. 240 (Hervorhebung von Schopenhauer); cf. zu Schopenhauers Gesamteinschätzung des Buddhismus auch folgende Notiz aus dem Jahre 1831: »Mir scheint der *Buddhaismus* im Wesentlichen ein von den tollen Mährchen der Indischen Mythologie, wie vom Kastenwesen geläuterter *Hinduismus* zu seyn: der Geist des Hinduismus ist ganz darin enthalten« (in: *Der handschriftliche Nachlaß,* IV. Band, Erster Teil, l. c., S. 34; Hervorhebungen von Schopenhauer).

612 Cf. dazu die Studie von Hans Zint *Das Religiöse bei Schopenhauer,* in: *Siebzehntes Jahrbuch der Schopenhauer-Gesellschaft* (1930), S. 3–75.

613 Schopenhauer, *Der handschriftliche Nachlaß,* I. Band, l. c., S. 20.

614 Ibid.

615 Ibid.

616 Ibid.

617 Zint, *Das Religiöse bei Schopenhauer,* l. c., S. 5.

618 Schopenhauer, *Der handschriftliche Nachlaß,* I. Band, l. c., S. 19.

619 Cf. dazu die (unter Max Scheler entstandene) Dissertation von Kurt Eckstein *Arthur Schopenhauer's Anschauungen vom Sinn und Wesen der Philosophie,* Köln 1926, S. 66–69.

620 Schopenhauer, *Sämtliche Werke,* Band 5, l. c., S. 153.

621 Schopenhauer, *Der handschriftliche Nachlaß,* II. Band, Frankfurt am Main 1967, S. 226.

622 Zint, *Das Religiöse bei Schopenhauer,* l. c., S. 6 (Hervorhebungen von Zint).

623 Ibid., S. 6f. (Hervorhebungen von Zint).

624 Cf. ibid., S. 7.

625 Hierher gehört der wenig freundliche Satz Schopenhauers: »›Deisten‹ bedeutet unbeschnittene Juden« (in: *Der handschriftliche Nachlaß,* IV. Band, Erster Teil, l. c., S. 162; Hervorhebung von Schopenhauer). – Die Polemik gegen den Deismus dürfte – abgesehen vom Einfluß Kants – auf Humes *Natural History of Religion* (1758) zurückgehen, eine Schrift, die Schopenhauer – wie Humes Werk insgesamt – sehr schätzte. Humes genetische, Religion nicht auf abstraktes Denken, sondern Affekte zurückführende Analyse entlarvte die deistische, im achtzehnten Jahrhundert weitverbreitete These als bloßes Phantasieprodukt, die Urreligion sei monotheistisch gewesen. Der Naturbetrachtung entsprungen, habe sie sich auf wenige – rationale – Moralprinzipien beschränkt. Später jedoch sei sie durch priesterlichen Machthunger in Polytheismus und Aberglauben überführt worden. Demgegenüber konnte Hume, worauf auch Schopenhauer hinauswill, glaubhaft dartun, daß nicht der Mono-, sondern der Polytheismus die ursprüngliche Religionsform war.

626 Schopenhauer, *Der handschriftliche Nachlaß,* III. Band, l. c., S. 457.

627 Schopenhauer, *Der handschriftliche Nachlaß,* IV. Band, Erster Teil, S. 263.

628 Schopenhauer, *Der handschriftliche Nachlaß,* IV. Band, Zweiter Teil, Frankfurt am Main 1975, cf. S. 12.

629 Schopenhauer, *Sämtliche Werke,* Band 3, S. 718f.; cf. hierzu auch den *Handschriftlichen Nachlaß,* IV. Band, Erster Teil, l. c., S. 271, wo es heißt: »Eine *Religion,* die darin besteht, daß ein liebender Vater die Welt gemacht habe, damit es hübsch lustig darauf hergehe, und der die Kindlein die seinen Willen thun belohnen, die Andern tüchtig strafen wird, – ist *kein Christenthum* noch nicht ein Mal Judenthum; sondern eine Religion der Blödsinnigen, die nie … die Augen aufthun und in die Welt hinein sehen konnten.«

630 Zint, *Das Religiöse bei Schopenhauer,* l. c., S. 11; 7f.

631 Zitiert nach: Hubertus G. Hubbeling, *Einführung in die Religionsphilosophie,* Göttingen 1981, S. 36.

632 Cf. hierzu Zint, *Das Religiöse bei Schopenhauer,* l. c., S. 11f.

633 Ibid., S. 8; 10.

634 Ibid., S. 62.

635 Ibid., S. 62; 63 (Hervorhebungen von Zint).

636 »Sobald Einer von *Gott* redet«, sagt Schopenhauer, »weiß er nicht, *wovon* er redet« (in: *Der handschriftliche Nachlaß,* IV. Band, Zweiter Teil, l. c., S. 12; Hervorhebungen von Schopenhauer).

637 Schopenhauer, *Der handschriftliche Nachlaß*, IV. Band, Erster Teil, l. c., S. 15.

638 Ibid., S. 1.

639 Zint, *Das Religiöse bei Schopenhauer*, l. c., S. 58 (Hervorhebungen von Zint).

640 Ibid.

641 Ibid., cf. S. 58f.

642 Schopenhauer, *Der handschriftliche Nachlaß*, III. Band, l. c., S. 203.

643 Cf. hierzu Schopenhauer, *Sämtliche Werke*, Band 2, l. c., S. 485.

644 Ibid., S. 456.

645 Ein Theologe wie Albert Schweitzer erblickt denn auch die »große Gefahr für alle Mystik« darin, »daß sie *überethisch* wird, das heißt, daß sie die Geistigkeit, die mit dem Sein im Ewigen gegeben ist, zum Selbstzweck werden läßt. Eine solche Wertung des Geistigen an sich findet sich bei den Brahmanen, bei den Buddhisten und bei Hegel« (in: *Die Mystik des Apostels Paulus*, l. c., S. 289; Hervorhebung vom Verfasser). – Es versteht sich, daß Schweitzer hier auch Schopenhauer hätte nennen können.

646 Zint, *Das Religiöse bei Schopenhauer*, l. c., S. 59 (Hervorhebungen von Zint).

647 Schopenhauer, *Sämtliche Werke*, Band 6, l. c., S. 10.

648 Ibid., S. 11.

649 Cf. dazu Zint, *Das Religiöse bei Schopenhauer*, l. c., S. 62. – Cf. zum Verhältnis des Philosophen zum Heiligen auch Schopenhauer, *Sämtliche Werke*, Band 2, l. c., S. 452f.

650 Zint, *Das Religiöse bei Schopenhauer*, l. c., S. 65.

651 Schopenhauer, *Sämtliche Werke*, Band 2, l. c., S. 322 (Hervorhebungen von Schopenhauer).

652 Ibid.

653 Ibid., S. 329. – Naegelsbach (l. c., S. 173) führt die Geschichtsfremdheit des Willens bei Schopenhauer darauf zurück, daß er ihn mit der Problematik des Dings an sich belastet, »dessen naturalistische Fassung« ihn auch daran hindert, das historische Denken des deutschen Idealismus zu rezipieren; »denn als Ding an sich muß der Wille naturalistisch, ungeistig und geschichtslos sein«.

654 Schopenhauer, *Der handschriftliche Nachlaß*, IV. Band, Zweiter Teil, S. 12.

655 Theodor Haecker, *Der Christ und die Geschichte*, München [2]1949, S. 36f.

656 Ibid., S. 37.

657 Schopenhauer, *Sämtliche Werke*, Band 6, l. c., S. 392f.

658 Ibid., S. 418 (Hervorhebungen von Schopenhauer).

659 Sören Kierkegaard, *Abschließende unwissenschaftliche Nachschrift zu den*

Philosophischen Brocken, Zweiter Teil, Düsseldorf/Köln 1958, S. 85; cf. dazu auch S. 291 ff.

660 Schopenhauer, *Sämtliche Werke,* Band 2, l. c., S. 109.

661 Ibid., S. 479.

662 Ibid. (Hervorhebungen von Schopenhauer).

663 Schopenhauer, *Der handschriftliche Nachlaß,* I. Band, l. c., S. 337.

664 Ibid., S. 336; cf. zur Frage des Todes auch *Sämtliche Werke,* Band 3, l. c., S. 570f.

665 Ibid., S. 722.

666 Ibid.

667 Ibid.

668 Schopenhauer, *Der handschriftliche Nachlaß,* IV. Band, Erster Teil. l. c., S. 1.

669 Schopenhauer, *Sämtliche Werke,* Band 2, l. c., S. 480.

670 Der *gnostische Aspekt* der Schopenhauerschen Philosophie ist in der einschlägigen Literatur kaum entdeckt, geschweige denn eigens behandelt worden. Schopenhauer selbst hebt wiederholt den asketischen Wesenszug gerade des ältesten Christentums hervor; ungemein verstärkt habe sich diese Tendenz in den häretischen Richtungen, die am weitesten gegangen seien: »schon im zweiten Jahrhundert die Tatianiten oder Enkratiten, die Gnostiker, die Marcioniten, die Montanisten, Valentinianer und Kassianer; jedoch nur indem sie, mit rücksichtsloser Konsequenz, der Wahrheit die Ehre gaben, und demnach, dem Geiste des Christenthums gemäß, völlige Enthaltsamkeit, εγκρατεια, lehrten; während die Kirche Alles, was ihrer weitsehenden Politik zuwiderlief, klüglich für Ketzerei erklärte« (in: *Sämtliche Werke,* Band 3, l. c., S. 709f.; cf. hierzu auch S. 712–714). Die Gnostiker, unterstreicht Schopenhauer, haben den eigentlichen Geist des Neuen Testaments »tiefer aufgefaßt und besser verstanden« (ibid., S. 715) als die (zumeist apologetischen) Kirchenväter späterer Jahrhunderte; in der patristischen Literatur der christlichen Urzeit hingegen ist »die asketische Tendenz unverkennbar: sie ist der Gipfel, zu welchem Alles emporstrebt« (S. 708). – Für die mehr als formale Analogie zwischen der Schopenhauerschen Christologie und der des Gnostizismus spricht dessen Charakterisierung in Arthur Drews' Buch *Die Christusmythe,* Jena 1910, S. 215ff. – Hans Leisegangs Studie *Die Gnosis* rückt (im Kapitel über Simon Magus) Schopenhauers Metaphysik ganz in die Nähe gnostischen Denkens: »Der Weg des Gnostikers führt nicht vom Weltmechanismus zum Ich, sondern vom lebendigen Ich zur Welt. Wenn wir überhaupt Parallelen zu neuzeitlichen Anschauungen ziehen wollen, so handelt es sich hier um denselben Weg, den Schopenhauer einschlug, der das metaphysische Prinzip des Willens im eigenen Leibe fand und es dann in der Außenwelt als Wesenskern der Natur wiedererkannte« (Stuttgart [4]1955, S. 89).

671 Cf. hierzu auch Zint, *Das Religiöse bei Schopenhauer,* l. c., S. 31.

672 Schopenhauer, *Sämtliche Werke,* Band 3, l. c., S. 185. – Es ist von Interesse, daß Schopenhauer – angeregt durch den ungeliebten Schelling – der Versuchung nicht widerstehen konnte, das Dogma vom dreieinigen Gott in die Terminologie seines Systems zu übersetzen. »Wollte ich«, schreibt er (ibid., S. 724), »eine philosophische Mode meiner Zeit« mitmachen und etwa versuchen, »das tiefste Mysterium des Christenthums, also das der Trinität, in die Grundbegriffe meiner Philosophie aufzulösen; so könnte Dieses … auf folgende Weise geschehn. Der heilige Geist ist die entschiedene Verneinung des Willens zum Leben: der Mensch, in welchem solche sich *in concreto* darstellt, ist der Sohn. Er ist identisch mit dem das Leben bejahenden und dadurch das Phänomen dieser anschaulichen Welt hervorbringenden Willen, d. i. dem Vater, sofern nämlich die Bejahung und Verneinung entgegengesetzte Akte desselben Willens sind, dessen Fähigkeit zu Beidem die alleinige wahre Freiheit ist.«

673 Schopenhauer, *Der handschriftliche Nachlaß,* IV. Band, Erster Teil, l. c., S. 166f. (Hervorhebungen von Schopenhauer).

674 Ibid., S. 168 (Hervorhebung von Schopenhauer).

675 Schopenhauer, *Sämtliche Werke,* Band 5, l. c., S. 134. – Schopenhauer macht sich hier die (auch unter Fachleuten kontroverse) Frage nach einer Unsterblichkeitslehre innerhalb der jüdischen Tradition zu leicht, indem er – seiner vorgefaßten Meinung zuliebe – lapidar versichert, derlei sei dem Judentum fremd. – Cf. zu Schopenhauers Bemerkungen über die beiden Testamente und ihr Verhältnis auch Henry Walter Branns Studie *Schopenhauer und das Judentum,* l. c., S. 19–36, die – offenkundige – Mißverständnisse und Fehlurteile des Philosophen korrigiert.

676 Schopenhauer, *Sämtliche Werke,* Band 5, l. c., S. 135.

677 Schopenhauer, *Sämtliche Werke,* Band 2, l. c., S. 384.

678 Ibid.

679 Schopenhauer, *Sämtliche Werke,* Band 6, l. c., S. 383f.

680 Schopenhauer, *Der handschriftliche Nachlaß,* IV. Band, Zweiter Teil, S. 30 (Hervorhebungen von Schopenhauer).

681 Ibid. (Hervorhebung von Schopenhauer.)

682 Schopenhauer, *Sämtliche Werke,* Band 6, l. c., S. 408.

683 Ibid. (Hervorhebungen von Schopenhauer).

684 Cf. hierzu Hecker, *Schopenhauer und die indische Philosophie,* l. c., S. 3ff.; cf. auch Hübscher, *Schopenhauer und die Religionen Asiens,* in: *60. Schopenhauer-Jahrbuch* (1979), l. c., S. 12; ferner Drews, *Die Christusmythe,* l. c., S. 66; und G. A. van den Bergh van Eysinga, *Indische Einflüsse auf evangelische Erzählungen,* Göttingen 1904.

685 Schopenhauer, *Sämtliche Werke,* Band 6, l. c., S. 404.

686 Ibid.

687 Ibid.

688 Ibid.

689 Ibid., S. 405. – Cf. hierzu auch *Sämtliche Werke,* Band 3, l. c., S. 671, wo es heißt: »Im Neuen Testamente ist die Welt dargestellt als ein Jammerthal, das Leben als ein Läuterungsproceß, und ein Marterinstrument ist das Symbol des Christenthums. Daher beruhte, als Leibnitz, Shaftesbury, Bolingbroke und Pope mit dem Optimismus hervortraten, der Anstoß, den man allgemein daran nahm, hauptsächlich darauf, daß der Optimismus mit dem Christenthum unvereinbar sei; wie dies Voltaire, in der Vorrede zu seinem vortrefflichen Gedichte *Le désastre de Lisbonne,* welches ebenfalls ausdrücklich gegen den Optimismus gerichtet ist, berichtet und erläutert.« – Schopenhauers notorische Aversion gegen Geschichtsphilosophie hat hier ihre eigentliche Wurzel.

690 Schopenhauer, *Sämtliche Werke,* Band 6, l. c., S. 407f. – Obwohl Schopenhauer die Wundertaten Jesu im darauffolgenden Satz von den »eigentlichen« Wundern unterscheidet, deren Annahme er für schlechthin naturwidrig hält, ist einem bei diesem Versuch, den metaphysischen Willen zum »natürlichen« Erklärungsprinzip der biblischen Wunder zu machen, nicht ganz wohl. Wie das Schellingsche Spätwerk zeigt auch das Schopenhauersche in Einzelzügen, wie leicht religiös motivierte Spekulation in die Nähe von Obskurantismus gerät. Andererseits fällt von Schopenhauers fragwürdigem Versuch, Mirakulöses auf der Basis des *Willens* »natürlich« zu erklären, auch Licht auf die latent-mythische Beschaffenheit dieses Weltprinzips. Ist es für den Mythos charakteristisch, »Geist« nicht in seinem Fürsichsein darzustellen, sondern als Naturmacht, dann ist auch der Schopenhauersche »Wille« ein mythischer Begriff.

691 Ibid., S. 408.

692 Zum Werk von Reimarus cf. Hans Jochen Genthe, *Kleine Geschichte der neutestamentlichen Wissenschaft,* Göttingen 1977, S. 50–54.

693 Schopenhauer, *Sämtliche Werke,* Band 6, l. c., S. 409.

694 Ibid.

695 Ibid.

696 Ibid.

697 Ibid., S. 410.

698 Ibid.

699 Ibid.

700 Ibid., cf. S. 411.

701 Zitiert nach: *Die Junghegelianer.* Ausgewählte Texte, zusammengestellt und eingeleitet von H. Steussloff, Berlin 1963, S. 26.

702 Ibid., cf. S. 26ff.

703 Ibid., S. 30.

704 Ibid.

705 Ibid., S. 30f.

706 Cf. dazu die problemgeschichtliche Darstellung bei Christian Hartlich / Walter Sachs, *Der Ursprung des Mythosbegriffs in der modernen Bibelwissenschaft,* Tübingen 1952, S. 122–134; cf. zur Eigenart der Straußschen Anwendung des Mythosbegriffs auf die Exegese auch Dietz Lange, *Historischer Jesus oder mythischer Christus. Untersuchungen zu dem Gegensatz zwischen Friedrich Schleiermacher und David Friedrich Strauß,* Gütersloh 1975, S. 248–267.

707 David Friedrich Strauß, *Allgemeines Verhältnis der Hegelschen Philosophie zur theologischen Kritik,* in: *Die Hegelsche Linke. Dokumente zu Philosophie und Politik im deutschen Vormärz,* herausgegeben von Heinz und Ingrid Pepperle, Frankfurt am Main 1986, S. 51.

708 Ibid.

709 Ibid.

710 Hartlich / Sachs, *Der Ursprung des Mythosbegriffs in der modernen Bibelwissenschaft,* l. c., S. 131.

711 Hegel, *Sämtliche Werke,* herausgegeben von Hermann Glockner, Band 17 *(Vorlesungen über die Geschichte der Philosophie,* Erster Band), Stuttgart 1959, S. 113.

712 Ibid., S. 118.

713 Hartlich / Sachs, *Der Ursprung des Mythosbegriffs in der modernen Bibelwissenschaft,* l. c., S. 132.

714 Ibid.

715 Cf. hierzu ibid., S. 133.

716 Cf. dazu Lange, *Historischer Jesus oder mythischer Christus,* l. c., S. 257.

717 Ibid.

718 Ibid., S. 258. – Diese »Rückwendung« zum aufklärerischen Denken reflektiert sich bei Strauß nicht nur in rationalistischen, an Lessing gemahnenden Argumentationen – sie ist auch streng historisch zu verstehen. Hartlich und Sachs machen mit Recht darauf aufmerksam, daß Strauß' Bruch mit Hegel ihn wieder in die Bahnen der »mythischen Schule« (l. c., cf. S. 5; ferner S. 87–90) zurücklenkt. Der Göttinger Altertumsforscher Christian Gottlob Heyne (1729–1812) hat das epochale Verdienst, »erstmalig den Mythos als die universelle Denk- und Ausdrucksform der ›alten Welt‹ erkannt, sein Wesen bestimmt und auf Grund der Einsicht in die Gesetzlichkeiten des mythischen Denkens eine umfassende Theorie seiner Auslegung entwickelt zu haben« (l. c., S. 4). Heynes Schüler Johann Gottfried Eichhorn (1752–1827) und dessen Schüler Johann Philipp Gabler (1753–1826) übertrugen Heynes Mythos-Konzeption auf die Exegese des Alten Testaments (l. c., cf. S. 20ff.). Wilhelm Martin Leberecht de Wette (1780–1849) fragte

hinsichtlich biblischer Befunde einmal nach dem »Verhältnis von Mythos und historischer Faktizität«, zum anderen nach »möglicher Wahrheit im Medium der mythischen unangemessenen Ausdrucksform« (l. c., S. 91). De Wette deutet den Mythos als »Ausdruckskategorie des religiösen Lebens« (l. c., S. 103). Strauß' *Leben Jesu* schließlich ist der umfassendste Versuch, auf der Linie dieser Entwicklung der Bibelwissenschaft den Begriff des Mythos auf die neutestamentliche Exegese anzuwenden (l. c., cf. S. 121 ff.). – Von Interesse im Hinblick auf Schopenhauer ist der Nachweis der Autoren, daß Heynes »psychologisch-genetische Erklärung des Mythos« durch Humes »Ansicht vom Ursprung der Religion« (l. c., S. 169 ff.) angeregt worden ist.

719 Lange, *Historischer Jesus oder mythischer Christus*, l. c., S. 257; 259.

720 Ibid., S. 257 f.

721 Strauß, *Vergängliches und Bleibendes im Christentum*, in: *Die Hegelsche Linke*, l. c., S. 90.

722 Ibid., S. 97.

723 Ibid. (Hervorhebungen vom Verfasser).

724 Ibid.

725 Ibid., S. 105.

726 Ibid., S. 106.

727 Ibid.

728 Cf. dazu Otto Siebert, *Geschichte der neueren deutschen Philosophie seit Hegel*, Göttingen 1905, S. 29.

729 Strauß, *Das Leben Jesu, kritisch bearbeitet*, Zweiter Band, Tübingen 1836, S. 734 f.

730 Ibid., S. 735.

731 Ibid., S. 736.

732 Ibid.

733 Ibid.

734 Ibid.

735 Ibid.

736 Ibid., S. 737.

737 Ibid., S. 740.

738 Ibid., S. 744.

739 So heißt es in Strauß' Vorrede zum ersten Band seines Werks: »Den inneren Kern des christlichen Glaubens weiss der Verfasser von seinen kritischen Untersuchungen völlig unabhängig. Christi übernatürliche Geburt, seine Wunder, seine Auferstehung und Himmelfahrt, bleiben ewige Wahrheiten, sosehr ihre Wirklichkeit als historischer Fakta angezweifelt werden mag. Nur die Gewissheit davon kann unsrer Kritik Ruhe und Würde geben, und sie von der naturalistischen voriger Jahrhunderte unterscheiden, welche mit dem geschichtlichen Faktum auch die religiöse Wahrheit umzustürzen

meinte, und daher nothwendig frivol sich verhalten musste. Den dogmatischen Gehalt des Lebens Jesu wird eine Abhandlung am Schlusse des Werkes als unversehrt aufzeigen: inzwischen möge die Ruhe und Kaltblütigkeit, mit welcher im Verlaufe desselben die Kritik scheinbar gefährliche Operationen vornimmt, eben nur aus der Sicherheit der Überzeugung erklärt werden, dass alles das den christlichen Glauben nicht verletzt« (in: *Das Leben Jesu, kritisch bearbeitet,* Tübingen 1835, S. VIIf.).

740 Volkelt, *Arthur Schopenhauer,* l. c., S. 354.

741 Ziegler, *Die geistigen und sozialen Strömungen des XIX. Jahrhunderts,* l. c., S. 340.

742 Simmel, *Schopenhauer und Nietzsche,* l. c., S. 3.

743 Ibid.

744 Ibid.

745 Ibid.

746 Ibid.

747 Ibid.

748 Ibid., S. 11.

749 Ibid.

750 Ibid., S. 52.

751 Ibid., S. 52f.

752 Nietzsche, *Jenseits von Gut und Böse / Zur Genealogie der Moral,* Stuttgart 1953, S. 333 (Hervorhebung vom Verfasser).

753 Nietzsche, *Menschliches, Allzumenschliches,* Stuttgart 1954, S. 102 (Hervorhebungen von Nietzsche).

754 Ibid., S. 18; cf. dazu auch S. 109f.

755 Cf. hierzu Schopenhauer, *Sämtliche Werke,* Band 3, l. c., S. 176ff.

756 Ibid., S. 176 (Hervorhebungen von Schopenhauer).

757 Ibid., S. 178.

758 Ibid. (Hervorhebung von Schopenhauer).

759 Ibid., S. 722f.

760 Ibid., S. 723.

761 Ibid.

762 Ibid., S. 716.

763 Die Belege für seine Behauptung, das Urchristentum sei streng asketisch zu interpretieren, entnimmt Schopenhauer zumeist Strauß' *Leben Jesu;* cf. dazu etwa die ibid., S. 727f. angeführten Lesefrüchte. – Im übrigen ist zu beachten, daß Schopenhauer vom Christentum gewissermaßen *idealtypisch* redet und sich über sein kirchengeschichtliches Schicksal keine Illusionen macht. So sagt er (ibid., S. 719): »Denn nach dem Austreten des asketischen Princips trat nothwendig bald das optimistische an seine Stelle. Aber Optimismus ist, in den Religionen, wie in der Philosophie, ein Grundirrthum, der

aller Wahrheit den Weg vertritt. Nach dem Allen scheint mir der Katholicismus ein schmählich mißbrauchtes, der Protestantismus aber ein ausgeartetes Christenthum zu seyn, das Christenthum überhaupt also das Schicksal gehabt zu haben, dem alles Edele, Erhabene und Große anheimfällt, sobald es unter Menschen bestehn soll.«

764 Ibid., S. 716 (Hervorhebung von Schopenhauer).

765 Ibid., S. 723f.

766 Schopenhauer, *Der handschriftliche Nachlaß,* II. Band, l. c., S. 329.

767 Ibid., S. 329f.

768 Bei diesem apologetischen Bestreben geht Schopenhauer so weit zu versichern, er könne »Bestätigungen« liefern, die seine Philosophie »von unbefangenen, mit ihr unbekannten Empirikern erhalten« habe, »deren auf bloße Erfahrungserkenntniß gerichteter Weg an seinem Endpunkt sie eben Das entdecken ließ«, was seine Lehre »als das Metaphysische, aus welchem die Erfahrung überhaupt zu erklären sei, aufgestellt« habe (in: *Sämtliche Werke,* Band 4, l. c., S. 1).

769 Schopenhauer, *Der handschriftliche Nachlaß,* IV. Band, Erster Teil, l. c., S. 171.

770 Schopenhauer, *Sämtliche Werke,* Band 5, l. c., S. 141.

771 Schopenhauer, *Sämtliche Werke,* Band 6, l. c., S. 386.

772 Ibid., S. 387.

773 Schopenhauer, *Der handschriftliche Nachlaß,* II. Band, l. c., S. 226.

774 So im Dritten Teil des zweiten Bandes seiner religionsphilosophischen Vorlesungen.

775 Schopenhauer, *Sämtliche Werke,* Band 3, l. c., S. 718.

776 Horkheimer, *Religion und Philosophie,* in: *Zur Kritik der instrumentellen Vernunft,* l. c., S. 235.

777 Schopenhauer, *Sämtliche Werke,* Band 6, l. c., S. 333.

778 Ibid.

779 Ibid., S. 334.

780 Ibid., S. 382.

781 Ibid., S. 344.

782 Ibid.

783 Ibid., S. 355.

784 Ibid.

785 Ibid., S. 344.

786 Ibid.

787 Ibid., S. 356.

788 Ibid., S. 380.

789 Ibid., S. 379.

790 Ibid., S. 380. – Insgesamt freilich beurteilt Schopenhauer das »Grie-

chisch-Römische Heidenthum« eher abfällig; als Volksmetaphysik ist es unbedeutend, »ohne eigentliche, bestimmte Dogmatik, ohne entschieden ausgesprochene Ethik, ja, ohne wahre moralische Tendenz und ohne heilige Urkunden; so daß es kaum den Namen einer Religion verdient, vielmehr nur ein Spiel der Phantasie und ein Machwerk der Dichter aus Volksmährchen ist, zum besten Theil eine augenfällige Personifikation der Naturmächte« (ibid., S. 384f.; cf. hierzu auch S. 351f.).

791 Ibid., S. 349.

792 Ibid. – Schopenhauer beruft sich hier auf Pomponatius, bei dem es heißt: »*certe philosophi nihil versimile habent ad haec, quare necesse est, ad Deum, ad angelos et daemones recurrere.*«

793 Schopenhauer, *Der handschriftliche Nachlaß,* IV. Band, Erster Teil, l. c., S. 132.

794 Schopenhauer, *Sämtliche Werke,* Band 6, l. c., S. 370; cf. dazu auch S. 372.

795 Ibid., S. 370.

796 Ibid., S. 357; 356f.

797 Ibid., S. 357.

798 Ibid., S. 353 (Hervorhebung von Schopenhauer).

799 Ibid., S. 355.

800 Ibid., S. 357.

801 Ibid., cf. S. 352.

802 Ibid., S. 362.

803 Ibid., S. 363; cf. hierzu auch S. 353f.

804 Ibid., S. 363.

805 Cf. dazu die Studie des Verfassers *Aufklärung und Mythos im Werk Max Horkheimers,* in: Alfred Schmidt/Norbert Altwicker (Hrsg.), *Max Horkheimer heute: Werk und Wirkung,* Frankfurt am Main 1986, S. 220–224.

806 Schopenhauer, *Sämtliche Werke,* Band 6, l. c., S. 386.

807 Cf. dazu Schopenhauer, *Sämtliche Werke,* Band 2, l. c., S. 322.

808 Schopenhauer, *Sämtliche Werke,* Band 6, l. c., S. 353.

809 Ibid., S. 360.

810 Ibid., S. 354.

811 Ibid., S. 350.

812 Ibid., S. 354.

813 Ibid., S. 359.

814 Ibid., S. 360.

815 Ibid., S. 355; cf. hierzu auch S. 363f.

816 Ibid., S. 353.

817 Ibid.

818 Ibid. – Cf. hierzu auch S. 51–53.

819 Ibid., S. 11.

820 Cf. hierzu Schopenhauer, *Sämtliche Werke,* Band 3, l. c., S. 203f.; ferner *Sämtliche Werke,* Band 2, l. c., S. 98f.

821 Ibid., cf. S. 284; es ist bemerkenswert, daß Schopenhauer hier – in dichtungstheoretischem Zusammenhang – die Metapher auf der nämlichen Ebene behandelt wie »Gleichnis, Parabel und Allegorie, welche ... nur durch die Länge und Ausführlichkeit ihrer Darstellung sich unterscheiden«.

822 Ibid., S. 131.

823 Ibid., S. 574.

824 Ibid.

825 Ibid.

826 Ibid.

827 Ibid., S. 507.

828 Ibid., S. 119.

829 Schopenhauer, *Sämtliche Werke,* Band 3, l. c., S. 206.

830 Ibid.

831 Ibid., S. 507.

832 Brief Schopenhauers vom 6. August 1852 an Julius Frauenstädt, in: Schopenhauer, *Gesammelte Briefe,* l. c., S. 291 (Hervorhebungen von Schopenhauer).

833 Schopenhauer, *Sämtliche Werke,* Band 3, l. c., S. 304 (Hervorhebungen vom Verfasser).

834 Ibid., S. 204.

835 Volker Spierling, *Erkenntnis und Erkenntnistheorie,* Einleitung zu: Schopenhauer, *Theorie des gesammten Vorstellens, Denkens und Erkennens. Philosophische Vorlesungen,* Teil I, aus dem handschriftlichen Nachlaß herausgegeben von Volker Spierling, München/Zürich 1986, S. 29.

836 Schopenhauer, *Sämtliche Werke,* Band 5, l. c., S. 139.

837 Schopenhauer, *Sämtliche Werke,* Band 3, l. c., S. 8.

838 Ibid., S. 367f. (Hervorhebungen von Schopenhauer).

839 Schopenhauer, *Der handschriftliche Nachlaß,* IV. Band, Erster Teil, l. c., S. 180.

840 Ibid.

841 Schopenhauer, *Der handschriftliche Nachlaß,* I. Band, l. c., S. 478.

842 Ibid., S. 478f.

843 Ibid., S. 479.

844 Ibid.

845 Ibid. (Hervorhebung von Schopenhauer).

846 Schopenhauer, *Sämtliche Werke,* Band 6, l. c., S. 424.

847 Ibid., S. 425.

848 Ibid., S. 387.

849 Ibid.

850 Schopenhauer, *Sämtliche Werke,* Band 2, l. c., S. 420f.

851 Schopenhauer, *Sämtliche Werke,* Band 3, l. c., S. 176; 176f.

852 Ibid., S. 540.

853 Titel eines um 1781 entstandenen Gedichts von Goethe.

854 Das Gedicht *Prooemion* leitet die 1817 von Goethe eröffnete Schriftenreihe *Zur Naturwissenschaft überhaupt* ein.

Literaturverzeichnis

A. Quellen

Schopenhauer, Arthur: *Sämtliche Werke,* sieben Bände, herausgegeben von Arthur Hübscher, Wiesbaden 1946ff.

Schopenhauer, Arthur: *Der handschriftliche Nachlaß,* fünf Bände, herausgegeben von Arthur Hübscher, Frankfurt am Main 1966ff.

Schopenhauer, Arthur: *Gesammelte Briefe,* herausgegeben von Arthur Hübscher, Bonn 1978.

Arthur Schopenhauers handschriftlicher Nachlaß. Philosophische Vorlesungen, herausgegeben von Franz Mockrauer, in: *Arthur Schopenhauers sämtliche Werke,* herausgegeben von Paul Deussen, Zehnter Band, München 1913.

Schopenhauers handschriftlicher Nachlaß, herausgegeben von Eduard Grisebach, II, Leipzig o.J.

Schopenhauer's Gespräche, herausgegeben von Eduard Grisebach, Berlin 1902.

B. Sekundärliteratur

Bloch, Ernst: *Das Materialismusproblem, seine Geschichte und Substanz,* Frankfurt am Main 1972, S. 270–278.

Bloch, Ernst: *Leipziger Vorlesungen zur Geschichte der Philosophie,* Band 4, Frankfurt am Main 1985, S. 368–394.

Bossert, Adolphe: *Schopenhauer als Mensch und Philosoph,* Dresden 1906.

Brann, Henry Walter: *Schopenhauer und das Judentum,* Bonn 1975.

von Brockdorff, Cay: *Die Differenz zwischen Schopenhauer und den Nachkantianern,* Kiel/Leipzig 1919.

Busch, Otto: *Arthur Schopenhauer. Beitrag zu einer Dogmatik der Religionslosen,* Heidelberg 1877.

Colin, René-Pierre: *Schopenhauer en France: un mythe naturaliste,* Lyon 1979.

Cornill, Adolph: *Arthur Schopenhauer als Uebergangsformation von einer idealistischen in eine realistische Weltanschauung,* Heidelberg 1856.

Dauer, Dorothea W.: *Schopenhauer as Transmitter of Buddhist Ideas,* Berne 1969.

Deussen, Paul: *Allgemeine Geschichte der Philosophie,* II. Band, 3. Abteilung, Leipzig ³1922, S. 425–586.

Diemer, Alwin: *Schopenhauer und die moderne Existenzphilosophie,* in: *43. Schopenhauer-Jahrbuch* (1962).

Eckstein, Kurt: *Arthur Schopenhauers Anschauungen vom Sinn und Wesen der Philosophie,* Köln 1026 (Diss.).

Erdmann, Johann Eduard: *Versuch einer wissenschaftlichen Darstellung der neuern Philosophie,* Band 7, Stuttgart 1931 (§ 40).

von Glasenapp, Helmuth: *Schopenhauer und Indien,* in: *Sechsunddreißigstes Jahrbuch der Schopenhauer-Gesellschaft* (1955).

von Glasenapp, Helmuth: *Die Weisheit Indiens bei Schopenhauer und in der heutigen Forschung,* in: *42. Schopenhauer-Jahrbuch* (1961).

Hacker, Paul: *Schopenhauer und die Ethik des Hinduismus,* in: *Saeculum,* 12/1961.

Hasse, Heinrich: *Schopenhauers Erkenntnislehre als System einer Gemeinschaft des Rationalen und Irrationalen,* Leipzig 1913.

Hasse, Heinrich: *Schopenhauers Religionsphilosophie und ihre Bedeutung für die Gegenwart,* Frankfurt am Main 1924.

Hasse, Heinrich: *Schopenhauer,* München 1926.

Hecker, Max F.: *Schopenhauer und die indische Philosophie,* Köln 1897.

Heimsoeth, Heinz: *Die Metaphysik der Neuzeit* (Kapitel VII, 3: *Schopenhauer*), München 1929.

Herrig, Hans: *Schopenhauer und das Christentum,* in: *Gesammelte Aufsätze über Schopenhauer,* Leipzig 1894.

Hildebrand, Eugen: *Schopenhauer und das Christentum,* o. O.

Horkheimer, Max: *Die Aktualität Schopenhauers,* in: *Zur Kritik der instrumentellen Vernunft. Aus den Vorträgen und Aufzeichnungen seit Kriegsende,* herausgegeben von Alfred Schmidt, Frankfurt am Main 1967.

Horkheimer, Max: *Religion und Philosophie,* in: *Zur Kritik der instrumentellen Vernunft. Aus den Vorträgen und Aufzeichnungen seit Kriegsende,* herausgegeben von Alfred Schmidt, Frankfurt am Main 1967.

Horkheimer, Max: *Schopenhauers Denken im Verhältnis zu Wissenschaft und Religion,* in: *Gesammelte Schriften,* herausgegeben von Alfred Schmidt und Gunzelin Schmid Noerr, Band 7, Frankfurt am Main 1985.

Hübscher, Arthur: *Der junge Schopenhauer,* München 1938.

Hübscher, Arthur: *Vom Pietismus zur Mystik,* in: *L. Schopenhauer-Jahrbuch* (1969).

Hübscher, Arthur: *Schopenhauer und die Religionen Asiens,* in: *60. Schopenhauer-Jahrbuch* (1979).

Hübscher, Arthur: *Schopenhauer-Bibliographie,* Stuttgart/Bad Cannstatt 1981, S. 165–170; 206–211; 228.

Jaspers, Karl: *Die großen Philosophen. Nachlaß 2,* herausgegeben von Hans Saner, München/Zürich 1981.

Joel, Karl: *Schopenhauer und die Romantik,* in: *Nietzsche und die Romantik,* Jena/Leipzig 1905.

Kawerau, Walter: *Neugeburt der Religion auf der Grundlage der Philosophie Schopenhauers*, Halle (Saale) 1929.

Kirchliche Grabrede für Arthur Schopenhauer, in: *Siebzehntes Jahrbuch der Schopenhauer-Gesellschaft* (1930).

Kishan, B. V.: *Schopenhauer and Buddhism*, in: *Schopenhauer: His Philosophical Achievement*, edited by Michael Fox, Sussex/New Jersey 1980.

Lorenz, Theodor: *Zur Entwicklungsgeschichte der Metaphysik Schopenhauers*, Leipzig 1897.

Lukács, Georg: *Die Zerstörung der Vernunft*, Berlin 1954, S. 256ff.

Maus, Heinz: *Kritik am Justemilieu. Eine sozialphilosophische Studie über Schopenhauer*, in: *Die Traumhölle des Justemilieu. Erinnerung an die Aufgaben der Kritischen Theorie*, herausgegeben von Michael Th. Greven und Gerd van de Moetter, Frankfurt am Main 1981.

Mockrauer, Franz: *Schopenhauer und Indien*, in: *Fünfzehntes Jahrbuch der Schopenhauer-Gesellschaft* (1928).

Morgenstern, Martin: *Schopenhauers Philosophie der Naturwissenschaft. Aprioritätslehre und Methodenlehre als Grenzziehung naturwissenschaftlicher Erkenntnis*, Bonn 1985.

Naegelsbach, Hans: *Das Wesen der Vorstellung bei Schopenhauer*, Heidelberg 1927 (Diss.).

Pfeiffer-Belli, Wolfgang: *Schopenhauer und die Humanität des großen Asien*, Bad Wörishofen 1948.

Rappaport, Samuel: *Spinoza und Schopenhauer*, Berlin 1899 (Diss.).

Richert, Hans: *Schopenhauer. Seine Persönlichkeit, seine Lehre, seine Bedeutung*, Leipzig und Berlin [4]1920.

Ruyssen, Théodore: *Schopenhauer*, Paris 1911.

Salaquarda, Jörg (Hrsg.): *Schopenhauer. Wege der Forschung*, Band 602, Darmstadt 1985.

Schaefer, Alfred: *Die Schopenhauer-Welt*, Berlin 1981.

Schaefer, Alfred: *Probleme Schopenhauers*, Berlin 1984.

Schirmacher, Wolfgang (Hrsg.): *Insel-Almanach auf das Jahr 1985. Schopenhauer*, Frankfurt am Main 1985.

Schmidt, Alfred: *Drei Studien über Materialismus*, München/Wien 1977.

Schönfelder, Walter: *Die Philosophen und Jesus Christus*, Hamburg 1949, S. 50–55.

Schulz, Walter: *Der Grundansatz von Schopenhauers Philosophie*, in: *Studien zum Deutschtum im Osten*, Heft 16, herausgegeben von F. B. Kaiser und B. Stasiewski, Köln/Wien 1983.

Seillière, Ernest: *Arthur Schopenhauer als romantischer Philosoph*, Berlin 1912.

Siebeck, Hermann: *Lehrbuch der Religionsphilosophie*, Freiburg im Breisgau/Leipzig 1893, S. 232f.

Siebert, Otto: *Geschichte der neueren deutschen Philosophie seit Hegel,* Göttingen 1905 (Kapitel 5: *Die Schopenhauersche Schule und ihr verwandte Bestrebungen).*

Simmel, Georg: *Schopenhauer und Nietzsche,* München und Leipzig ³1923.

Spierling, Volker (Hrsg.): *Materialien zu Schopenhauers »Die Welt als Wille und Vorstellung«,* Frankfurt 1984.

Spierling, Volker: *Erkenntnis und Erkenntnistheorie,* Einleitung zu: Schopenhauer: *Theorie des gesammten Vorstellens, Denkens und Erkennens. Philosophische Vorlesungen,* Teil I, herausgegeben aus dem handschriftlichen Nachlaß, München/Zürich 1986.

von Stein, Heinrich: *»Pessimismus«,* in: *Dreiundzwanzigstes Jahrbuch der Schopenhauer-Gesellschaft* (1936).

Vecchiotti, Icilio: *Schopenhauer im Urteil der modernen Inder* (1976), in: *Schopenhauer. Wege der Forschung,* Band 602, herausgegeben von Jörg Salaquarda, Darmstadt 1985.

Volkelt, Johannes: *Arthur Schopenhauer. Seine Persönlichkeit, seine Lehre, sein Glaube,* Stuttgart 1901.

Weiss, Otto: *Schopenhauers Monismus,* in: *Der Monismus, dargestellt in Beiträgen seiner Vertreter,* herausgegeben von Arthur Drews, Band II, Jena 1908.

Wolff, Hans M.: *Arthur Schopenhauer. Hundert Jahre später,* Bern/München 1960.

Woerner, Paul: *Der Idealismus und das Ding an sich bei Schopenhauer und den Indern,* Borna/Leipzig 1914.

Zimmer, Heinrich: *Schopenhauer und Indien,* in: *Fünfundzwanzigstes Jahrbuch der Schopenhauer-Gesellschaft* (1938).

Zint, Hans: *Das Religiöse bei Schopenhauer,* in: *Siebzehntes Jahrbuch der Schopenhauer-Gesellschaft* (1930).

C. Sonstige Literatur

van den Berg van Eysinga, G. A.: *Indische Einflüsse auf evangelische Erzählungen,* Göttingen 1904.

van den Berg van Eysinga, G. A.: *Die holländische radikale Kritik des Neuen Testaments. Ihre Geschichte und Bedeutung für die Erkenntnis der Entstehung des Christentums,* Jena 1912.

Bernhart, Joseph: *Die philosophische Mystik des Mittelalters,* München 1922.

Bloch, Ernst: *Das Prinzip Hoffnung,* Frankfurt am Main 1959, 53. Kapitel.

Cabanis, Pierre-Jean-Georges: *Rapports du physique et du moral de l'homme,* Paris 1830.

Challemel-Lacour: *Studien und Betrachtungen eines Pessimisten,* Leipzig 1902.

Cramer, Konrad: *Gedanken über Spinozas Lehre von der All-Einheit,* in: *All-Einheit. Wege eines Gedankens in Ost und West,* Stuttgart 1985.
Deussen, Paul: *Jakob Böhme. Über sein Leben und seine Philosophie,* Leipzig 1911.
Deussen, Paul: *Vedânta, Platon und Kant,* Wien 1917.
Drews, Arthur: *Die Christusmythe,* Jena 1910.
Drews, Arthur: *Die Christusmythe,* Jena 1924.
Drews, Arthur: *Die Entstehung des Christentums aus dem Gnostizismus,* Jena 1924.
Engels, Friedrich: *Herrn Eugen Dührings Umwälzung der Wissenschaft,* in: Marx/Engels: *Werke,* Band 20, Berlin 1968.
Feuerbach, Ludwig: *Zur Kritik der Hegelschen Philosophie,* herausgegeben von Wolfgang Harich, Berlin 1955.
Feuerbach, Ludwig: *Das Wesen des Christentums,* Band I, herausgegeben von Werner Schuffenhauer, Berlin 1956.
Feuerbach, Ludwig: *Über den »Anfang der Philosophie«,* in: *Gesammelte Werke,* herausgegeben von Werner Schuffenhauer, Band 9, Berlin 1970.
Franck, Sebastian: *Paradoxa,* herausgegeben und eingeleitet von Siegfried Wollgast, Berlin 1966.
Frauenstädt, Julius: *Der Materialismus. Seine Wahrheit und sein Irrtum. Eine Erwiderung auf Dr. Louis Büchners »Kraft und Stoff«,* Leipzig 1856.
Fresenius, Wilhelm: *Mystik und geschichtliche Religion,* Göttingen 1912.
Genthe, Hans Jochen: *Kleine Geschichte der neutestamentlichen Wissenschaft,* Göttingen 1977.
von Glasenapp, Helmuth: *Die Philosophie der Inder,* Stuttgart ²1958.
von Glasenapp, Helmuth: *Das Indienbild deutscher Denker,* Stuttgart 1960.
von Glasenapp, Helmuth: *Der Buddhismus – eine atheistische Religion,* München 1966.
Graf, Friedrich Wilhelm/Wagner, Falk (Hrsg.): *Die Flucht in den Begriff. Materialien zu Hegels Religionsphilosophie,* Stuttgart 1982.
Gregory, Frederick: *Scientific Materialism in Nineteenth Century Germany,* Dordrecht/Boston 1977.
Grunewald, Max: *Spinoza in Deutschland,* Berlin 1897.
Haecker, Theodor: *Der Christ und die Geschichte,* München ²1949.
Hamberger, Julius: *Die Lehre des deutschen Philosophen Jakob Böhme,* München 1844 (Nachdruck: Hildesheim 1975).
Hamburger, Käte: *Das Mitleid,* Stuttgart 1985.
Hartlich, Christian/Sachs, Walter: *Der Ursprung des Mythosbegriffs in der modernen Bibelwissenschaft,* Tübingen 1952.
von Hartmann, Eduard: *Was ist Nirwana?,* in: *Philosophische Fragen der Gegenwart,* Leipzig und Berlin 1885.

von Hartmann, Eduard: *Zur Geschichte und Begründung des Pessimismus*, Leipzig [2]1881.

Hegel, Friedrich Georg Wilhelm: *Wissenschaft der Logik*, herausgegeben von Georg Lasson, Zweiter Teil, Leipzig 1950.

Hegel, Friedrich Georg Wilhelm: *Phänomenologie des Geistes*, herausgegeben von Johannes Hoffmeister, Hamburg 1952.

Hegel, Friedrich Georg Wilhelm: *Sämtliche Werke*, herausgegeben von Hermann Glockner, Band 17 *(Vorlesungen über die Geschichte der Philosophie, Erster Band)*, Stuttgart 1959.

Henrich, Dieter (Hrsg.): *All-Einheit. Wege eines Gedankens in Ost und West*, Stuttgart 1985.

Horkheimer, Max: *Die Sehnsucht nach dem ganz Anderen. Gespräch mit Helmut Gumnior*, in: *Gesammelte Schriften*, herausgegeben von Alfred Schmidt und Gunzelin Schmid Noerr, Band 7, Frankfurt am Main 1985.

Horkheimer, Max: *Theismus – Atheismus*, in: *Zur Kritik der instrumentellen Vernunft. Aus den Vorträgen und Aufzeichnungen seit Kriegsende*, herausgegeben von Alfred Schmidt, Frankfurt am Main 1967.

Hubbeling, Hubertus G.: *Einführung in die Religionsphilosophie*, Göttingen 1981.

Immerwahr, Raymond: *Romantisch. Genese und Tradition einer Denkform*, Frankfurt am Main 1972.

Kant, Immanuel: *Grundlegung der Metaphysik der Sitten*, in: *Werke in zwölf Bänden*, herausgegeben von Wilhelm Weischedel, Band VII, Wiesbaden 1956.

Kierkegaard, Sören: *Abschließende unwissenschaftliche Nachschrift zu den Philosophischen Brocken*, Zweiter Teil, Düsseldorf/Köln 1958.

Küng, Hans / van Ess, Josef / von Stietencron, Heinrich / Bechert, Heinz: *Christentum und Weltreligionen. Hinführung zum Dialog mit Islam, Hinduismus und Buddhismus*, München 1984.

Lange, Dietz: *Historischer Jesus oder mythischer Christus. Untersuchungen zu dem Gegensatz zwischen Friedrich Schleiermacher und David Friedrich Strauß*, Gütersloh 1975.

Leisegang, Hans: *Die Gnosis*, Stuttgart [4]1955.

Marx, Karl: *Das Kapital*, Band I, Berlin 1955.

Mensching, Gustav: *Buddha und Christus*, Stuttgart 1978.

Mystik ohne Gott? Tendenzen des 20. Jahrhunderts, herausgegeben von Wolfgang Böhme, Herrenalber Texte 39, Karlsruhe 1982.

Nietzsche, Friedrich: *Jenseits von Gut und Böse*, Stuttgart 1953.

Nietzsche, Friedrich: *Menschliches, Allzumenschliches*, Stuttgart 1954.

Nietzsche, Friedrich: *Götzen-Dämmerung*, Stuttgart 1955.

Nietzsche, Friedrich: *Werke. Kritische Gesamtausgabe*, herausgegeben von Giorgio Colli und Mazzino Montinari, III, 1, Berlin/New York 1972.

Nietzsche, Friedrich: *Briefwechsel. Kritische Gesamtausgabe,* herausgegeben von Giorgio Colli und Mazzino Montinari, I, 2, Berlin/New York 1975.

Pepperle, Heinz und Ingrid (Hrsg.): *Die Hegelsche Linke. Dokumente zu Philosophie und Politik im deutschen Vormärz,* Frankfurt am Main 1986.

Plümacher, O.: *Der Pessimismus in Vergangenheit und Gegenwart. Geschichtliches und Kritisches,* Heidelberg ²1888, S. 124–133.

Post, Werner: *Kritische Theorie und metaphysischer Pessimismus. Zum Spätwerk Max Horkheimers,* München 1971.

Rosteutscher, J. H. W.: *Die Wiederkunft des Dionysos. Der naturmystische Irrationalismus in Deutschland,* Bern 1947.

von Schelling, Friedrich Wilhelm Joseph: *Die Weltalter. Fragmente,* herausgegeben von Manfred Schröter, München 1946.

von Schelling, Friedrich Wilhelm Joseph: *Über das Wesen der menschlichen Freiheit,* Stuttgart 1968.

Schmidt, Alfred: *Giordano Bruno als Wegbereiter eines spekulativen Materialismus,* Nachwort zu: Giordano Bruno, *Über die Ursache, das Prinzip und das Eine,* übersetzt von Philipp Rippel, Stuttgart 1986.

Schmidt, Alfred: *Aufklärung und Mythos im Werk Max Horkheimers,* in: Alfred Schmidt/Norbert Altwicker (Hrsg.): *Max Horkheimer heute: Werk und Wirkung,* Frankfurt am Main 1986.

Schmitt, Eugen Heinrich: *Die Gnosis. Grundlagen der Weltanschauung einer edleren Kultur,* I. Band: *Die Gnosis des Altertums,* Leipzig 1903.

Schweitzer, Albert: *Die Mystik des Apostels Paulus,* Tübingen 1981 (Neudruck der Erstauflage 1930).

Steussloff, Hans (Hrsg.): *Die Junghegelianer. Ausgewählte Texte,* Berlin 1963.

Strauß, David Friedrich: *Das Leben Jesu, kritisch bearbeitet,* Erster Band, Tübingen 1835.

Strauß, David Friedrich: *Das Leben Jesu, kritisch bearbeitet,* Zweiter Band, Tübingen 1836.

Strauß, David Friedrich: *Allgemeines Verhältnis der Hegelschen Philosophie zur theologischen Kritik,* in: *Die Hegelsche Linke. Dokumente zu Philosophie und Politik im deutschen Vormärz,* herausgegeben von Heinz und Ingrid Pepperle, Frankfurt am Main 1986.

Strauß, David Friedrich: *Vergängliches und Bleibendes im Christentum,* in: *Die Hegelsche Linke. Dokumente zu Philosophie und Politik im deutschen Vormärz,* herausgegeben von Heinz und Ingrid Pepperle, Frankfurt am Main 1986.

de Vries, Jan: *Forschungsgeschichte der Mythologie,* Freiburg/München 1961.

Wittich, Dieter (Hrsg.): *Vogt, Moleschott, Büchner, Schriften zum kleinbürgerlichen Materialismus in Deutschland,* Band I, Berlin 1971.

Ziegler, Theobald: *Die geistigen und sozialen Strömungen des XIX. Jahrhunderts,* Berlin 1910.

Namensverzeichnis